Jakob Wassermann

Die Juden von Zirndorf

Literaricon

Jakob Wassermann

Die Juden von Zirndorf

ISBN/EAN: 9783959130936

Auflage: 1

Erscheinungsjahr: 2017

Erscheinungsort: Treuchtlingen, Deutschland

Literaricon Verlag UG (haftungsgeschränkt), Uhlbergstr. 18, 91757
Treuchtlingen. Geschäftsführer: Günther Reiter-Werdin, www.literaricon.de.
Dieser Titel ist ein Nachdruck eines historischen Buches. Es musste auf alte
Vorlagen zurückgegriffen werden; hieraus zwangsläufig resultierende
Qualitätsverluste bitten wir zu entschuldigen.

Printed in Germany

Cover: Carl Schleicher, Jüdische Szene, gemeinfrei

Die Juden von Zirndorf

Roman

von

Jakob Wassermann

1918

S. Fischer, Verlag
Berlin — Wien

Dem Andenken meines Vaters

emächlich schwebt die Zeit hin über die Länder und über die Geschlechter, und wenn sie auch Städte zertritt und Wälder zerstampft und neue Städte und neue Wälder hinwirft mit gleichgültiger Gebärde, so vermag sie doch dem heimatlichen Boden niemals seine Lieblichkeit zu rauben oder seine Rauheit, kurz jene Gestalt und jenes Antlitz, womit die Heimat ihren Sohn erfüllt, indem sie ihn gleichsam als ihr Eigentum in Anspruch nimmt und ihm auf den Weg seines Lebens die Worte ins Herz sät: aus meinem Ton bist du gemacht.

Die süße und einschmeichelnde Linie des Horizonts, die von den Mauern Nürnbergs über Altenberg nach der Kadolzburg zieht, hat sicherlich im Lauf der Jahrhunderte keinerlei Veränderung erlitten; es sei denn, daß ein gewitterreicher Sommer eine einsame Pappel gefällt, oder daß eine ungestüme Überschwemmung einen stillen Fichtenhain mit fortgerissen hätte. Dort, wo Rednitz und Pegnitz zusammenfließen, haben freilich die letzten zweihundert Jahre den Flor der Wälder vernichtet, aber weiter hinüber, jenseits der alten Veste mit ihren Steinbrüchen und ihren dunklen Tannen, dehnt sich der fränkische Gau seit Urandenken als eine weite, breite, friedliche, fruchtbare Ebene, wo das Korn gedeiht und die Kartoffel gedeiht und der Mohn blüht und die weiße Rübe reift.

Aber in jenem Winkel zwischen den beiden Strömen haben die Kriege des siebzehnten Säkulums dem natürlichen Schmuck des Bodens gar sehr Abbruch getan. In den dreißiger Jahren befand sich hier das große Lager der Schweden, und der

geängstigte Bauer fand seine Äcker mit Blut gedüngt.
Schnellfüßig haftete der Kriegsschrecken durch Franken, und
die kurfürstlich Onolzbachischen und die Nürnbergischen sahen
sich gleicherweise gedrängt, Mut und Gottvertrauen nicht
fahren zu lassen. Lange Jahre gingen hin, bis die zertrete=
nen Felder wieder zu ihrer natürlichen Fruchtbarkeit er=
starkten, und selbst nach dem Friedensschluß lag noch man=
ches Stück Land verödet. Überall zeigten sich Spuren frecher
Feindeshände. Unweit der Kapelle Karls des Großen, die
am Schießanger in Fürth steht, ragt ein mächtiger Stein=
haufen in die Höhe, und man sagt, die Schweden hätten
ihn aufgerichtet als ein Wahrzeichen ihrer Siege: nämlich
jeder Stein bedeutet ein geplündertes Haus. Langsam ent=
faltete sich der Frieden wieder; schüchtern wuchs er heran
und sah mit ungläubigen Augen ins ebene Land der Reg=
nitz hinauf. Das Volk begann zu vergessen, und es kam
die Zeit, wo schon die Väter und die alten Veteranen von
den Schrecken der Schlacht erzählten, und sie ließen sich die
Mühe nicht verdrießen, die erlittenen Fährlichkeiten phantasie=
voll auszuschmücken, und was sie an Heldentaten von andern
vernommen, sich selbst zuzuschreiben. So war es Kriegerbrauch
seit Kriege bestehen, und auch die von Franken waren mit ihrer
Zunge mehr Helden als mit ihrem Arm. Der Krieg gewinnt
an Buntheit und an Frohheit, wenn ihn die Jahre fortgetragen
haben, und gar mancher erzählt schmunzelnd von denselben
Gräueln, die ihn einst erzittern ließen bis in seine tiefste Seele.

Auf jenem Schwedenstein bei der Kapelle befand sich
unter vielem andern Gemäuer ein gut zubehauener Granit=

bloď, welcher mit seltsamen und fremdländischen Lettern bemalt war. Es war eine jüdische Inschrift auf einem Grabmonument; die Schweden hatten ihn vom Gottesacker der Juden gestohlen und ihn mitten unter die Steine rechtgläubiger Christen geworfen. Kein Christ wagte es aber, den Stein zu entfernen, denn ein großes Befremden ging von seinen verschnörkelten Lettern aus und sie hatten Furcht, daß sie dem Bann eines Zauberspruchs verfallen möchten, wenn ihre Hand den verruchten Judenbloď berührte. Mehr als drei Jahrzehnte lag der Grabstein so; wollte man seine Inschrift in die Sprache jener Zeit übersetzen, so lautete sie: „Der schöne Joseph, den man nur gern angesehen, unsere Augen=Lust ist nicht mehr vorhanden. Jetzt sind ihm Gabriel und Michael als Hüter zu seiner rechten und linken Hand zugegeben worden. Die Jahre seines Lebens waren wenig und boeß. Er brachte sie nicht höher als auf siebzig. Er war ein solcher Regent, der wie Barak und Deborah das Volk mit großem Ruhm regieret. Er suchte seine Lust in dem Studieren, sein Sterben war wie seine Geburt, nemlich ohne Sünde. Als seine Seele am fünften Tag in der Woche von ihm geschieden, hörte man Heulen und Weinen. In Bamberg ist er freudig gestorben, den achtundzwanzigsten Tag des Siwans. Jetzt ist dies die Zeit, da wir vor Jammer und Herzeleid unsere Kleider zerreißen und unserer Augen Tränen fließen lassen. Nach seinem Abscheiden hat man ihn zu Fürth zur Grabesruhe gebracht. Seine Seele soll gebunden sein in das Bündelein der Lebendigen mit der Seele Abrahams, Isaaks und Jakobs und der Sara.“

Lange Zeit hindurch war es der Kummer der Juden,
einen Stein aus ihrem Heiligtum solcher Entweihung preisgegeben zu wissen. Sie glaubten, die Seele des schönen
Joseph, des Naphtali Sohn, hätte keine Ruhe und wandle
allnächtlich klagend zum Schwedenstein. Denn auch sie
wagten nicht, den Stein zu entfernen, weil der Schwedenstein als eine Art von Friedens-Symbol galt, und jede Be-
schädigung einer Vorbedeutung neuen Krieges gleichgeachtet
wurde. Schwer trug der Bürger und der Bauer noch an
Kriegeslasten, und viele ließen vom Pfaffen ein Bittgebet
um langen Frieden sprechen.

So stand also das Grabmal der Juden unter ungleich-
artigen Genossen wie ein Fremdling aus weiter Ferne. Es
sprach eine unbekannte Sprache und seine edlere Form ließ
es zu besserem Dienst berechtigt erscheinen. Es blickte nicht
hinaus auf die Ebene, sondern sah herein gegen die niederen Häuser und in die krummen, winkeligen Gassen von Fürth.
Unfern rauschte der Fluß hinunter ins Bistum Bamberg,
und wenn er im Herbst die gelben Fluten zum Uferrand
und noch weit darüber hinauswälzte, so mußten bisweilen
einige Linden am Schießanger ihr Leben lassen. Das Wasser
brach sie wie dürre Zweiglein und trieb sie ins Mainland
hinab, innig gesellt mit Balken und Astwerk und Hausge-
räten und allerlei spaßhaften Dingen, die der wildgewordene
Strom aus der Stadt Nürnberg mit sich führte.

Wenn der Stein des schönen Joseph an Gottesfrieden
verlor, so gewann er hingegen an Weltweisheit und Kenntnis der Dinge und Menschen. Ernst besah er sich das Treiben

der Leute, die um ihn herumwandelten wie Sperlinge um
einen gedeckten Tisch; Gewitter und Schneegestöber, Regen
und Sonnenhitze, er hielt sie mit gleicher Geduldigkeit aus,
und wenn die sanfte Nacht seine graue Stirn beschattete,
so schien darauf noch ein süßer Abglanz der letzten purpur-
nen Sonnenröte zu haften oder ein Vorglanz des kommenden
Morgenrots. Denn die Sonne strahlt diesem Erdstrich beim
Aufgang und beim Niedergang mit einer unerhörten Glut,
was die Gelehrten dem Dünstereichtum des Landes zuschreiben.

Fest, Tanz und Kirmesspiel waren von jeher üblich bei
den Fränkischen, die einen leichten Sinn haben und ihre
Pfennige gern zum Schenkwirt tragen. An einem Kirchweih-
tag im Oktober, siebzehn Jahre nach dem großen Friedens-
pakt, — das Volk jubelte auf dem Schießanger, zum Tanze
schwangen sich die Mädchen und lustige Weisen spielten die
Zigeuner und Spielleute — ging ein alter Mann, nachdem er lange Zeit nachdenklich vor der jüdischen Inschrift
am Schwedenstein gestanden, gegen den Anger zu. Der
Abend sank schon herab und der Himmel war von einem
matten Rot getränkt. Blaue Schatten fielen auf den rauschen-
den Fluß, Schmiedehämmer tönten von fernen Gassen her,
und der schrille Laut verklang erst weit draußen in den
Wiesen. Dann setzte wieder die Musik ein: Orgel und
Fiedelbögen, die Maultrommel und die Wasserpfeife. Die
Buben lachten und sprangen wild um die alten Bäume,
und die Mädchen hatten glänzendere Augen an diesem fest-
lichen Tag. Die Nürnberger Kaufleute boten niegesehene
Waren aus, und Seiltänzer, Taschenspieler und Zigeuner

versprachen Wunder ihrer Kunst zu bieten. Als die Dämmerung herabsank, wurden Pechfackeln an die Stämme und
die fahrenden Häuser der Komödianten befestigt, und der
schwere braune Rauch erhob sich in weiten Wellungen, zog
hinüber gegen den Strom, zog über die Wiesen hin, und
einzelne Funken sprangen knisternd in die Lindenäste. Die
dumpfe Glut gab den Gesichtern der Menschen ein abenteuerliches Farbenspiel und die Sterne am Himmel verblaßten für jeden, der sich in dem trüben Lichtkreis befand.
Der alte Jude hielt die rechte Hand wie einen Schirm über
die Augen und blickte finster und forschend in das heitere
Getümmel. Sein Gesicht war von grünlich-weißer Färbung
und ein roter Bart floß mager um Wangen und Kinn, so
daß er nur eigentlich eine Art von Rahmen bildete und dem
Gesicht etwas Fremdes, etwas erschreckend Deutliches verlieh. Die braunen Sterne seiner Augen irrten unruhig in
dem geröteten Weiß umher, und bisweilen erweiterten sich
die Pupillen rasch wie die eines Raubtieres. Es waren
Judenaugen: voll Hast, voll Unfrieden, voll von unbe-
stimmtem Flehen, von einer gedrückten Innigkeit, bald in
Leidenschaft flackernd, bald in Schwermut alle Glut ver-
lierend, die Augen des gehetzten Tieres, das angstvoll und
kraftlos die Blicke dem Verfolger zuwendet, oder in bebender
Sehnsucht hinausstarrt in das ferne Land der Freiheit. „Das
Volk ist wild," murmelte er, „da tanzen sie und blasen
Schalmeien und morgen schon wird Gott ein Gericht halten."
Er blieb stehen, verbeugte sich tief nach Osten und lispelte
ein kurzes Gebet durch die schmalen Lippen.

Unter den Linden des Angers tanzte ein Zigeunermädchen einen wunderlichen Tanz und zwei Burschen spielten die Geige dazu. Eine Menge von Zuschauern hatte sich im weiten Kreis versammelt und alle waren atemlos vor Schaubegierde. So war es immer in den Tagen Remigius, Leodegar und Lukretia in Fürth; die Menschen erwachten aus dem drückenden Traum ihrer Sorgen und dünkten sich freigeboren und glückbestimmt einmal im Jahr.

Nach der Zigeunerin kam ein junges Mädchen von großer Schönheit langsam in die Mitte des Kreises. Sonderbar irrten schmale Schatten auf ihren bleichen Wangen und auf ihrer Stirn, und sie war schlank wie jene Frauen, die man zu Florenz malte. Ein langes Gewand floß an ihrem Leib herab, und sie begann, ohne die Arme zu bewegen, ohne die Augen vom Boden zu erheben, mit klagender Stimme ein Rezitativ:

Ich weiß nicht, wo's Vögelein ist,
ich weiß nicht, wo's pfeift.
Hinterm kleinen Lädelein,
Schätzlein, wo leist?

Es sitzt ja das Vögelein
nicht alleweil im Nest,
schwingt seine Flügelein,
hüpft auf die Äst'.

Wo ich gelegen bin,
darf ich wohl sagen.
Hinterm grün Nägeleinstock
zwischen zwei Knaben.

Doch sang sie diese Worte leise und melancholisch. Ihre
Lippen zitterten und sie senkte den Kopf tief gegen die Brust.
Der Harlekin kam und äffte sie, aber sie blieb starr wie
eine Bildsäule; er begann an ihr herumzuschnuppern und
erklärte endlich grinsend, das sei ein feines Aschenputtel für
sein Ehegespons. Er wollte sie umfassen und davontragen,
da kam ein Ritter in glänzender Rüstung, um sie zu be=
freien. Der Hanswurst verwandelte sich und stand nun in
seiner wahren Gestalt da: als der Teufel. Er kämpfte mit
dem Ritter und als er nahe daran war, zu siegen, zog jener
ein elfenbeinernes Kruzifix heraus und hielt es dem Bösen
hin. Der Satan stieß ein schreckliches Geheul aus und
sprang in großen Sätzen davon.

Da trat aus einer Lücke in dem Kreis der Zuschauer
der alte Jude, stieg über die niedrige Planke hinweg und
sein langer Kaftan flatterte im Abendwind, als er auf das
blasse Mädchen zuschritt. Sie schlug ihre Augen zu ihm auf
und schüttelte sich plötzlich wie im Fieberfrost; seine Blicke
bohrten sich gleich Nadeln in sie ein und sie las etwas
in dem flackernden Feuer dieser Augen, das lange schon
ihre Seele mit grüblerischer Furcht erfüllt hatte. Es war,
als ob ihre Seele auf einmal von frühen Erinnerungen
der Kindheit ergriffen würde und darüber erschüttert wäre.
Der rotbärtige Jude hatte seine Finger um ihren Arm ge=
legt, daß sie wie Spangen sich schlossen, und er blickte sie
unverwandt an, als ob er einen Wunsch, einen unwider=
stehlichen Befehl tief in ihr Herz zu senken wisse, so daß
kein Wesen daran zu rühren vermochte. Die Musik schwieg,

der Lärm in der nahen Runde dämpfte sich zum Gemurmel,
viele empfanden ein zielloses Grauen, viele nur Neugier
und Erwartung. Den Fluß hörte man rauschen, der Wind
strich durch die Bäume; er warf gelbe Blätter herab und
eine leichte Kühlnis ging herbstahnend über den Anger. Der
Jude beugte sich nieder und murmelte in des Mädchens
Ohr: „Gedenkst du noch an den Feuerbrand in deiner Heimat, Zirle? An den Vater, an die Mutter, an die Brüder
und an alle andern, die tot sind? Zirle, denkst das noch?"
Tränen flossen über des Mädchens Wangen und es schaute
völlig verloren in eine vergangene Nacht. Und der Alte fuhr
fort: „Um die Mitternacht des nächsten Vollmondes mußt du
zu mir kommen; du wirst Zacharias Naar zufinden wissen, wo
es auch sei. Den Messias verkündige ich, dem die geheimnisvollen Tiefen der Wesenheiten offenbar geworden sind."

Ein unwilliges Murren erhob sich über die Störung
des Festes und der Fröhlichkeit. Zacharias Naar wandte
sich ab von dem Mädchen und schritt bald darauf langsam
dem Ausgang des Angers zu. Niemand kannte ihn, alle wichen
ihm aus und schnell lief ein Wort von Mund zu Mund: Ahas-
verus. „Ja ja, er laufft umher wie der tolle Judt," sagte ein
verschrumpftes Weiblein und schnüffelte mit der dünnen Nase
in der Luft umher. Sie wisse einen Spruch, erzählte sie mit
klirrender Stimme den jungen Leuten, die sie umstanden:

> Der Jud' Ahasverus weit und breit
> vor alters und vor dieser Zeit
> bekannt, geht nun durch alle Welt,
> red't alle Sprachen, veracht' das Geld.

Was er von Christo reden tut,
kannst hören hie, doch mit Unmut.
Veracht' ihn nicht, laßt wandern ihn,
weil Gott ihm geben solchen Sinn:
daß er von Christo, seinem Sohn,
red't alles Guts und ohne Hohn
Ihn zehret ungemeßne Pein,
es ängstet ihn der Sonnenschein,
dein Urtel, wie es auch mag sein,
laß Gott, der kennt das Herz allein.

Zacharias Naar schritt durch die dunklen Straßen des Orts zum Tempel der Juden. Dort war noch Gottesdienst, denn es war der Vorabend des Versöhnungsfestes. Bald stand er unbeachtet unter der Menge der Gebete Murmelnden, den Talliß um die Schultern, und starrte mit glühenden Augen gegen den Altar. Keine friedliche Feststimmung herrschte in diesem Raum. Jeder schien seinem Gott für sich zu dienen, und bisweilen entstand ein unbestimmter Lärm, in dem sich eine schreiende oder keifende Stimme abhob. Ein dumpfer Höhlengeruch erfüllte das Gotteshaus; es roch nach altem Leder, nach alten Gewändern, nach Rauch und faulem Holz. Kinder standen umher und glotzten mit stumpfsinniger Andacht in Bücher mit gebräunten Blättern. Der Raum glich einem unterirdischen Gemach für Verschwörer, einer Büßerklause für Asketen; nichts von Lebensfreude und nichts von Gottesfreude war hier zu finden. Die Lichter qualmten und wer aus freier Luft hereinkam, glaubte alsbald in eine schwül=qualmende Schlucht zu versinken

Das letzte Kaddisch war beendet; alle rüsteten sich zum
Aufbruch. Da schritt Zacharias Naar dem Altar zu und
erhob die Hand: ein Zeichen, daß er zu reden wünsche.
Es wurde still und aller Augen wandten sich dem Fremd=
ling zu. Der begann, — nicht laut und scheinbar mehr
für sich selbst. Er sprach zuerst in hastig hingeworfenen
Worten von der Niedrigkeit und Erbärmlichkeit des jüdischen
Volkes; von der Unterdrückung, die es erlitten, und von
der Zerstreuung in alle Teile der Welt. Dann, als er ge=
wiß war, daß alle aufmerksam lauschten, wurde seine Stimme
lauter, sie verlor den belanglosen Ton und seine Augen be=
gannen zu blitzen. Er rief den alten Gott der Juden an,
der Verheißung auf Verheißung gehäuft und die Armut
über sein erwähltes Volk geschüttet habe und die Qualen
der Heimsuchung, ärger als zur Zeit der ägyptischen Plagen.
Es wurde totenstill. Selbst die Mauern schienen zu lauschen
und die Worte mit Begierde einzusaugen. Der Redner fuhr
fort: „Der Zorn des Herrn ist entbrannt wider sein Volk,
und er streckt seine Hand aus und er schlägt es, so daß die
Berge erzittern und ihre Leichen wie Kehricht auf den Straßen
liegen. Haben sie uns nicht beschuldigt: ihr vergiftet unsere
Brunnen? haben sie nicht unsere Brüder hingeschlachtet zu
Tausenden? Haben sie nicht geschrien: ihr nehmt das Blut
unserer Kinder zum Opfer beim Passahfeste? Ihr nehmt
das Blut und braucht es für euere schwangeren Weiber?
haben sie uns nicht ausgewiesen aus ihren Städten und
unsere Häuser verbrannt? und unsere Güter geraubt? Müssen
wir nicht vogelfrei dahinwandern und viele finden keine Hütte,

wie Kain, der seinen Bruder erschlug? Haben sie uns nicht
aufs Rad geflochten und den Henkern im Land preisgegeben
wie krankes Vieh? nicht unsere Kinder verbrannt, nicht
unsere Weiber geschändet und als die Pest kam, nicht
schlimmer unter uns gewütet, denn die Pest? Bei alledem
hat sich der Zorn des Herrn nicht gewandt. Doch jetzt,
jetzt wird er ein Panier aufrichten dem Heidenvolk aus der
Ferne und wird ihm pfeifen vom Ende der Erde und siehe,
eilends, flugs kommt es. Kein Matter und kein Strauchelnder
ist darunter; nicht gibt es sich dem Schlummer noch dem
Schlafe hin; auch springt nicht der Gurt seiner Lenden,
noch zerreißt der Riemen seiner Schuhe. Die Hufe seiner
Rosse sind wie Kiesel zu achten und seine Räder wie der
Sturmwind. Gebrüll hats wie die Löwin und brüllt wie
die jungen Löwen und knurrt und packt den Raub und
trägt ihn davon und niemand vermag zu retten. Und es
wird über Juda dröhnen wie Meeresdröhnen und blickt er
auf das Land hin, siehe da ist angsterregende Finsternis und
das Licht ward dunkel in dem Gewölbe darüber. Nahet
euch, ihr Heiden, um zu hören, und ihr Völker, merket auf!
Es höret die Erde, was sie erfüllet, der Weltkreis, und
alles, was ihm entsproßt. Denn einen Groll hat der Herr
auf alle Heiden, er hat sie bestimmt für die Schlachtung
und ihre Erschlagenen werden hingeworfen, und ihre Leichen,
— aufsteigen soll ihr Gestank, und es sollen die Berge zer=
fließen von ihrem Blut. Die Sterne sollen zerbröckeln und
wie ein Pergamentum soll der Himmel zusammengerollt
werden. Aber unsere Trift soll lustig sein, frohlocken soll

2*

unsere Steppe und blühen wie die Narzisse. Sie soll blühen,
ja blühen und frohlocken, frohlocken und jubeln! Die Herr=
lichkeit des Libanon wird ihr geschenkt und die Pracht des
Karmel. Stärkt die erschlafften Glieder und die wankenden
Knie macht fest! Sagt zu denen, die bekümmerten Herzens
sind: seid stark! Aufgetan werden die Augen der Blinden
und die Ohren der Tauben geöffnet! Dann wird wie ein
Hirsch der Lahme springen und jubeln die Zunge des
Stummen. Denn seht: ein Mann ist aufgestanden in der
kleinasiatischen Stadt Smyrna, das ist der wahre Messias
und das Himmelreich ist nah! Ja, ich sehe eure Blicke
leuchten und eure Hände beben! Habt ihr ihn nicht rufen
hören von den Gestaden des Mittelmeers? Ein neues Er=
lösungswerk geht ihm voran und Olam ha Tikkun wird
erstehn. Das göttliche Wesen hat er allein erkannt, er,
Sabbatai Zewi! Sammelt euch, Brüder, richtet euch empor,
richtet eure Weiber empor, lehrt eure Kinder seinen Namen
aussprechen und eure Waisen tröstet mit seinem Wort! Im
Jahre fünftausendvierhundertundacht der Welt begann die
Erlösungszeit zu tagen, und in diesem Jahre hat sich Sab=
batai Zewi uns offenbart. Wunder über Wunder hat er
verrichtet und die Juden des Morgenlandes jauchzen ihm zu.“

Ein furchtbarer Tumult unterbrach den Redner. Lange
schon war die Kunde von dem Ereigniß nach Franken ge=
drungen, aber stets waren es nur dunkle Laute gewesen, ge=
heimnißvolle Andeutungen: von wandernden Mönchen, von
wandernden Juden oder von Zigeunern hergetragen. Es
war nur das dumpfe Geräusch eines sehr fernen Wetters

gewesen, daß die Gemüter wohl in nächtlicher Stille und
Träumerei zu ergreifen vermag, aber das Licht des Tages
machte zweifeln und ungläubig. Zum ersten Male nun war
es wie ein Trompetenstoß in die Ohren der Juden gefahren,
wie ein heller, schmetternder Schlachtruf, wie ein Klirren
von tausend Schildern und Schwertern, ein Auferstehungs=
schrei. Es wurde leuchtend um ihre Augen, rings herum
ward es Tag, das bange Los der Unterdrückung schien dem
Ende nahe: Sonne, Freiheit, göttliches Auserwähltsein zu
großen Dingen, Glanz und Freudigkeit und verzückte Sehn=
sucht, — eine wundervolle Erfüllung tausendjähriger Glaubens=
dienste. In ihre bedrückten Seelen fuhr es wie der Aufruf
zu einer neuen Weltordnung; Knaben sahen sich zu Männern
geworden, Männer ballten ihre Fäuste und es rieselte ihnen
kalt und heiß über den Rücken. Und als der erste Taumel
sich gelegt, drängten sie sich um den Fremden, bestürmten
ihn um Einzelheiten und lauschten, lauschten. Vergessen war
die Stunde der Heimkehr, vergessen die Gebote des Fast=
tags; die Weiber drängten sich aus ihren Verschlägen und
hörten mit erhitzten Wangen zu. Sie sahen ihn in ihrer
Phantasie lebendig werden, den geheimnisvollen Propheten
von Smyrna, der am hellen Tag der Geschichte wie ein
glühendes Meteor hinwandelte und, ergriffen von lurjanischer
Mystik, das Ende der Zeitalter herbeizuführen glaubte.
Zacharias Naar erzählte, versunken und hingegeben gleich
einem Träumenden: wie Sabbatai seinen Leib kasteite und
Sommer und Winter, bei Tag oder bei Nacht im Meer
badete. Wie sein Leib vom Wasser des Ozeans einen Wohl=

geruch erhielt und sein Auge klar davon wurde. Niemals
hatte er ein Weib berührt und obwohl er zwei Frauen vermählt worden war, mied er sie und verstieß sie bald. Ernst
und einsam war sein Wesen, und er hatte eine schöne Stimme,
mit der er die kabbalistischen Verse oder seine eigenen Poe-
sien sang. Das Jahr sechszehnhundertsechsundsechzig be-
zeichnete er als das messianische Jahr; den Juden sollte es
eine neue Herrlichkeit bringen und sie sollten nach Jerusalem
zurückkehren. Seine Seele ergab sich jauchzend dem süßen
Rausch des Gottesbewußtseins. Man hatte ihn von Smyrna
verjagt, aber da brach das glimmende Feuer zur verheeren-
den Flamme aus: seine Demütigung war seine Größe geworden und seine Verklärung. Er ließ zu Salonichi ein
Fest bereiten und vermählte sich in Gegenwart seiner Freunde
feierlich mit der heiligen Schrift: Thora, die Himmelstochter,
ward mit dem Sohn des Himmels in unzertrennlichem Bund
vereinigt. Fünfzig Talmudisten speisten an seiner Tafel und
kein Armer ging hungrig von seiner Türe. Er vergoß Ströme
von Tränen beim Gebet, und nächtelang sang er bei hellem
Kerzenlicht die Psalmen. Er sang auch Liebeslieder. Er sang
das Lied von der schönen Kaisertochter Melliselde:

> Aufsteigend auf einen Berg
> und niederschreitend in ein Tal,
> kam ich zur schönen Melliselde
> in des Kaisers Krönungssaal.
> Mild kam sie einher
> mit flutendem Haar
> und ihr Antlitz milde,
> süß ihre Stimme war;

ihr Antlitz glänzte wie ein Degen,
ihr Augenlid wie ein Bogen von Stahl,
ihre Lippen waren Korallen,
ihr Fleisch wie Milch so fahl.

Die Kinder folgten ihm auf den Straßen, indes die
Mütter seinen Namen lobpriesen. Er ließ verkünden, daß
er vom Flusse Sabbation aus die zehn Stämme nach dem
heiligen Lande führen werde: auf einem Löwen reitend, der
einen siebenköpfigen Drachen werde im Maule haben . . .

Wie von einem ergreifenden Zauber umschlungen, wanderten die Juden nach Hause. Das Fieber der Erwartung hatte
sie gepackt, das von Land zu Land floß wie ein berauschen-
der Strom. In dieser Nacht konnte keiner schlafen.

Man sagte damals, der Herr der Welten öffne seine
Tore, den Propheten zu empfangen, oder er pflücke die
Sterne vom Himmel, als wären es Trauben am Rebstock,
das Volk sähe ein edles Licht, und die Todesschatten ver-
schwänden neben ihm; hinabgestürzt sei die Pracht der Könige
und das Rauschen ihrer Harfen; der Prophet steige zum
Himmel empor und oberhalb der Gestirne errichte er seinen
Thron; viele Stimmen schrien zu ihm empor: Wächter, wie
weit ists in der Nacht? Da verkündete er schon das Morgenrot. In seiner Nähe gab es nichts alltägliches mehr, der
Fürst schien dem Bauer gleich, der Bettler dem Richter,
keine liebende Hand streckte sich dem Kranken hin, und es
war erhaben, alle Pein der Kasteiung zu erdulden und der
aufgehenden Gnadensonne zerknirscht entgegenzuwinseln. Die
Schule der Kabbalisten glaubte die Verkündigung klarer zu

verstehen. Aus dem göttlichen Schoß hatte sich die neue göttliche Person entfaltet, der wahre König, der Messias, der Erlöser und Befreier der Welt und die Herrschaft des Metatron ist zu Ende. Es steht aber im Buche Sohar, sagten sie: Metatron ist das erste der Geschöpfe, der Abglanz Gottes; er ist die mittelste Säule, die das Himmlische vollkommen macht; er ist das Vereinigende in der Mitte. Denn der wahre Messias ist der verkörperte Urmensch, der Adam Kadmon der Schrift, ein Teil der Gottheit.

Der Tag brach an, ein trüber und dunstiger Herbstmorgen. Kühler trockner Wind ging durch die Gassen. Die christlichen Einwohner waren verwundert über das aufgeregte Wesen der Juden. Der Rabbi Bärmann rannte bleich von einem Haus ins andere. Der Rabbi Salman Klef stand, ein vergilbtes Pergament lesend, stundenlang vor seinem Haus. Salman Ulman Käsbauer rief mit lebhafter Stimme nach dem Fremdling von gestern. Hutzel Davidla hinkte nachdenklich umher und Boruchs Klöß wurde nicht müde, an den heiligen Fasttag zu erinnern und daß man zur Schul gehen müsse. Gegen neun Uhr kam ein staubbedeckter Bote aus der Richtung der Stadt Nürnberg. Er brachte ein Sendschreiben. Michel Chased, der Chassan, nahm es entgegen und die Juden, Männer, Weiber und Kinder in stets wachsender Anzahl, sammelten sich um ihn, als er mit lauter Stimme vorlas. Das Schreiben kam von dem berühmten Samuel Primo, einem Jünger des Sabbatai, und lautete: „Der einzige und erstgeborene Sohn Gottes, Sabbatai Zewi, Messias und Erlöser des jüdischen Volkes, bietet allen

Söhnen Israels Frieden. Nachdem ihr gewürdigt worden
seid, den großen Tag und die Erfüllung des Gotteswortes
durch den Propheten zu sehen, so müssen eure Klagen und
Seufzer in Freude und eure Fasten in frohe Tage um=
gewandelt werden. Denn ihr werdet nicht mehr weinen.
Freut euch mit Gesang und Lied und verwandelt den Tag
der Betrübniß und der Trauer in einen Tag des Jubels,
weil ich erschienen bin."

Ein Todesschweigen folgte diesen Worten. Die Zu=
mutung des Propheten war für dies Volk, das mit uner=
schütterlichem Fanatismus am Hergebrachten, am überliefer=
ten Gesetz hing, etwas Furchtbares und Unerhörtes. Wolf
Käsbauer wurde weiß wie Schnee und stotterte ein hebräi=
sches Gebet. Viele andere, besonders Frauen, beteten ihm
nach. Aber es waren doch auch solche da, die von Mut er=
füllt waren für die neue und große Sache. Sie riefen
Hallelujah und ihre Augen leuchteten dem Kommenden froh
entgegen. Der Messias, weil er so fern war, wuchs ins
Unermeßliche vor ihren Augen, sein Haupt stand golden in
den Morgenwolken, ihre Seele war ausgefüllt von ihm,
weil der Druck niederer Dienstbarkeit auf ihnen lastete, die
Verachtung eines ganzen Volkes, einer ganzen Welt. Tage=
lang wohnte eine dumpfe Angst über den Juden in Fürth;
sie wagten nicht aus ihren Häusern zu gehen, sie ergaben
sich ganz den Gefühlen der Zerknirschung oder der Erbitte=
rung oder der Reue oder der Hoffnung.

Da kam am zweiten Tage nach dem Fest die Kunde aus
Norden, der berühmte Hamburger Jude Manoel Texeira,

der Vertraute der Königin Christine von Schweden, habe
sich öffentlich in der Synagoge für den Messias erklärt. Aus
Amsterdam, aus London, aus Prag, aus Mainz, aus Frankfurt und aus Wien gingen Huldigungen an den Propheten
ab, und seltsame Zeichen am Himmel machten auch den
Christen das Herz schwer. Der Jude Wassertrüdinger in
Fürth, genannt Weiber-Lambden, der bei schwangeren Weibern herumging und mit lauter Stimme Gebete las, sah
nämlich am Samstag Abend, dem ersten des Monats Ti-
beth, einen großen anwachsenden Feuerschein am nördlichen
Himmel. Seine Augen wurden naß vor Grauen und mit
seinem Hinkbein lief er, so schnell es ging, in die Häuser
der Juden und schrie mit halberstickter Stimme, daß Gott
ein Zeichen gegeben habe. Viel Volk sammelte sich schweigend an den Ufern der Regnitz und Pegnitz, und Christen
und Juden standen in gleicher Furcht, in gleicher mystischer
Andacht Schulter an Schulter. Zacharias Naar tauchte auf,
fiel am Schilf des Flusses nieder und wandte sein gelbes
Gesicht mit den weiten Augen dem himmlischen Feuer zu.
Er begann ein flehendes Gebet zu singen, eine klagenvolle
Anrufung des Gottessohnes zu Smyrna und die Gemeinde
fiel im Chorus beim letzten Vers mit ein. Einsilbig rauschte
der Fluß durchs Land und die erblassende Röte des Firma-
ments beleuchtete unsicher die dunklen Talare der in süßer
Verzückung heimkehrenden Juden

In derselben Nacht erhob sich ein gewaltiger Sturm,
riß das heilige Kreuz von der katholischen Kirche herab, und
als die Juden in der Morgenfrühe zum Gebet gingen, sahen

sie über dem niederen Portal der Synagoge die Anfangs=
buchstaben vom Namen des Sabbatai Zewi in goldenen
Lettern stehen.

Nun lebte ein Mann in Fürth, den man Maier Knöcker
nannte; er hieß auch Maier Nathan und bei den Christen
Maier Satan. Er hatte einen offenen Mund und eine häß=
liche Nase und war wegen seines Schacherns verhaßt.
Knöckern heißt bei den Juden stammeln und ein Stammler
war Maier Knöcker, der Nathan. Er sah mit scheelen Augen
in das erregte Treiben seiner Glaubensbrüder, und inmitten
des allgemeinen Rausches blieb er nüchtern und kalt. Er
war nur besorgt, daß er von seinem Geld nichts verliere
und beriet sich oft mit seiner Frau, wie man die Kasse am
besten verwahren solle. Er wohnte in einem alten Haus
mit vielen Löchern und Winkeln und jeden Tag in der Woche
brachte er sein Geld in ein anderes Versteck. Sobald eine
Nachricht von auswärts kam über irgend einen bedeutsamen
Vorfall, irgend ein unerklärliches Ereignis, begann Maier
Knöcker zu zittern und lief in sein Haus, um seine Schätze
nachzusehen. Und als die Flut der Ereignisse schwoll und
sich ausbreitete und die Länder bedeckte, wuchs auch in der
Seele des Knöckers die Furcht vor dem Verluste seines
Vermögens, und er konnte keinen ruhigen Schlaf mehr
finden und mußte seine Bissen bei den Mahlzeiten in
Unfrieden hinunterwürgen. Er betete sogar weniger, um
seinem Hab und Gut ein besserer Wächter sein zu können.
Er verdammte diese unruhigen Zeiten und es gab Tage,
wo er sich nicht mehr über die Gasse wagte und die

Türen versperrte, um einen geheimnisvollen Feind abzuhalten.

Aber es war noch eine andere Furcht in diesem schiefen
und winkelreichen Haus, das in jeder Stunde einzufallen
schien und das beim hellen Mondschein der Herbstnächte
einer Ruine glich. Der Maier Knöcker hatte eine Tochter.
Sie war nicht gerade schön, aber sie hatte die üppigen Formen und die äußerliche Leidenschaft der jüdischen Weiber,
und in ihren Augen war etwas dumpf Sinnliches, das die
Männer zu ihr trieb. Rahel hatte nun vor langem ein
Liebesverhältnis mit einem christlichen Studiosus aus Erlangen angeknüpft und war in dessen Armen gefallen. Seit
Monaten fühlte sie ein junges Leben in ihrem Leib, und so
oft sie daran dachte, was Vater und Mutter sagen würden,
wenn sie es entdeckten, wurde ihr das Herz wund. Ratlosigkeit und Traurigkeit verdunkelten ihr Dasein und machten ihre Jugend finster und bereuenswert. Aber als die
Woge der Messiasbegeisterung in den stillen Hofmarkt stürzte,
sah das gequälte Mädchen darin eine Art Erlösung. Sie
fand es leichter als sonst, ihren leiblichen und seelischen Zustand geheim zu halten, denn die Erregung der Gemüter
wandte sich nichts Einzelnem mehr zu. Trotzdem rückte die
Zeit immer näher, wo nichts mehr zu verbergen war, wo
sie, ohne zu reden, ihr Geheimnis offenbar werden lassen
mußte. Sie sann und sann in schlaflosen Nächten und endlich fand sie durch angeborene Schlauheit einen verwegenen
Ausweg aus ihrer Bedrängnis, und sie beschloß, ihren Geliebten um Hilfe zu bitten.

Maier Knöcker war von der Abendschul nach Hause ge=
kommen und erzählte finster, daß er mit vier andern un=
verrichteter Sache wieder gegangen sei. Die Juden ver=
gaßen, sich zum Gebet zu versammeln; er sah darin ein
schreckliches Zeichen. Beklommenen Herzens lugte er hinaus
auf die Straße, als erwarte er Stunde für Stunde den
unerbittlichen Gegner des häuslichen Friedens von Angesicht
zu Angesicht zu schauen. Da läutete die Hausglocke und
Itzig Gänßhenker kam und berichtete atemlos, daß sich ein
wahrhaftes Gotteswunder begeben habe. An der Küste von
Nordschottland habe sich nämlich ein Schiff gezeigt mit sei=
denen Segeln und seidenen Tauen und die Schiffsleute,
die es führten, hätten hebräisch gesprochen und die Flagge
habe die Inschrift getragen: die zwölf Stämme oder die
Geschlechter Jsraels. Dies Schiff sei für die Braut des
Messias bestimmt.

Sie sprachen nun von vielen Dingen, auch Thelsela,
das Weib des Knöckers, mischte sich in die Unterhaltung,
bis Boruchs Klöß kam und man im Talmud lesen wollte.
Auch Klöß wußte von dem geheimnisvollen Schiff und alle,
alle draußen wußten es schon. Es kam nicht zum Studium
des Talmuds, da Boruchs Klöß manche neue Seltsamkeiten
zu berichten wußte: wie ein jüdischer Schneider zu Mai=
land in einen Zustand der Raserei gefallen sei und sich seit=
dem in prophetischen Verzückungen winde; stundenlang liege
er am Boden und spreche bald lachend, bald weinend von
der nahen Erlösung und von Sabbatais Macht im Himmel
und auf Erden. Ferner erzählte er, daß sein Oheim aus

der Türkei nach Hause zurückgekehrt sei und gänzlich betäubt sei von dem Großen und Wundervollen, das er dort gesehen. Das Volk von Smyrna sei wie im Wahnsinn und jauchze dem Befreier zu, der in Prozessionen von nie gesehener Pracht durch die Straßen ziehe. Die Ungläubigen, die Chofrim, seien ihres Lebens nicht sicher; Chajim Peña sei vom Volk fast zerfleischt worden, als er gegen Sabbatai aufgetreten war; des Peña eigne Tochter habe mit verzückten Sinnen das Heil des Erlösers ausgerufen, habe geweissagt und sei wie berauscht gewesen. Da gaben sie Chajim Peña frei, und er wurde später zum Jünger. So wurde erzählt und Boruchs Klöß wußte immer noch erstaunlichere Dinge als Itzig Gänßhenker. Maier Knöcker aber schwieg mit schwerem Herzen. Ringsum sah er den wilden Tanz sich gestalten; seine Klugheit warnte ihn davor, zu widerstehen, um so mehr, als noch in derselben Nacht das Gerücht laut wurde, Zacharias Naar stehe in Verbindung mit dem Propheten selbst. Er erhielt dadurch eine förmliche Weihe; er ging in die Häuser der Juden, überzeugte die Zweifler und entflammte die Hoffenden. Überall schritt er umher, überall fand man ihn, oft hob er sich gegen den dunklen Himmel der Felder ab, einsam im Abend.

Die Glocke verkündete die Mitternacht. Ein junger Mensch schlich über den Lilienplatz in die Wassergaß zum Haus des Knöckers. Er hatte ein langes Rohr unter seinem Mantel verborgen, und sein Kopf war sorglich in eine Kapuze gehüllt. Der rote Mond senkte sich gegen Westen

und schien ein zauberhaftes Blühen auf die Dächer zu breiten.
Gelbe Blüten, zarte Nebelschleier, er hauchte sie hin, daß
es keiner sah, und die Steine waren nicht mehr Steine,
sondern Knospen von Mondblüten und jeder Zaunpfahl
erwachte aus einem traumlosen Schlaf und guckte schwer=
mütig in die Welt. Die windschiefen Häuser sahen un=
bekleidet, hilflos und gottverlassen aus; manche erschienen
rührend in ihrer trostlosen Verfallenheit, während ihre
Fenster traurigen Augen glichen, die in die dunstige Glas=
glocke des Himmels hineinstarrten, als ob sie geblendet
wären von dem sanften natürlichen Licht.

Der junge Mensch überkletterte einen niederen Zaun
und erstieg eine schmale morsche Treppe, von wo er auf ein
Dach kam, und dort schritt er auf den Zehen weiter. Vor
einem grünen Fensterladen stand er still und steckte sein
Rohr durch einen schmalen Spalt. Nun rief er mit dumpfer
und verstellter Stimme in das Sprachrohr: „Boruch ado
adonai elohim! O ihr gerechten und gottliebenden Eheleute
Maier Nathan und Thelsela! freuet euch, denn eure Tochter,
die eine Jungfrau ist, hat eine Tochter in ihrem Leib emp=
fangen, die wird die Braut sein dem Erlöser des Volkes
Israel, dem Messias zu Smyrna."

Der Knöcker, der vergebens seine Kissen um Schlaf zer=
wühlt hatte, und dessen Phantasie in wilder Bewegung war,
weckte sein Weib. „O meine Liebste," flüsterte er beklom=
men, „hast du die himmlische Stimme gehört? Es ist ein
Engel dagewesen; stehe auf, wir wollen beten, daß du die
himmlische Stimme auch zu hören gewürdigt werdest." Zit=

ternbes Leibes erhob sich die Frau; sie lauschte in die Nacht
hinaus, legte die vermagerte Hand auf die klopfende Brust
und kniete nieder. Da ertönte die Stimme von neuem:
„Ihr sollt eure Tochter in hohen Ehren halten und großen
Fleiß anwenden, daß sie wohl versorgt werde. Denn aus
ihrem jungfräulichen Leib wird die Messiasbraut geboren
werden."

Da packte Thelsela ihren Mann und zog ihn hinüber
in das Zimmer, wo die Tochter schlief. Sie schien ruhig zu
schlummern, sah abgehärmt aus und ihre Lider zuckten ein
wenig. Als die Mutter ihr die Decke vom Körper ziehen
wollte, stieß sie einen heiseren Schrei aus und krampfte die
Hände von tödlicher Angst erfaßt, in den Stoff. Doch der
Knocker streichelte ihr die Wangen und stotterte unverständ=
liche Zärtlichkeiten, während Thelsela den Leib des Mäd=
chens befühlte, ernst nickte und von Andachtsschauern durch=
rieselt wurde. Eine große Freude hatte den Maier Nathan
befallen: sein Haus war zu solch vorzüglichen Dingen aus=
erwählt worden, daß er in diesen Stunden sogar der Sorge
um sein Geld vergaß und mit seinem Weib am Lager der
Tochter sitzen blieb, um ungeduldig den Anbruch des Tages
zu erwarten. Über Rahels Wangen flossen bittere Tränen.
Mit weitgeöffneten Augen sah sie beständig auf einen Punkt.
Böse Gesichte schienen sie zu foltern; das Licht tat ihr weh,
jede Tröstung schmerzte sie.

Der Maier Nathan indessen, dem eine ganz neue Welt
aufgegangen war, sah sich schon als den Patriarchen der
Gemeinde, gepriesen als den Vater eines unerhörten Glückes.

Er nahm sein Weib bei der Hand, führte sie in das Schlaf=
gemach zurück, stammelte trunken, fuhr sich in die Haare,
lachte, tänzelte und ging endlich fort, um zuerst seinen Freund
Boruchs Klöß und dann den Chassan aufzusuchen.

Der Morgen war nahe. Eine drückende Öde lag auf den
Gassen. Fern in der Ebene rauschte der Fluß, und bis=
weilen klang es herein wie das Klappern eines Mühlen=
rades oder das Geläute von Kuhglocken. Den Zenit be=
lagerten große Wolken. Wie Raubtiere lagen sie und schienen
bereit, sich auf das Land zu stürzen.

Fast in allen Judenhäusern war Licht. Wo auch Maier
Knöcker das neugierige Ohr an einen Türverschluß oder an
eine dünne Mauerwand legte, hörte er Gebete murmeln,
Klagen, Anrufungen und Lobpreisungen.

Als der helle Tag angebrochen war, kam wunderbare
Kunde. Es hieß nämlich, die Juden in dem Städtchen Avri=
court rüsteten sich, nach Jerusalem zu ziehen. Dann hieß es
auch, Jakob Sasportas, der wütende Feind des Zewi, sei
plötzlich zum glühenden Anhänger geworden, und mit der
heiligen Schrift im Arm tanze er verzückt durch die Straßen
von Worms. Ferner kam die Nachricht, Manoel Texeira
sei mit zehn Ältesten nach Smyrna gepilgert und habe sich
dem Messias zu Füßen geworfen. Ein gewisser Nathan
Ghazati war von Sabbatai zum König von Griechenland
und Elisa Levi, ein Bettler, zum Kaiser von Afrika be=
stimmt worden. Die Palästiner, die durch Jakob Zemach
eine Huldigung an den neuen König der Juden abgeschickt
hatten, schmückten ihren Tempel und zogen psalmensingend

und blumenstreuend durch die Städte, als ob Davids Zeiten
sich erneuert hätten. Der berühmte Sabbatai Raphael in
Polen und Mathatia Bloch seien vom heiligen Geist erfaßt,
so daß sie wahrsagten auf offenem Markt in Warschau und
in Thorn.

So kommt der Föhn im Frühjahr über das deutsche
Hochland wie all diese Botschaften nach Fürth. Selbst die
Christen wurden miterregt von der Wucht der fremdartigen
Ereignisse. Ein Taumel ging durch Europa; die alte Welt
schien aufzuwachen aus einem Schlaf. Der Bedrücker fürchtete
den Bedrückten, der Knecht träumte von Freiheit. Kein Tag
verging, an dem nicht Kunde von Außerordentlichem eintraf, wäre es nur auch ein geheimnisvolles, deutungsreiches
Wort des Messias gewesen. Er steht auf einer Terrasse am
Meer, streckt seine Hand aus und spricht: Seht, ich gebe
euch heute das Leben und den Tod. So wurde von wandernden Juden berichtet. Sendschreiben liefen durch die
Städte; wunderliche Dinge lagen in der Luft.

Maier Knöcker, der Nathan, der das unerwartete Glück,
dessen er teilhaftig geworden, voll Entzücken weitergetragen
hatte, traf zuerst auf Mißtrauen, dann auf Verwunderung,
dann auf blinden Glauben. Er fand einen begeisterten Apostel
in Boruchs Klöß und dieser beredsame Mann erwies sich
in der Tat als der beste Anwalt einer so begnadeten Sache.
Die Ältesten der Gemeinde kamen zu Rahel, um sie durch
Gebete heilig zu sprechen. Am gleichen Abend wurde ein
großes Festmahl unter dem Vorsitz des Ober-Rabbis ab-
gehalten, und das Haus des Stammlers wurde als eine

fromme Zuflucht erklärt. Aber Rahel selbst blieb finster und
verschlossen. Sie wich jedermann aus und hatte es ver=
lernt, Vater und Mutter gerade ins Gesicht zu sehen.
Wenn einer länger mit ihr redete, begann sie zu zittern.
Ihre Hände waren feucht, ihre Lippen trocken und aufge=
sprungen, ihre Augen gerötet. Sie konnte in keiner Nacht
mehr schlafen; die Finsternis nahm eine purpurne Färbung
an, so daß es wie ein Vorhang vor ihren Blicken lag, un=
durchdringlich und beängstigend. Oft bevor noch der Tag
anbrach, erhob sie sich vom Lager und schleppte sich hinauf
in die Bodenkammer, um an irgend einer Luke zu kauern
und starren Blickes stundenlang zu brüten. Sie freute sich,
wenn sie fror; sie wünschte zu frieren, wünschte zu leiden,
ein äußerer Schmerz verlieh dem inneren Milderung. Am
Sabbat nach der Schul kamen die Weiber zu ihr; aber sie
war so bedrückt, daß sie vor den Besucherinnen in lautes
Weinen ausbrach. Sie rang die Hände, stöhnte, warf sich
zu Boden, fletschte die Zähne, und murmelte Worte ohne
Sinn und Klang. Das war ein sehenswertes Schauspiel,
eine Bestätigung des Wunders, das mit dieser Jungfrau
vorgegangen. Sie brachten Geschenke, doch das Mädchen
warf sie ihnen vor die Füße und schalt und drohte fassungs=
los. Auch viele Männer kamen: Thurathara, Wolf Batsch
Seligman Schrenz, Seligman Rumpel, Hirsch und Herz,
die Rumpeln, Wolf Vieresel, Joel und David, die Vieresel,
Maier Anschel und Itzik Gänßhenker, ja sogar Moses Bock
aus Würzburg und Michael bar Abraham aus Markt Erl=
bach. So schnell hatte sich die Kunde im Lande verbreitet

Alle brachten sie Geschenke: Güldene Schleier oder Sternlein oder durchgezogene Sternlein oder Umhänge von Drapd'or
oder gestickte von Gold, von goldenen oder silbernen Blumen,
Kleider von Samt mit einer Blumenbordüre, einen Mantel
von Damast, Schuhe oder Pantoffeln mit gutem oder schlechtem Gold verbrämt, Bänder von schwarzem oder gefärbtem
Leder, Kartelsteine oder andere Gehänge, auch Hand- und
Leibschnallen, güldene Gürtel und einen Gürtel von Gold,
der mit Diamanten besetzt war, Ringe und Ohrgehänge,
Handschuhe von Pelz und Halstücher bis auf zwei Gülden
Wert.

Das waren festliche Tage für Maier Knöcker, den Nathan. Mit zitternden Händen tastete er über den Reichtum;
nahm die Tücher, faltete sie wieder zusammen, liebkoste die
Schuhe und Ringe, legte die Gehänge um seinen Hals und
stolzierte im Zimmer damit auf und ab; auch stellte er sich
damit vor einen Spiegel, machte Bücklinge, schnitt lächerliche Grimassen und ging dem finsteren Schicksal mit kindischer Heiterkeit entegen.

Am Tag Dionysius war die Luft so klar, daß man die
Kirchenglocken von Nürnberg vernahm. Ein gelber Schimmer lag auf den Wiesen und der Himmel war mit weißen,
feinen, runden Wölkchen marmoriert. Ein Zug jüdischer
Spielleute, die von der Domprobstei Bamberg verwiesen
worden waren, brachte die Nachricht, der Messias sei von
Smyrna aufgebrochen und käme nach Deutschland, die Gläu-
bigen um sich zu versammeln und an ihrer Spitze ins heilige Land zu ziehen.

Als Rahel dies vernahm, erwachte sie aus ihrer langen
Apathie. In ihr war nur ein Gedanke: daß sie fort sollte
aus dem Land, wo der Geliebte wohnte; denn in ihrer
heißen und erregten Phantasie war ein Gerücht schon einem
Geschehnis gleich. Mit glühenden Augen eilte sie auf die
Gassen; niemand beachtete sie heute. Viele schienen in einer
Tollheit befangen, wie eine Schar Verschmachtender, denen
man feurigen Wein gegeben hat. Kein Ritus wurde mehr
beachtet, weder das Abend= noch das Morgenminjan, weder
der Socher, noch der Bund der Beschneidung. Über den
Lilienplatz lief ein junger Mensch mit nacktem Oberkörper;
er hatte sich auf die Brust die Worte gemalt: wir empfahen
was unsere Taten wert sind, wir leiden Pein in heißen
Flammen. Der Schmuel, der Richter der Gemeinde, ein
Mann von siebzig Jahren, der sonst Tag und Nacht den
Talmud studiert, hatte sich im Schulhof bis an den Hals
in Erde eingegraben, und sein Leib war beinahe erstarrt.
In hebräischen Worten schrie er leidenschaftlich das Lob des
Messias und viele Menschen standen bleich und andächtig
um ihn her. Rahel eilte hinaus zum Schießanger, wo noch
von der Kirchweih die Wagen der Zigeuner standen, und
dann lief sie hinüber zum Schwedenstein, wo sie kraftlos
ins Gras sank. Sie hörte die Zigeuner schreien in ihrem
Rotwälsch und sah sie gestikulieren, trotz des Nebels, der
über der Landschaft lag. Der Schulklopfer und der Toten=
gräber liefen an der Kapelle vorbei, aber sie nahm es nicht
wahr. Ihr war zu Mut, als läge sie schon tagelang hier,
ohne Sinn für die Flucht der Zeit, und als müsse sie noch

tagelang und wochenlang hier kauern, unfähig zu begreifen, was in ihr vorging. Der Himmel bedeckte sich mit Wolken und ein feiner Perlenregen fiel. Eine dieser Wolken, die heraufzogen vom Veſtner=Wald, hatte die Gestalt und die Züge des jungen Studenten, den sie liebte. Sie sah es genau: die Wolke trug einen schwarzen Bart, der zierlich um Kinn und Wangen stand und kokett zugespitzt war. Sie sah auch den kleinen Mund und die kleine Nase und die un= steten Augen. Und dann stand er plötzlich bei ihr, Thomas Peter Hummel, und ihr war, als könne sie seine Hand fassen. Er sprach ihr zu, fein und schnell und geschickt und wenn er überzeugte, war es nicht in dem, was er sagte, sondern in seiner Stimme, in seiner gewandten, schlangen= haften Art, in seiner heiteren Geschwätzigkeit. Er wählte seine Worte wie ein scharfer Politiker und spielte taschen= spielerhaft mit den Gefühlen. Aber wie es in der Welt geht, sie liebte ihn.

Ein Mann und ein Weib kamen vom Anger her. Ihr gemächlicher Schritt zeigte, daß sie den Regen nicht achteten. Rahel erkannte Zacharias Naar und jenes schlanke Mäd= chen, das sie bei den Schaustellungen am Schießanger ge= sehen hatte. Sie war schön. Man muß die Augen zu= machen, wenn man sie sieht, dachte Rahel. Sie war blaß und krank, wie verzehrt von einer geheimen Sehnsucht. Jede Linie an ihrem Körper hatte etwas Leidendes und die Form ihres Mundes verriet Geduld und Lieblichkeit. Den= noch war etwas an ihr, das all dies Lügen strafte, viel= leicht in der Heftigkeit und dem Troß ihrer Augen. Bald

verschwanden sie an der Biegung des Wiesenwegs. Rahel
blickte starr in die leise dämmernde Landschaft hinein und
war froh, daß sie nicht gesehen worden war. Sie fühlte
nicht Kraft genug, wieder nach Hause zu gehen und fürch=
tete, die einbrechende Nacht könne sie noch immer - hier fin=
den. Sie erschien sich ausgestoßen und verfolgt; verurteilt,
für sich allein Schmach, Bedrückung, Ruhelosigkeit und
Heimatlosigkeit zu ertragen; sie wollte nicht mehr heim=
kehren. Sie haßte Vater und Mutter, haßte die bleichen,
gebetseifrigen, jüdischen Männer, ihre gefräßigen, schwatz=
haften Weiber, die altklugen Knaben, die frühreifen Mäd=
chen, die kindischen, fanatischen Greise: alle schienen ihr
verächtlich und unrein. Doch wohin sollte sie gehen, wenn
nicht nach Hause; sie dachte: endlos ist die Welt und für
ein Judenmädchen gibt es kein Erbarmen, keine Unterkunft,
selbst ein Räuber darf sie stoßen mit seinen Füßen. Schließ=
lich stechen sie einem die Augen aus, wenn sie es für gut
finden, und dann mußt du verhungern. Sie glaubte nicht
an diesen Messias, sie glaubte nicht an seine Prophezeiungen,
vielleicht nur deshalb, weil es ihr gelungen war, durch einen
plumpen Betrug alle, die um sie herum waren, im Namen
desselben Messias zu täuschen

Während sie so sann und dabei in den westlichen
Himmel sah, teilten sich dort die Wolken, und auf einmal
warf die untergehende Sonne eine Flut schwefelgelben
Lichtes über das Firmament. Bäume, Steine, Wiesen,
das Wasser, der Wald, die Häuser in der Ferne, die Kirch=
türme, ja die Luft selbst schien lebendiger Körper zu werden.

Da lächelte Rahel und die Spannung ihrer Seele löste sich. Tiefer Frieden erfüllte sie, und sie schloß träumend die Augen.

Ein Bauer kam von Ronhof her über das Feld geschritten, der seinen Kopf mit einem Sack verhüllt hatte. Er sah das Judenmädchen am Boden kauern und war so erschrocken über den Anblick, den sie bot, daß er sich bekreuzigte und spornstreichs gegen die Häuser des Orts rannte. Eine Schar von Juden kam ihm entgegen, die zum Schwedenstein wollte, um das Grabmal des schönen Joseph mit Gewalt fortzunehmen, nachdem die Familie beim Schultheiß und beim Friedensrichter mit ihren Bitten abgewiesen worden war. Der Bauer, dessen eines Auge erblindet war, machte den Juden die Mitteilung, daß er eine Hexe am Schwedenstein gesehen habe. Aber jene erkannten schon von weitem die Tochter des Knöckers, und einer lief zurück, um Maier Nathan zu holen. Der Ronhofer Bauer hatte schnell erhorcht, daß die Juden den Schwedenstein berauben wollten; er schwang drohend den Arm, lief fort und alarmierte einen Hornmacher, einen Schneider, einen Goldplätter und zwei Metzger- oder Schlächterburschen, die in der Nähe des Schießangers ihre Verrichtung hatten. Als Maier Knöcker bleich und atemlos aus der Fischergasse kam, stürzten sich Hornschuch, der Kammacher und Federlein, der Schneider, voll Wut auf ihn, während ein paar alte Weiber aus dem Erdgeschoß eines grünen Hauses herauskeiften und ihren Haß gegen das Judengesindel nicht zu zügeln vermochten. Die andern

Helden rannten mit dem Ronhofer Bauern zum Schweden=
stein und freuten sich daß auf die bevorstehende Prügelei;
im Laufen verteilten sie die Opfer unter sich und rechneten
aus, daß jeder etwa drei Juden zum Prügeln bekommen
würde.

Es war dunkel geworden: ein milder Abend. Die
Sterne blinkten unter den Wolkentüchern hervor; auch
der volle Mond stieg im Osten herauf, gerade über den
Türmen Nürnbergs. Ein olivenfarbenes Licht ging von
ihm aus, während im Westen das finstere Rot und das
bronzene Gold allmählich verblaßten. Wer sich niederließ
auf die Knie oder sich platt auf den Leib legte und auf=
merksam hineinsah in das ebene Land, konnte glauben, daß
die Erde Atem schöpfe wie ein Mensch, daß das melan=
cholische Frankenland gleichsam die Brust der Erde sei, die
sich auf und nieder bewegte in ruhigem Traumschlaf.

Kaum waren die händelsüchtigen Burschen am Schweden=
stein angekommen, als sie erstaunt und bestürzt stillstanden.
Der Schelomo Schneiors, der Bürgermeister der Juden,
hatte sich seiner Kleider entledigt, und mit einer kurzen
Geißel schlug er wütend auf seinen Körper los. Sein Ge=
sicht war so verzerrt, daß es einen widerlichen Anblick bot,
und seine dicken, blutroten Lippen schoben sich, Gebete
murmelnd, hin und her. Sein Körper zuckte vor Schmerz,
und die Rippen quollen heraus unter der magern, ver=
wundeten Haut. Die andern Juden standen totenbleich
um ihn her wie Scharwächter und beugten taktmäßig das
Knie. Behrman der Levit rief mit einer Stimme, die

schrill und unheimlich hinausscholl in den friedlichen Abend
der Felder, eine kabbalistische Anrufung: Der König Mes=
sias wird erscheinen, und ein auf der Morgenseite befind=
licher Stern wird sieben Sterne von der Mitternachtsseite
verschlingen, und eine schwarze Feuersäule wird vom Himmel
herabhangen sechzig Tage lang. Alsdann werden alle Völker
zusammentreten gegen die Sprößlinge Jakobs, und eine
große Finsternis wird in der Welt sein, fünfzehn Tage
lang.

Mit einem irren Schrei stürzte Maier Nathan, den
seine Feinde endlich losgelassen hatten, in den Kreis, ergriff
Rahels Kopf mit beiden Händen, streichelte sie und fragte
mit Todesangst in der Stimme, warum sie fort sei und ob
sie krank sei. Rahel schüttelte den Kopf.

Der Schneider Federlein und der Hornmacher hatten
ihren Mut eingebüßt und unverrichteter Sache zogen sie
mit den andern davon; sie schickten den Ronhofer Bauern
zu Herrn Pfarrer Wagenseil, damit er Bericht gebe und sie
wegen des Schwedensteins keinerlei Verschulden treffe. Die
beiden Schlächterburschen und der Goldplätter, die alle drei
sehr gedrückt schienen, wünschten alsbald eine geruhsame
Nacht und der Schneider und Herr Hornschuch gingen allein
weiter. Am Gänsgraben kam ihnen ein Leiterwagen ent=
gegen, dessen Fuhrmann dem Hornmacher bekannt war,
und nun teilte jeder dem andern seine Gedanken mit. Der
Fuhrmann wußte befremdliche Dinge zu sagen von Himmels=
zeichen und vom nahen Ende der Welt. Es sei gut, meinte
er, daß es in Nürnberg keine Juden gäbe, denn dort seien

die Bürgersleute noch halbwegs zu vernünftigen Dingen zu
gebrauchen. Er erzählte beiläufig, daß er am Juden=Bühel
in Nürnberg einen großen Stein gesehen habe mit der
Inschrift:

> Der Stein ist nach den Juden blieben
> Als sie von Nürnberg wurden vertrieben
> in Wolfgang Eysen Haus, das ist wahr
> im vierzehnhundertneunundneunzigsten Jahr.

Allmählich wurden die Gassen mondhell. Herüber von
den Wäldern der Veste wogten herbstliche Dünste. Die
Blätter der Bäume, ein wenig regenfeucht, schimmerten
silbern und zitterten im Abendwind.

Fast alle Fenster in den Häusern waren erleuchtet. Die
Juden schienen dreifaches Licht zu brennen, und die Christen
hatten den unbestimmten Trieb, wachsam zu sein. Uralte
Prophezeiungen waren auf dem Wege der Erfüllung, und
die Schwülnis, die vom Morgenland herüberkam, war so
drückend wie einst vor sechzehnhundert Jahren, als man
Jesus Christus gekreuzigt hatte.

Junge jüdische Mädchen liefen in den Gassen umher
mit aufgelösten Haaren; manche hatten die Brust entblößt
und ihre Augen glänzten wie von übermäßigem Weingenuß.
Knaben saßen in Gruppen vor den Türen und sangen
Psalmen und Hymnen an den Messias. In den Zimmern
hatten sich die Greise versammelt und gaben sich mit tiefer
Inbrunst dem Studium der Kabbala hin. Es erhob sich
in einem Haus am Kohlenmarkt der neunzigjährige Chajim
Chaim Rappaport und sprach: „Wäre er es nicht, der die

Schmerzen von Israel über sich nähme, wahrlich kein
Mensch wäre es zu erdulden imstande. Unsere Krankheiten
wird er tragen und alle Übel und Schmerzen nimmt er ab
von der Welt." Dann verkündete er, Zabbatai Zewi habe
den vierbuchstabigen Gottesnamen auszusprechen gewagt
und der Türke Murad Effendi sei dadurch bekehrt worden.

Im Hause des Ober=Rabbi waren fünfzig Männer und
Frauen zu einem Mahl vereinigt. Je weiter der Abend
vorschritt, je ungezügelter wurde der Freudenrausch, je heißer
wurden die Köpfe vom Wein, vom Spiel, von Erregungen
seltsamer Art. Viele warfen die silbernen Becher in die
Luft und viele knieten hin und schrien mit heiserer Stimme
Gebete. Der Rabbi selbst war es, der zuerst die Kleider
von sich warf und dann der schönen Esther Fränkel das
Gewand vom Leibe zerrte. Ihre Lippen küßten sich, wie
zwei Ertrinkende hielten sie sich umschlungen und nahezu
nackt schwangen sie sich in einem orgiastischen Tanz umher.
Andere folgten bald dem Beispiel; überall erhoben sich
bleiche Gesichter von der Tafel, glühende Augen starrten
fassungslos in die kommende Welt der Erlösungen: wie
wenn ein scheuer Sklave plötzlich die Freiheit empfängt und
in wilder Zügellosigkeit sich selbst zerfleischt und seine eigene
Habe zerstört. Männer, die schon an der Schwelle des
Greisentums standen, gebärdeten sich wie Faune. Weiber
mit grauen Haaren gaben sich beklagenswerter Verirrung
hin. Die Thelsela Knöcker trank fast ohne auszusetzen
schweren Burgunderwein, lallte mit kindischer Stimme
hebräische Worte von der Messiasbraut, bis sie besinnungs=

los zu Boden sank. Es waren junge Mädchen da, die sich
einer rasenden Liebesgier überließen, als wollten sie damit
die Jahre der Entbehrungen in ihrem Gedächtniß ver=
wischen. Manche sahen aus wie Furien, die lechzend von
Lust zu Lust wankten und sich schamlos in finstern Lastern
begruben. Geschrei, Ächzen und schrilles Johlen herrschte und
eine scheußliche Musik wurde ausgeübt von fünf betrunkenen
Spielleuten. Dazwischen erhob sich ein düsterer Gebets=
kanon, den drei oder vier Männer in einer dunklen Ecke
hersagten, oder ein fanatischer Schrei um Erlösung, der von
einem Haus in einer fernen Gasse erwidert wurde. Michel
Chased, der Chassan, hatte die Gesetzrolle von der Schul
geholt und tanzte damit umher wie mit einer Geliebten;
er trieb eine lächerliche und furchtbare Unzucht, und als er
keuchend, die andern gleichsam um Atem bettelnd, hinstürzte,
bohrte er eine stählerne Nadel tief in den Oberarm, daß
dunkelrotes Blut auf die Gesetzrolle und auf den Boden
rann. Boruchs Klöß, Wolf Batsch und die Rumpeln
knieten hin und leckten und schlürften winselnd das halb=
geronnene Blut, indes der Chassan stumm und steif in die
Arme seines Sohnes sank. Zwei junge Leute sahen den
bleichen Zacharias Naar durch den Raum gehen, beschwö=
rend die Hände heben und wieder verschwinden. Auch der
alte Thurathara, dessen gerötete Augen stets wie aus einem
dünnen Spalt hervorblinzten, hatte die Erscheinung wahr=
genommen und behauptete, jener habe ein wunderschönes
blasses Kind auf den Armen getragen und lächelnd und heiter
habe das goldlockige Geschöpf in das schreckliche Treiben

geschaut. Der alte Seligman Schrenz wollte die Blöße
seiner Tochter bedecken, wollte sie mit seinem Mantel um=
hüllen; aber jauchzend, mit halbgeöffneten Lippen lief die
schwarze Noemi davon, warf sich in die Arme ihrer Freundin,
der Schwester des Schulklopfers, und die beiden Mädchen
küßten sich, warfen sich zu Boden und drückten ihre fieber=
heißen Körper aneinander.

Ein Haus weiter lag der Maier Lambden mit seiner
Familie auf den Dielen; denn sie schliefen nicht mehr in
Betten. Bei Tage hüllten sie sich in Tücher von grobem
Stoff und hörten nicht auf, zu beten. Es gab Männer, die
sich des Schlafes gänzlich enthielten und sich Tag und Nacht
mit dem Studium des Gesetzes befaßten, denn durch die
Tikkunim in der Mitternachtsstunde wurden die Sünden
verwischt. Maier Wolf, genannt der Fünkler, und sein
Bruder Samuel Fünkler gingen des Morgens bei dem
kühlen Herbstwetter hinaus und badeten im Fluß, um ihren
Leib zu reinigen. So stieg und stieg die Erregung der Ge=
müter, und es war bald ein gewöhnlicher Anblick, wenn
einer nackend durch die Gassen taumelte und sich geißelte,
bis sein Körper über und über mit Blut bedeckt war.

Als am Freitag Serapion die Glocke die zehnte Abend=
stunde schlug, kam die Familie des schönen Joseph auf dem
Lilienplatz zusammen und vier junge Männer trugen den Grab=
stein vom Schwedendenkmal hinweg. Es war eine Menge
Menschen dabei: Frauen und Kinder, die sich mit farbigen
Tüchern geschmückt hatten und Freudengebete sangen. Auch
viele Männer hatten sich eingefunden. Im langsamen,

schmalen Zug schritten sie dem Gottesacker zu, an der Spitze
die vier mit dem Stein, der mit goldbestickter Samt=
schärpe umwunden war. Der Mond lugte über das Dach
der Michaeliskirche und es war, als müsse man überall erst
die feinen Nebel zerreißen, bevor man hineingehen konnte
in die blaue Nacht. Über dem Fluß, weit hinunter bis an
ferne Waldgrenzen lag der Dunst gleich einem weißen Ge=
wölbe oder wie die lange Säulenhalle eines Schlosses.
Rote, dumpfe Flecken, wachte dort und da ein rätselhaftes
Licht. Das Wasser rauschte und nichts Bewegtes war zu
sehen, außer den lichten, fast blendenden Wolken am Himmel
und dem jüdischen Zug an der Straße.

Da sie sich den Mauern des Bes Chajim näherten,
kam aus dem weitgeöffneten Tor ein Weib mit aufgelösten
Haaren gelaufen und stammelte, oft unterbrochen durch
staunende, erschreckte Ausrufe der Zuhörer, ein Geist schwebe
über die Gräber und singe wunderbare Weisen und rufe:
Messias, o Messias, o Sabbatai, Stern der Höhe! Alle
blickten angestrengt hinüber. Der Gräberort lag ausgebreitet
an einer Hügelsenkung und die zahllosen Grabsteine gaben
ihm ein phantastisch zerklüftetes Aussehen. Darüber hinaus
die nebelschimmernde Ebene, baumlos, häuserlos, einem
Meer ähnlich, darin einsame Dörfer wie Toteninseln lagen.

Die Juden bemerkten nichts von dem gemeldeten Geist,
überwanden ihre natürliche Furchtsamkeit und schritten ängst=
lich und zaudernd durch das Tor. Vorsichtig zogen sie den
breiten Hauptweg entlang, immer spähend, zum Grab des
schönen Joseph. Am mutigsten waren die Knaben; sie sangen

ein Lied vom Stolze Zions, und ihre köstlichen frischen
Stimmen erfüllten weithin die Nacht.

Das Grab lag an der westlichen Mauer, die hart an
den Schindanger der Christen stieß, und wo auch die ver=
urteilten Verbrecher hingerichtet wurden. Deutlich war die
alte Veste mit ihrem düsteren Wald sichtbar und ein flötender
Hornruf klang herein. Der Totengräber kam und Obadia
Ansel Steinblaser trat als Vorbeter heraus, um die im
Schulchan Aruch vorgeschriebenen Gebete zu sagen. Aber er
fing nicht an; Minuten vergingen und weil die hinten
Stehenden sein Gesicht nicht sehen konnten, drängten sie sich
gierig vor. Einige verwünschten schon die Furcht vor den
Christen, die sie veranlaßt hatte, die Zeremonie zur Nacht=
zeit vorzunehmen, und viele Weiber schlossen die Augen, um
nichts sehen zu müssen. Als aber Obadia Ansel noch immer
keinen Laut von sich gab, näherten sie sich ihm so dicht
sie konnten, und nun sahen sie, daß er mit aufgerissenen
Augen und leichenfahlem Gesicht beständig nach einem Punkt
starrte. Sie folgten seinem Blick und sahen eine weibliche
Gestalt bei einem Weidenbusch mitten unter den Steinen
stehen. Die Stille tödlichen Schreckens entstand, als ob alle
auf einmal zu atmen aufgehört hätten; leise und eindring=
lich erscholl eine Mädchenstimme von dorther, eine Melodie
in einem fremden Rhythmus und einer fremden Sprache.
Der Totengräber und der Rabbi Seligman in der Clauß
waren die mutigsten, und da es doch eine menschliche
Stimme war, die sie vernahmen, so folgten schließlich auch
die andern Männer, dann die Kinder und zuletzt die Frauen.

Niemand erkannte Zirle in dem jungen Mädchen. Nur mit einem Hemd bekleidet stand sie da und schien doch nicht zu frieren. Wer sie so gewahrte, mußte im Innern jedes Leiden mitfühlen, das sie bedrückte. Aber es war etwas Listiges in ihrem Schmerz und etwas Begehrliches in ihren klagenden Augen.

„Was willst du hier? liegt wer von den Deinigen hier begraben?" fragte Änsel Steinblaser flüsternd.

Ein junges Weib bot ihr ein wollenes Tuch an, aber Zirle wies es schweigend zurück.

„Hört," was ich euch erzählen will," sagte das Mädchen und flüchtige Schauer überliefen sie, während sich alle dicht herandrängten.

„Ich bin im Kloster gewesen und Nonnen haben mich gelehrt, an Jesus Christus zu glauben. Aber als Kind war ich Jüdin und meine Heimat war im Polenland. Eines Tages sind die Christen über uns hergefallen und unsere Betten schwammen in Blut. Vater, Mutter, Brüder und Schwestern sind aufs grausamste erschlagen worden. Die Häuser brannten, Frauen und Mädchen wurden in den Tempel gesperrt und kamen in den Flammen um. Ich hörte ihr Röcheln und Wimmern, als ich in einem Stalle versteckt lag. Die Zeit verging. Und wenn ich gleich Christengebete unter Christen sagte, ich vergaß nichts, ein Jude vergißt nichts! Wieder eines Tags entlief ich und Zigeuner nahmen mich auf. Ich lebte bei ihnen wie in einem bösen Traum und von Stimmen umgeben, die mich riefen in der Nacht. Der Bräutigam wartet, riefen sie, er breitet seine

Arme aus und wartet; er ist mehr als Jesus Christus, er ist selber Gott.

„Und gestern war es, gen Morgengrauen, da kam mein Vater zu mir im Schlaf. Der Herr der Heerscharen hat dich zur Braut des Sabbatai bestimmt, sagte er. Du sollst ihm entgegengehen, denn er ist der Stern, der aufgegangen ist aus Jakob, wie es in der Bibel steht. Den ganzen Tag war ich voll Angst und konnte nicht Ruhe finden. Und heute lag ich, da kam wieder der Geist meines Vaters und faßte mich mit seinen Händen an und trug mich hierher."

Sie streifte das Hemd zurück und zeigte Nägelspuren an ihrem Leib, wo die Hand des Vaters sie gepackt hatte. Oberhalb der rechten Brust und an der linken Hüfte waren blutige Schrammen.

Ein langes Schweigen entstand. Sonderbare Scheu hielt jeden ab, das junge Mädchen anzureden. Stille Schwär=merei, fanatische Gläubigkeit, geheimnisvolle Extase und die Taumel der Bacchanterei, das alles hatten sie gesehen oder gefühlt. Aber das offenbare Wunder, so dicht vor ihren Augen, machte sie verdutzt und erfüllte sie mit Angst.

Eine schwarze Menge tauchte in der Richtung des Tores auf und kam mit dumpf=unruhigem Gemurmel näher. Am Leichenhaus zündeten sie Fackeln an, die einen blutigen Glanz über die Gesichter warfen, und deren Rauch die Mondscheibe verdüsterte. Von der Senkung des Hügels kam Zacharias Naar herauf, nahm Zirle bei der Hand und sagte

laut und vernehmlich: „Führe sie, Tochter Zions! Alle, die
da kommen, werden sich dir beugen."

In den Gassen des Hofmarkts war die Nacht zum Tag
geworden. Überall standen aufgeregte Leute. Von Ottensoos,
Schnaittach, Unterfarrnbach und Hüttenbach waren die Juden
hereingekommen. Niemand wußte, wie sich das Gerücht so
schnell verbreitet hatte, zu Fürth habe sich Außerordentliches
auf dem Gottesacker begeben, jede Stunde sei unerschöpf=
lich an neuen Geschehnissen. Zwei Juden, Samuel Ern=
reuther und Nachman Sandel Mahler, markgräfischer
Schulklopfer, hatten große kostbare Teppiche auf der Straße
ausgebreitet und sie mit Blumen bestreut: Rosen, Nelken
und Orchideen aus dem Treibhaus einer vornehmen Gärt=
nerei. Girlanden hingen an den Fenstern, und goldene und
silberne Leuchter standen auf den Simsen. Höher und höher,
sturmflutgleich, stieg der Aufruhr der Gemüter. Da war ein
kluger und vielgereister Jude, namens David Tischbeck, ein
Brudersohn des Wolf Vieresel; er erzählte, daß überall in
deutschen, österreichischen, italienischen und spanischen Landen
ein so wüster Taumel, eine so entsetzliche Verwirrung herrsche,
daß niemand wisse, ob nicht sein Nachbar, sein Weib oder
sein Kind in Wahnsinn verfallen sei. Es war, als sei die
Luft selbst zu betäubendem Wein geworden, und wer da
atmete, wurde auch trunken. Könige begannen für ihren
Thron zu zittern.

Im ersten Schein des Frührots ging Zacharias Naar
am Haus des Ober=Rabbi vorbei, wo noch die Lichter brann=
ten. Erstickte, gequälte Rufe, wilde Schreie, leidenschaftliche

4*

Gebete, schmerzliches Stöhnen drangen heraus. Naar ging
versonnen seinen Weg weiter, hinaus gegen Westen, wo die
Häuser bald im Morgendunst verschwanden. Der hagere
Mann mit seinem spitzen, dütenförmigen Hut, der nach der
Vorschrift jener Zeit orangegelb mit weißem Rand war,
schritt unter den tiefhängenden Ästen der Bäume dahin und
die braungewordenen Blätter gerieten in leise Bewegung,
wenn der Judenhut sie streifte. Zacharias Naar ließ sich
unter einem Apfelbaum nieder und starrte ins Morgenrot.
Die Ebene schien sich zu recken und zu dehnen, und der
Schlaf flog auf von ihr in Gestalt der Raben und Krähen.
Der Wanderer zog eine schwarze Tafel und einen Stift aus
dem Gewand und mit träumerisch zaubernden Fingern formte
er Buchstaben und Worte immer bestimmter und rascher.
„Mein Mund ist schwer wie der Mund eines Mörders.
Mein Geist schreit nach dir. Der blasse Morgen drückt
deine zitternden Lider zu, da du kommst. Du liegst schon
schlafen, und ich küsse im grünlichen Schein der Nachtwende
dein Gewand. Kraft, Kühnheit, Stolz und Genugtuung
sind nichts mehr vor dir. Soll ich lächelnd an den kommenden Morgen denken, wenn du enteilst? Die Liebe schreitet
jauchzend der Finsternis zu und verachtet den Regentag.
Was ist im Himmel und auf Erden, außer der Liebe, Leib
der Leiber und Schoß aller Schoße! Die heimliche Glut
der Erdbrust wohnt in dir. Ich gehe durch die Dämmerung,
wo die Wetter schlummern, in die jahrlose Einsamkeit der
großen Ewigkeiten hinab. Ich gehe, Gott zu suchen." Hastig
fuhr der Stift wieder über das Geschriebene und machte es

unleserlich. Dann wischte Naar alles mit feuchten Gräsern
wieder weg und schaute bitteren Mundes hinaus ins Land,
über dem die Sonne kam. Zum zweitenmal nahm er den
Stift und schrieb bedächtig, bei jedem Zug den Stift gleich=
sam in die Tafel eingrabend: „Ist ein Gott in diesem leeren
All? Ich will ihm schreien, ich will ihm die Glut meiner
Seele opfern. Ist ein Gott, daß er die Unbill räche, die
Kränkung des Stolzes, daß er den Höfling demütige? Ist
ein barmherziger Vater, der das Feuer stillt, wenn es des
Armen Dach beleckt? Der den Schläfer auf nackter Erde
bewahrt, dem frierenden Hund eine Hütte gibt? Ich rufe
dich, Ewiger und deine Welten verneinen dich, deine Sonnen
verleugnen dich. Ich suchte dich und nirgends fand ich dich.
Die Himmel sind echolos, wenn ich dich rufe, schweigend
starren die Wälder. Allein bin ich gegangen im Angesicht
der Nacht und die Dunkelheit war mein Mantel und meines
Kummers Kleid; breit ist das Meer und tief, und maßlos
dehnen sich die Himmel, aber du bist nicht. Jahrtausende
verschwinden wie ein Lächeln und wer gut ist verdirbt und
die Falschen und Treulosen werden zu Propheten. Aber
laß es laufen, das Volk, laß es springen zu den Kammern
des Todes. Wo bist du Gott? Bist du, wo das Jahr
zeitlos ist, und die Unendlichkeiten zusammenschrumpfen wie
Leichname? Bist du, wo die Sonne aus dem Westen steigt
und der Mond aus Brunnen strahlt? Bist du beim Gast=
mahl der Toten und hast du den neuen Morgen der Welten
verschlafen? Ach wo lauf ich hin? Der Himmel ist nur
in mir. Wo ist Raum für meine Seele?"

Als er fertig war, zerschmetterte Zacharias Naar die
Tafel am Baumstamm und streute die Trümmer in alle
Winde. Dann erhob er sich und ging den Häusern zu.

Im Schindelhof begegnete ihm ein Zug jüdischer Männer
und Frauen mit Kerzen in den Händen. Vier Jungfrauen
trugen einen Purpurbaldachin, unter dem ein Knabe und
ein Mädchen trippelten, beide noch Kinder. Sie sollten ein=
ander vermählt werden, denn es war der Glaube jener Zeit,
dadurch den Rest der noch ungeborenen Seelen in die Leib=
lichkeit eingehen zu lassen und so das letzte Hindernis zum
Eintreffen des Gottesreiches zu beseitigen. Die Kinder, deren
Namen Benjamin und Eva waren, hielten sich fest an den
Händen, und ihre Augen standen voll Tränen; wenn sie
sich einander anschauten, so geschah es gleichzeitig, und
sie lächelten dabei schwermütig wie Menschen, denen eine
Strafe bevorsteht, der sie nicht entrinnen können und die
sie auch nicht verdient haben. Plötzlich bedeckte sich Evas
Gesicht mit einer glühenden Röte. Die schwarze Noemi
kam mit ihrer Freundin nackt die Gasse heruntergelaufen
und trotz der frischen Herbstmorgenluft schienen ihre Körper
heiß zu sein von Tanz und Ausschweifungen. Schier be=
sinnungslos, doch graziös wie Gazellen liefen sie dahin
und in jedem Laut ihres Mundes war etwas Bacchantisches.
Die kleine Eva wußte sich nicht zu helfen vor Scham; in
heller Verzweiflung schlang sie einen Arm um den Hals des
Knaben, und mit der freien Hand bedeckte sie seine Augen.

Der sonderbare Brautzug kam in ein buntes Gewühle.
Über den Gärtnerplatz ging eine Kinderprozession und jedes

Kind trug einen Teller südländischer Früchte, oder Schalen
mit Wein oder Backwerk. In diesen Tagen des Wahnsinns
ging auch kein Christ im weiten Umkreis seinen Geschäften
nach, und keiner, wie mächtig er auch sein mochte, versuchte
den leidenschaftlichen Brand, der unter dem verachteten und
verhaßen Judenvolk ausgebrochen war, zu dämpfen, oder
gar zu verspotten. Fremde Musikanten kamen des Wegs,
(es wußte niemand woher), und spielten auf Instrumenten,
die man vorher niemals gehört. Alles war zauberisch, über=
irdisch, aufregend und bestürzend.

Unerhörtes begab sich auf dem Platz vor dem Pfarr=
hof. Dort nahm ein junges und schönes Mädchen die sym=
bolische Handlung vor, deren Deutung war, daß auch die
Tiere eingehen sollten in das messianische Reich. Die Zere=
monie geschah mit einem mächtigen Hunde und das junge
Mädchen sang dabei wilde Lieder und schrie verzückt. Die
Zuschauer waren wohl entsetzt oder erschüttert oder ver=
wundert, aber sie empfanden es gleichwohl als einen reli=
giösen Vorgang von tiefer Feier. Mit bleichen Wangen
standen sie umher und zitterten vor Grauen. In der Syna=
goge blies man das Schofar, und es klang wie ein einsamer
Weckruf in alle Gassen, hinweg über alle Häuser, — wie
ein Ruf aus den dunklen Tiefen der Kabbala. Eine Krone
auf dem Haar, kam Zirle einher, mit einem Gefolge wie
eine Fürstin. Wer sie sah, glaubte an sie wie an den Er=
löser selbst. Ein junger Christ namens Wagenseil, der Sohn
des Pfarrers, folgte ihr wie behext auf Tritt und Schritt.
Schließlich sang er das Lob des Sabbatai fast in dichte=

rischen Worten und Zirle erhörte ihn, noch ehe der Tag zur
Neige ging. Ihr Wesen war ohne Schüchternheit; sie hatte
etwas Glänzendes in jeder Gebärde. Die Männer verloren
alle Vernunft, wenn sie vor ihnen stand, und die Glorie
der Messiasbraut gab ihrem Wort ein unwiderstehliches Ge=
präge. Sie kam zu den Fastenden und Betenden und rich=
tete sie auf. Denn manche wälzten sich tagelang wie Würmer
auf der Erde, enthielten sich jeglicher Nahrung, oder sie
hockten regungslos in den feuchten Winkeln unterirdischer
Gewölbe, hatten Visionen, „strahlende Nächte", wie sie
sagten, fromme Gesichte, widerstanden so den Verlockungen
des Satans und erfüllten zur Nachtzeit die Luft mit ihren
Klageliedern. Ohne zu erlahmen studierten sie alle Bücher
der Kabbala, alle Seiten des Talmud nach neuen und wun=
derbaren Deutungen; ihre Weiber, wenn sie nicht zu den
Orgien gingen, ergaben sich einem grenzenlosen Fanatismus,
stellten sich auf den Markt unter viele Leute, stachelten
zu nutzlosen Grausamkeiten und nutzlosen Versündigungen
auf und fluchten den Christen bitter. Die Kinder waren
sich selbst überlassen, Säuglinge schrien umsonst nach der
Mutterbrust und starben bald. Hunger und Überfluß, Prunk
und Erbärmlichkeit reichten einander die Hände. Es fand
kein regelmäßiger Gottesdienst mehr statt, und wenn man
gemeinsam vor dem Altar betete, schrie, forderte, triumphierte,
war es einer Schändung des alten Gottes gleich. Zigeuner
zogen umher und vermehrten das Unheimliche und die Ver=
wirrung. Der Papst und der Kaiser schickten wie in alle
Städte auch hierher Beamte und Abgesandte, die unver=

richteter Sache wieder ziehen mußten. Die freie Stadt
Nürnberg entbot einen Hauptmann und fünfzig Reiter, aber
den Hauptmann samt seinen Reitern sah man noch am selben
Abend wüst johlend durch die Gassen taumeln. Am Fluß
oben, gegen Buch zu, wohnte ein ehrwürdiger christlicher
Mann von bedeutender Gelehrsamkeit. Er kannte gründ=
lich die klassischen Sprachen und befaßte sich auch mit Astro=
logie und Alchymie. Die Leute behaupteten, er habe den
Stein der Weisen gefunden und ihn für einen unermeßlichen
Schatz an den Großtürken abgegeben. Er wurde befragt,
was er von all dem Sturm und Aufruhr halte, und da
sagte er: „Der Jüd ist ein tolles Tier. So ihr ihn aus
dem Käfig laßt, frißt er euch auf mit Stumpf und Stiel.
So er aber im Käfig bleibt, ist er zahm wie ein Hund.
Viel Verstand hat der Jüd und er ist wie ein Blindschleich.
So du ihn entzwei hackst, kriechen zweie hinweg.“

Niemals stand die Anarchie drohender über den Völkern,
als zu dieser Zeit der Dämonie und der Ekstase. Da die
Nachricht eintraf, die Juden von Frankfurt, Worms und
Mainz rüsteten sich zum Aufbruch nach Zion, entstand eine
Erregung, die mit einer langen, inbrünstigen Andacht zu
vergleichen war. Alle Sehnsucht hatte nun ein Ziel be=
kommen, und jeder einzelne beschloß, dem Rufe des Pro=
pheten zu folgen.

An demselben Tage, es war Allerseelen, lag Rahel auf
ihrem Bette und starrte stumpf=gleichgültig durch das Fenster
in den Abendhimmel. Das Haus war leer; die Schritte
mochten darin nachhallen, denn die Dielen knisterten oft von

selbst. Rahel hatte die Mutter schon seit zwei Tagen nicht gesehen, der Vater war seit dem Morgen fort. Niemand hatte sich in der letzten Zeit um sie gekümmert, und keine der jüdischen Frauen kam mehr, um stundenlang bei ihr zu sitzen. Aber darüber dachte sie nicht nach. Sie war froh, daß wieder die Nacht kam.

Als es dunkel war, trat Maier Nathan ins Zimmer. Sein Wesen war verstört, und bisweilen brach er in kurzes meckerndes Lachen aus. Beim Schein eines Öllichts zählte er sein Geld nach und vergrub später einen Kasten mit Perlen und Schmucksachen im Hofe neben dem Brunnen. Erhitzt von der Arbeit, schnaufend und pustend kam er zurück und setzte sich neben seine Tochter, das Kinn auf den Griff des Spatens gestützt. Er seufzte, fuhr mit den Fingern in die Haare, schnitt Grimassen, sprang endlich auf, warf den Spaten heftig von sich, focht mit den Armen in der Luft umher und brach in ein glucksendes Weinen aus. Rahel rührte sich nicht. Sie war daran gewöhnt, seit Zirle erschienen war. „Schadai, Schadai voller Gnade!" rief der Knöcker aus. „Ich habe die himmlische Stimme gehört, ich hab sie doch sicherlich gehört mit meinen Ohren. Gott soll mich strafen, aber mein Rahelchen ist doch keine Hur!" Er kniete vor Rahel hin, streichelte mit der Hand ihre Haare und stammelte: „Mein Rahelchen, mein gutes Jeleth, mein Enzelchen. Mise meschinne über die Narren, daß sie an die falsche Braut glauben. Sterben sollen sie den Tod durch Aussatz." Und er erhob sich und rannte wie gepeitscht davon.

Die Nacht war stürmisch. Die Winde kamen von
Süden, und draußen in der Ebene gurgelte es wie in einem
Strudel. Der Mond grinste fahl durch geborstene Wolken,
und es war, als ob er selbst sie zerrissen hätte und sie auf=
gelöst vor sich her triebe. Gegen Mitternacht kam ein Herbst=
gewitter. Flatternde, schwere, lichtsaugende Nebel fielen
nieder, und die Blitze fuhren hinein mit einem süßgelben
Leuchten. Rahel sah zu, und ihr wurde bitter in der Kehle
vor Grauen; in der Ferne heulten die Hunde.

Rahel war müde. Was da draußen vorging in der
Welt, sie kümmerte sich nicht darum. An nichts glaubte sie,
mitten in einem Haufen von Wahnsinnigen blieb sie ruhig
und nachdenklich. Doch hatte sie Furcht vor der Zukunft.
Was soll aus dem Kind werden? dachte sie, und was aus
mir, wenn sie alles erfahren? Gegen zwei Uhr, das Ge=
witter hatte sich verzogen, rief das Schofar die Juden in
den Tempelhof. Zacharias Naar verlas einen Brief des
Sabbatai an seine Braut Zirle, die er Zilla nannte. Es
war ein feuriges und sinnlich überschwengliches Liebesgedicht,
und es hieß zum Schluß, daß er sie samt ihrem Volk, den
Lebenden und denen, welche von den Toten auferstehen
würden, am siebzehnten Tag des Monats Tamuz zu Salo=
nichi empfangen würde. Darauf stellte Zacharias Naar
drei Fragen an die schweigende Gemeinde: Ob sie mit Gut
und Blut sich dem Messias ergeben wollten? ob sie die
Mühen und Beschwerden der langen Wanderung nicht
scheuen wollten? ob sie ohne Murren und Weigern die
Göttlichkeit der Messiasbraut anerkennen und ihren Befehlen

folgen wollten? Ein bebendes Ja aus vielen hundert Kehlen
antwortete. Nun trat Zirle in die Mitte des Kreises, hob
ihre Arme verzückt zum Himmel, und ihr leidenschaftliches
Gebet ließ die Zuhörer erglühen vor Sehnsucht und Begierde nach dem Neuen, Großen, Wundervollen, das für sie
bereit war. Noch wußten sie nichts, was ihnen Sicherheit
gab, aber mehr war es, zu glauben und dem Kommenden
begeistert entgegen zu leben. Jauchzend wollten sie ein Land
verlassen, das nur Verachtung und unmenschliche Grausam-
keit für sie gehabt hatte. Es schien leicht, alles hinter sich
zu werfen, wenn im Osten die Triften der ererbten Wohn-
sitze lockten, wenn ein königlicher Prophet sie zum unver-
brüchlichen Bunde rief. Hier war kein Vaterland für sie
und konnte es niemals werden, wie sich auch die Zeiten
wandeln mochten.

Die Ältesten der Gemeinde erklärten sich zum Aufbruch
bereit; bei Anbruch des Tages sollte mit den Vorbereitungen
begonnen werden. Plötzlich sprang Maier Knöcker, der
Nathan, schreiend auf Zirle zu, packte sie bei den Haaren
und riß sie zu Boden. Die andern Juden hätten ihn sicherlich in Stücke zerrissen, wenn nicht sein Weib, die Thelsela
und die tugendsame Treinla, des Rabbi Man Ehewirtin, sich
über ihn geworfen und flehentlich um sein Leben gebeten hätten.

Gleich fernem Brandschein zeigte sich der erste Streifen
des Morgenrots und hoch in der Luft zogen Vögel mit zir-
penden Schreien dahin.

Als Maier Knöcker nach Haus kam, fand er seine
Tochter schlafend. Aber es bedurfte nur einer leisen Berüh-

rung und sie erwachte. Ihr Blick war scheu, verstört und
furchtsam. „Gebenscht, ich hab se zugericht," sagte der Nathan mit stumpfsinnigem Frohlocken. „Unbeschrien ich hab'r
die Haare ausgerissen, der falschen Braut." Er sah seine
Tochter durchdringend an, schüttelte bekümmert den Kopf
und fragte die Thelsela, wie lang es noch dauern könne bis
zu Rahels Niederkunft. Geistesabwesend erwiderte das arme
Weib, sie wisse das nicht; jedenfalls aber noch vier bis sechs
Wochen. Gegen Mittag kam der Ober=Rabbi mit finsterem
Gesicht und fünf Älteste begleiteten ihn. In harten Worten
stellte er den Knöcker zur Rede und gab schließlich Zweifel
darüber zu erkennen, daß Maier Nathan die himmlische
Stimme gehört habe. Der Knöcker begann zu weinen. Sein
leidenschaftlicher Protest und die schwermütige Bestätigung
der Tatsache durch die Thelsela stimmten den Rabbi milder
und Chajim Chaim Rappaport meinte in seiner wohlwol=
lenden Art, man könne ja doch das Ende der Schwanger=
schaft abwarten; auch sei es nicht ausgeschlossen, daß dem
Messias zwei Bräute bestimmt seien, obwohl Zacharias Naar
ein Gegner solchen Glaubens sei.

Wenn Maier Knöcker sich auf den Gassen blicken ließ,
sah er sich mit Mißtrauen beobachtet, und seine ehemaligen
Freunde gingen ihm aus dem Weg. Nur die ameisenhafte
Geschäftigkeit, die überall herrschte, schützte ihn vor Schlim=
merem. Doch hatte er nirgends Rast. Ein wühlender
Schmerz über die ungeordneten Zustände bedrückte ihn. Er
suchte nach der Reihe seine Schuldner auf und keifte überall
und drohte mit dem Landrichter. Dann eilte er wieder

schnellen Laufs nach Hause, in die Kammern, zu seinen Kost-
barkeiten und Pfandpapieren. Da er sich von allen verachtet
fand, nahm die Liebe zu den Schätzen zu, wie auch ein ge-
wisses trotziges Vertrauen in die Mission seiner Tochter,
und mit zorniger Ungeduld erwartete er die Ankunft der
gottgeweihten Enkelin, überzeugt, daß es dabei an himmlischen
und weit erkennbaren Zeichen nicht fehlen werde.

Ansel Obadja und Hutzel Davidla standen am Abend
des vierten November tuschelnd unter einem Haustor und
gaben ihren Sorgen Ausdruck über die Vernachlässigung
jeglichen Gottesdienstes. „Wenn es sich zuträgt, daß viele
trinken werden," sagte Hutzel Davidla zitternd und seine
Mausaugen schauten glitzernd gegen Himmel, „dann hat
unser Herrgott uns strafen gewollt." Davidla gebrauchte das
Wort ‚trinken‘ und meinte damit den Tod, denn die Juden
reden ungern vom Sterben, und schon im Talmud Ketuboth
steht die Redensart vom Trinken. Ein gelehrter Chronist,
der zu Fürth lebte, schreibt: Man frage nicht, warum sich
dieses Volk allezeit so sehr für dem Tod entsetzet? Dies
macht es: sie wissen nicht, wie sie dem künftigen Zorn ent-
fliehen sollen. Das Sterben der Juden ist daher allezeit
mit Furcht und Schrecken umgeben. Alle, alle müssen mit
Entsetzen für den Dingen, die da kommen, aus der Welt
scheiden.

Das Laubhüttenfest war unbeachtet herangekommen und
sah nun in den Taumel und Wirrwarr der kommenden
großen Wanderung. Breite Lastwagen, die von Bauern
draußen oder von Christen im Markt erkauft worden waren,

rumpelten ununterbrochen vor die Häuser der Juden. Die streitenden Stimmen der Fuhrleute mengten sich mit dem Gekreische der Weiber; Pferde, Esel und Rinder wurden mit vielem Lärm erhandelt; die Gassen lagen voll von zerbrochenem Hausrat, leeren Kisten, Kleider= und Leinwandfetzen, Stroh, Pergamenten und Spänen. Wenn Christen vorbeikamen, hatten sie ein finsteres und drohendes Gesicht und sahen aus, als ob sie die Mittel überlegten, um diese Anstalten zu nichte zu machen. '

Auf einer Kiste saß sinnend der kleine Benjamin und pendelte mit den Beinchen hin und her. Ihm war unwohnlich. Durch die hohlen Fensterlöcher schaute er in das Haus des Maier Lambden; er sah Kasten auf Kasten getürmt, sah die Weiber mit weißen Tüchern um den Kopf hin= und hereilen, wie sie die Schränke leerten und das Geschirr verpackten, und er hörte das Silberzeug klirren und den Lärm von Hammer und Meißel. Daneben stand das Haus von Samuel Ernreuther, der von seinen Söhnen das Dach abtragen ließ, denn nichts sollte den Gojim verbleiben von seinem Gut und Eigentum. Bei Itzig Genßhenker hatten sich viele junge Mädchen zusammengefunden und nähten emsig Wagendecken und Reisegewänder und sangen alte Gesänge. Stunde für Stunde zogen arme Juden aus fremden Ortschaften durch die Hauptstraße, und in der frischen Glut ihrer Begeisterung vermochten sie nicht länger Rast zu machen, als es nötig ist, um ein Gebet zu sagen. Dann eilten sie weiter in ihren Lumpen und mit ihrer jämmerlichen Habe.

Betrübt ging Benjamin an den Häusern entlang. Er blickte in die Gärten, in denen alle Blüten verwelkt waren und dürre Blätter den Boden bedeckten. Einmal sah er Eva, seine Verlobte, über die Gasse eilen, und er ging zu ihr hin. Aber das Kind, mit aufgestreiften Ärmeln und geröteten Wangen, schüttelte den Kopf und sagte, sie habe zu viel zu tun, um plaudern zu können. Benjamin hatte Hunger, und weil man ihm daheim nicht zu essen gab, ging er hinaus an den Fluß, wo er Haselstauden wußte und wo er sich sättigen wollte. Die Ereignisse, von seiner melancholischen Stimmung in farbige Dämmerung gehüllt, gaben ihm viel zu denken und er träumte sich mit klopfendem Herzen das Land der Verheißung, wo es keine Christen gab und keinen Stadtvogt und keine Daumenschrauben und kein Spießrutenlaufen. Wie klar und furchtbar erinnerte er sich des Tages, wo sein Vater wegen einer angeblich gestohlenen Sanduhr gefoltert worden war. Seinen Oheim hatten sie aus Nürnberg hinausgepeitscht, weil er dort übernachtet hatte. Oft hatte die Mutter erzählt, daß ihre Muhme als Hexe verbrannt worden war, obwohl sie eine fromme und sanfte Frau gewesen war. Dies alles machte ihn ungeduldig nach Macht und Größe.

Ein Jubelgesang scholl von den Häusern herüber. Er hörte eine Weile zu und fragte sich, warum eigentlich die Juden so verachtet seien. Er kam zu keinem Schluß. Im Grunde schmerzte es ihn, von diesen Feldern fort zu müssen, wer weiß wie weit. Es war so schön hier! Wie breit und ruhig lag das Land da! Ein glanzloser Nebel kroch über die Äcker und drüben lag Nürnberg mit seiner kaiserlichen Burg, mit seinen starken Mauern, mit seinen schmalen, stolzen Türmen. Die Häuser waren vielleicht aus Marmor gebaut, und die Stoffe und das viele Gold und die herrlichen Rosse, die Kampfspiele, der Jahrmarkt auf der Schüttinsel, der Metzgersprung, — wie bunt und wechselvoll, wie freudig und schimmernd alles!

Die Welt versank allmählich in der Dämmerung. Er ging heimwärts. Die dumpfe, drohende Geschäftigkeit, die überall herrschte und die immer mehr anschwoll, erweckte eine unbestimmte Angst in ihm. Bei einer Gartentür lag ein Stein und er ließ sich ermüdet nieder. Samson Weinschenk und die Seinen hatten schon zwei Wagen vollbepackt und saßen nun zwischen leeren Wänden. Auch David Tischbeck und Samuel Schrenz und Hutzel Davidla und Löw Wassertrüdinger und Moses Käsbauer und Maier Wolf: alle waren sie schon fertig und bereit, das fremde Land für immer zu verlassen. Der Knabe fühlte gleichsam schwere Schicksale voraus, darum war er traurig, und es war, als ob von irgendwoher eine schmerzlich schöne Musik erschalle und durch die kümmerlichen Gassen des Judenviertels fließe.

Er blickte empor und sah Rahel Nathan mit plumpen, aber hastigen Schritten daherkommen. Sie wollte vorbei, aber Benjamin rief sie an. Da fuhr sie zusammen, winkte mit beiden Armen ab und wollte schnell weitergehen, — gegen die Häuser der Christen hinüber. Doch besann sie sich eines andern und setzte sich neben den Knaben auf den Stein. „Morgen soll es fortgehen, weißt du das, Junge?"

fragte sie. Er bejahte, aber sie redete nicht mehr, es war, als ob sie sich ganz in sich selbst verkröche. Der Knabe sah, daß sie mit ihren Händen das Gesicht bedeckt hatte, und die Ellbogen waren durch das niedere Sitzen tief in den Schoß vergraben. Es fiel ihm ein, daß es im Gesetz verboten sei, so niedrig zu sitzen; nur die Leidtragenden dürfen es um ihre Verstorbenen. Da stand er rasch auf. Aber ehe er sich dessen versah, hatte ihn das Mädchen heftig bei den Armen gepackt, zog ihn an sich, nahm seinen Kopf zwischen ihre beiden Hände und drückte die glühendheißen trockenen Lippen leidenschaftlich auf seinen Mund. Benjamin glaubte zu versinken, auf seiner Stirn perlte feiner Schweiß, der ihn gleich Nadeln verwundete. Er hörte Rahels Herz wie einen dumpfen Hammer pochen, die Wärme ihres Körpers strömte auf ihn über, ihre aufgelösten Haare umhüllten seinen Kopf. Und nun fielen nasse Tropfen auf seine Wangen nieder, und erst durch das laute Schluchzen des jungen Mädchens ward er schaudernd inne, daß es Tränen waren. Auf einmal stand sie auf, stieß den Knaben rauh von sich und eilte davon.

In der Rosengaß stand ein kleines grünangestrichenes Haus, darin wohnte der Studiosus Thomas Peter Hummel. Rahel tastete sich mühsam durch die Finsternis des Flurs. Plötzlich fiel ihr, sie wußte nicht warum, ein Vers aus dem Talmud Taanit ein: Und ich mache allen ihren Jubel still, ihre Feste, Monden und Sabbate. Heiserer Gesang scholl aus einem Raum im Hintergrund, dann kam ein wüstes Lärmen und Durcheinanderreden, Gläserklirren und Zurufe und auf einmal war es wieder ganz still. Eine weiche, schmiegsame Mittelstimme begann ein Lied zu singen; Rahel kannte die Stimme, die so verführerisch war und von der sie meinte, daß niemand ihr widerstehen könne. „Es ist ein' Ros' entsprungen aus einer großen Zahl," — ein altes Lied voll Trauer und Sehnsucht. Wer es sang, mußte gewiß um der Liebe willen leiden. Es war, wie wenn ein Vogel gefangen sitzt, von dem man weiß, daß er nur durch Freiheit leben kann, und er sitzt in einem finstern Käfig und flattert sich die Flügel wund. Das Lied war schon lange zu Ende, aber Rahel stand immer noch regungslos da, und ein schmaler Lichtstreifen aus der Türspalte fiel auf ihre Stirn. Plötzlich wurde die Tür aufgerissen und lachend, in der einen Hand den Weinkrug, mit der andern der Schar von Studenten am Tisch in der übertriebenen Lustigkeit, die ihm eigen war, zuwinkend, trat Thomas Peter Hummel heraus. Das Zimmer war von Rauch erfüllt, denn die jungen Leute saßen alle mit Pfeifen im Mund und pafften fleißig drauf los. Hummel schloß die Tür und setzte mit einem Feuerstein ein Öllicht in Brand, um in den Keller zu gehen. Als er sich mit dem Lämpchen in der Hand umdrehte, gewahrte er Rahel. Er erbleichte. Sein kleiner Mund kniff sich zusammen, die Pupillen erweiterten sich wie bei einer Katze, und endlich stieß er einen dumpfen, fragenden Laut hervor. „Wir gehn fort von hier," murmelte Rahel, und ihr Kinn sank gegen die Brust. Der Student lächelte schnell unter seinem schwarzen, koketten Bart hervor und sagte, in eine Stube könne er sie nicht führen, sie sollte mit ihm in

een Keller kommen, und Rahel folgte ihm in den feuchten
Keller hinab. Hummel ließ sie auf ein leeres Fäßchen setzen,
nahm ihre Hand und begann zu sprechen. Das war seine
Kunst, zu sprechen. Da vergaß er sich selbst und den andern,
wußte hundert Gründe oder Dinge, an die kein Mensch
dachte oder denken konnte, geriet vom zehnten ins zwan=
zigste und von da noch weiter, unterbrach niemals den freien
Fluß der Rede, setzte, wo es anging, ein gelehrtes Zitat
statt eigener Meinung oder brachte füglich eine bedeutsame
Geschichte von spannender Erfindung an, kurz, er wußte
das Wort so vollkommen zu gebrauchen, daß er es in knapper
Zeit vermochte, ein großes Unglück höchst winzig erscheinen
zu lassen und war im ganzen ein glänzendes Beispiel für den
Ausspruch des alten Cicero über die Beredsamkeit. Dabei
war seine Stimme leise und berückend, eindringlich und
gleichsam erziehend. Seine Gesten waren rund und gefällig,
gemessen und wohlwollend, besonders wenn er Daumen und
Zeigefinger mit den Spitzen zusammendrückte und den Arm
pendelartig auf= und abbewegte. Er schien nichts als Liebe
und Uneigennützigkeit zu empfinden und alles, was er sagte,
hatte Klang und Vernunft, sozusagen Hut und Schuh, und
er vermochte einen Menschen zu trösten, daß er all seine
Schmerzen vergaß und sich so vollgeredet fand, als habe er
am Tisch des Großmoguls die köstlichsten Speisen gespeist.

Nach geraumer Weile und als von oben das ungedul=
dige Fußgetrampel der andern Studenten hörbar wurde,
erhob sich Rahel und ging wieder. Draußen in der Nacht
erinnerte sie sich dunkel, daß Thomas Peter ihr empfohlen

hatte, die Juden zu warnen, es sei etwas im Werk; aber es ließ sie kühl. Sie fühlte sich wie das tote Werkzeug in einer fremden Hand. Sie dachte an den Geliebten, von dem sie eben auf so seltsame Weise ewigen Abschied genommen, und ein Schauer zog ihr die Brust zusammen und ihr Herz lag wie Blei im Körper. Jenes Haus, das so Teures für sie beherbergt hatte, konnte nicht mehr das Bild ihrer Träume verschönen. Stand doch schon über seinem Eingang ein roher Landsknechtspruch, neu hingemalt:

> Wer so fährt wie ich, fährt boeß.
> Meines Vaters Guett hab' ich versoffen,
> Bis auff einen alten Filzhuett.
> Der leit da.
> Den ofen wer ich aach ball versaufen.

Die Nacht war kalt. Die Wolken am Himmel hatten in ihrem gelben Leuchten und ihren kargen Umrissen etwas Wesenhaftes und Persönliches. Vor manchen Haustüren der Christen standen Männer im Schein düsterer Lichter und berieten über die Vorgänge im Judenviertel. Sie schienen besorgt, denn wie auch dies Volk verhaßt bei ihnen war, so beleidigten doch all diese Dinge ihr Herrischkeitsgefühl, und sie glaubten, es nicht zugeben zu dürfen, daß sich der Knecht so leichterdings frei mache und davonziehe. Nur die zu Wucherzins Verpflichteten rieben sich insgeheim die Hände und beglückwünschten sich zu den so mühelos errungenen Kapitalien.

Rahel wagte sich nicht heim. Sie wußte nicht, was sie davon abhielt, aber ihre Seele verging in Furcht. Sie

wanderte dahin, ohne über ein Ziel nachzudenken. Sie lebte
völlig in einer dunklen Innenwelt und die Blicke, die sie in
die erleuchteten Fenster der Wohnungen warf, hatten etwas
Irres. Wie so oft, ging sie in das Haus des frommen
Elieser Rappaport, der ihr Verwandter war. Die ganze
Familie saß um den großen Tisch herum; die Wände waren
kahl, die Schränke fortgeschafft, Geschirr, Betten, Wäsche
und Gewänder auf den Wagen verpackt. Es war unheim=
lich zu sehen, wie die Menschen um das trübe, rauchende
Licht herumhockten, mit blaßen, erwartungsvollen Gesichtern
oder mit milden Gesichtern, in denen gleichsam nur noch
eine entfernte, eine fliehende Sehnsucht, ein schüchternes
Hoffen leuchtete, und wie sie dem Vorlesen des Elieser
lauschten. Draußen fauchte der Wind und überall klimperte
und klirrte es und oft blökten ängstliche Rinder oder
wieherten die Pferde.

Rahel setzte sich in eine Ecke des Raumes, wo ein Balken
aus der Wand hervortrat. Niemand achtete ihrer. Elieser
las aus dem Buch Simchas Chamefesch, der „Seelenfreude“,
welches zu Frankfurt und zu Sulzbach deutsch gedruckt wor=
den war. Mit bebender Stimme las der alte Mann die
Parabel, die von der Stärke des Glaubens handelt. „Einer
hat drei gute Freund; einer is sein Leibfreund, der ander
is aach ein guter Freund, un der dritter, den hat er vor
gar nix geacht. Urbizling schickt der Melech, der König, einen
Boten nach den Mensch, er soll geschwind zum Melech kom=
men. Der Mensch derschreckt sehr, denkt, was muß das be=
deuten, als der Melech nach mer schickt und fercht sich sehr

un geht zu sein Leibfreund, der soll mit ihm gehn zum Me=
lech, der will aber nit mit ihn gehn. Da geht er zu den
andern Freund, er soll mit ihn gehn zum Melech, da spricht
er, ich will dich begleiten bis an das Schloß, aber weiter
will ich nit gehn. Da geht er zu den dritten Freund, den
er vor gar nix geacht hat. Da spricht er, ich will mit dir
gehn zum Melech un will dich beschermen. Un is mit ihm
gangen zum Melech un hat ihm beschermt. Aso aach die
drei Freund; einer das is Geld, der ander, das is sein Weib
un Kind, der dritt Freund, den er vor nix hat gehalten,
das is die Thora, die Gebote, die guten Taten, das acht
der Mensch vor nix. Der Melech das is Got, der Bote
das is der Tod, den schickt Got urbizling, soll dem Men=
schen seine Seel nehmen. Der beste Freund das is das
Geld, das bleibt derheim, wenn er gleich noch aso viel hat,
kann er doch nix mitnehmen. Der ander Freund, das is
sein Weib un Kinder, gehn mit ihn bis ans Grab, schreien
un weinen, kennen ihm nit helfen. Der dritt Freund den
acht der Mensch vor nix, der geht mit zum Melech."

Die Stimme verklang wie in einer Höhle. Es befand
sich aber noch ein Rabe im Zimmer, der vom alten Elieser
aufgezogen worden war und der, lauernd auf einer Stange
hockend, sein düstres Krächzen in die gelehrtesten Disputa=
tationen zu werfen pflegte. Rahel sah den Vogel beständig
an, denn ihr war, als sei ein menschliches Wesen in ihm
verborgen, ja sie dachte: so ist mein Volk wie dieser
Rabe. Doppelt schwarz und doppelt unruhig sah er aus
im Gegensatz zu den glutgeröteten Mauern; mitten im

Dunkel saß er wie auf einer Insel in einem Ozean von Finsternis.

Gebete und Fasten füllten allenthalben die Nacht aus. Es gab freilich manche, die wieder zaghaft geworden waren und die am liebsten zurückgeblieben wären, aber zu ihnen kam Zacharias Naar. Es war, als ob er die Schwächlinge und Feiglinge am Blick zu erkennen vermöchte. Es war erstaunlich, wenn er zu ihnen sprach und sie folgsam wurden wie Hunde, wenn er seine Augen auf sie heftete und in geheimnisvoller Weise ihre Entschlüsse formte wie Ton.

Der Zug der wandernden Juden nahm nicht ab. Im Osten häuften sich Ereignisse verwirrender Art. Es kam die Kunde, Sabbatai sei zum Sultan der Türkei zu Gast geladen worden und reise nun in Begleitung seiner zwölf Jünger und einer großen Schar von gelehrten Talmudisten zu Schiffe nach Salonichi. Eine ganze Flottille von Smyrnaer Schiffen sei in seinem Gefolge, Ehefrauen hätten ihre Männer verlassen um seinetwillen, Mütter ihre Kinder, Jungfrauen und Knaben das elterliche Heim. Gold und Geschmeide flösse ihm zu aus unerschöpflichen Bornen, und die Khalifen der Bucharei, die Fürsten Afghanistans und die Rajahs von Indien schickten Perlen und Geschmeide, Gesandte, Speisen für seine Festmahle, Gewänder von Purpur und Seide und Samt. Dergleichen war wie ein Rausch für das ganze Judenvolk der Erde. Ihre Erwartung hielt kaum Schritt mit ihrer Freude, eine sinnlose Vergötterung für den Menschengott erfüllte sie und der Jude, der so leicht der Raserei in jeglicher Gestalt zugänglich ist, vergaß

sein irdisches Gut und die irdischen Dinge. Engel bliesen
auf Sturmschalmeien und der finstere Gott der Juden, der
Moses erhoben und Pharao gezüchtigt hatte, kam selbst, um
dem Messias entgegenzuschreiten. Darum war es kein Wun=
der, wenn Zirle sich alsbald zu ungeahnter Höhe empor=
gerissen fand. Ihre Seele, im Beginn dieser Mission ein
wenig fremd, entflammte sich im Angesicht des Mysteriums.
Ihr Wesen war nicht keusch, wer ihr gefiel, dem ergab sie
sich, oft mehr aus Mitleid als aus Begierde, denn sie sah
die Männer vor sich zerschmelzen wie Wachs. Dennoch
blickte sie mit Schauern hinüber in jenes heilige Land, wo
der Sohn des Himmels ihrer harrte, der so schön sein sollte,
daß niemand ihn anzuschauen vermochte ohne geblendet zu
werden. Sie empfing auf rätselhafte Art Briefe von ihm,
deren Inhalt ihrem Träumen und Wachen eine Fülle von
Glückseligkeit verlieh.

Einst ging sie am Haus des Knückers vorbei und sah
Rahel unter der Türe sitzen. Etwas in dem Gesicht des
Mädchens zog sie an, vielleicht die hilflosen Augen oder der
bleiche Mund. Sie trat näher, stellte sich vor Rahel hin,
nahm ihre Hand und drückte sie sanft. Rahel schüttelte be=
fremdet den Kopf und lächelte störrisch. Aber plötzlich konnte
sie sich nicht mehr zurückhalten: es war, wie wenn etwas
in ihr zerbrochen wäre: sie fiel auf die Knie und drückte ihr
Gesicht schluchzend in den Schoß Zirles, die sich schmerzlich
unzufrieden fand. Auf der Gasse stand Wagen an Wagen,
vollbepackt zur langen, schweren Reise. Darin, und in den
Mienen der alten Männer, die so besorgt waren, und doch

eine freudige Zuversicht glauben ließen, lag etwas Erschüt=
terndes für Zirle.

Der Maier Nathan wurde mit jedem Tag unruhiger,
fragte seine Tochter, wann sie denn glaube, daß das Große
sich ereignen würde, und holte den Rat der Frau Peßla ein,
einer erfahrenen Wehmutter, von der noch in alten Chro=
niken zu lesen ist: daß sie mit frühem Morgen jedesmal
nach dem Tempel geeylet sei, daß sie viele Jahre weder
Fleisch noch Wein genossen und ohne Betten auf der Erde
lag. Wenn der Nathan sein Weib betrachtete, die sich einer
stillen Schwermut so ergeben hatte, daß sie oft stundenlang
mit geschlossenen Augen kauerte, so wurde ihm bang in
seiner Seele und seine letzte Zuflucht waren seine Kostbar=
keiten. Auch tat er alles, um die Aufmerksamkeit auf sich
zu lenken und dies um so mehr, je stärker er die Verach=
tung empfand, mit der man ihm begegnete. So errichtete
er in einer Nacht einen großen Scheiterhaufen hinter seinem
Haus, setzte ihn in Brand, stand davor wie vor einem Altar
und betete, als das Feuer lohend gegen Himmel stieg. Ent=
setzt kamen Männer herbeigelaufen, ihn zu fragen, was dies
zu bedeuten habe. „Ich hab' Flachs hineingeworfen," sagte
der Nathan, doch kein Mensch konnte es begreifen. „Ich
faste," fuhr er fort, „wegen eines bösen Traums, und Rabbi
bar Mechasja sagt: Fasten ist dem Traum, wie Feuer dem
Flachs." Alle schüttelten spöttisch die Köpfe und gingen.
Die Gerüchte, die über Rahel umliefen, wurden häßlich und
abenteuerlich und bald galt sie für unrein; und doch wan=
delte sie umher wie im Schlaf, dachte der Wochen, wo noch

die Liebe ihren Gang verschönt hatte, wo keine Nacht saum=
selig genug war für den frischen Trunk des Glücks — das
aber war vorbei.

Am Samstag Kreszenz, den achtundzwanzigsten No=
vember, sollte der Aufbruch stattfinden. Frühe des Morgens,
lang ehe der Osten sich rötete, versammelte sich die Ge=
meinde in der Synagoge. Die heilige Schrift wurde aus
der Lade genommen und der Älteste trug sie mit gesenktem
Kopf demütig und bleich hinaus, während die Gemeinde
Mann hinter Mann betend folgte und der Schammes oder
Schuldiener die Lichter verlöschte, die Türe fest versperrte
und den großen, hohlen Schlüssel an einem sicheren Ort
neben der Klauß vergrub. Dann hörte man weinen hinter
vielen Wänden: es galt den Abschied vom Ort der Fron
und der Verachtung.

Unfern der Mauer des Gottesackers kamen die Wagen
zusammen. Regen wälzte sich her im grauenden Tag und
der Sturmwind pfiff durch die Wagenzelte. Doppelt öde
lagen die weiten Felder in der Dämmerung und die ver=
lassenen Häuser schienen zu rufen, ihre leeren Fenster hatten
etwas Ziehendes und Warnendes. Frauen kreischten auf
dem feuchten Plan, Hunde bellten, Kinder wimmerten, die
Männer riefen nach ihren Angehörigen und die Rinder
brüllten. Zigeuner gesellten sich dem Zug bei und sie wurden
geduldet, weil sie als Wegweiser dienen konnten; ihre Weiber
riefen sich ihr gellendes Rotwelsch durch den brausenden
Wind zu und aus einem verschlossenen Zigeunerwagen tönte
in seltsamer Unbekümmertheit eine Geige in langen Moll=

akkorden. Es kam ein Bote und meldete, die freie Reichs=
stadt gebe den Durchzug durch ihr Gebiet nicht frei. Das
nächste Ziel der Wanderung war daher die Schwedenveste
im Süden. Die Besorgnis wurde laut, die Nürnberger
möchten Soldaten aufbieten, um die Juden zum Bleiben
zu zwingen. Manchen schien es, als ob Geschehnisse sich
wiederholten von vieltausendjährigem Alter. Der Himmel
gab ihnen recht; vor allen Plagen schien die Plage der Fin=
sternis sich vorzudrängen. Der Tag war angebrochen und
doch war es noch Nacht. Die Wege waren durchweicht
und die Wagenräder standen tief im Kot. Zirle, der man
eine Art vornehmer Karosse gegeben hatte, lehnte bleich im
Rücksitz. Im strömenden Regen stand der junge Wagenseil
vor dem Gefährt. Unter großer Feierlichkeit hatte er gestern
den christlichen Glauben abgeschworen und war zum Jünger
des Messias geworden; nun wollte er mit fortziehen, wollte
alle Bande der Heimat zerschneiden, nur um unverwandt
in Zirles Antlitz schauen zu können. Nicht beachtenswert
erschien es ihm, daß sie die Braut des Sabbatai war; darin
war so viel Überirdisches und Unsinnliches, daß ihn nichts
bei diesem Gedanken beunruhigte. Er wußte nicht, daß er
der Urheber des Verderbens für die Auswanderer war. Die
stille Gärung unter den Christen des Hofmarkts war vom
alten Pfarrer Wagenseil zur offenen Flamme geschürt worden,
und noch im Lauf des Tages entstand ein Einverständnis
mit den Nürnbergischen zur raschen Tat. Nur die Furcht
vor dem Gloriosen und Erhabenen, die in der Stimmung
dieser Tage lag, hatte bisher den feindseligen Arm gelähmt.

Um den Gottesacker vor frevlerischen Händen zu sichern,
wurde das Tor mit fünffachem heiligem Siegel verschlossen.
Gegen acht Uhr wurde endlich, mitten in der größten Ver=
wirrung durch ein dreimaliges Hornsignal das Zeichen zum
Aufbruch gegeben. Die Zigeuner hatten sich bereits an die
mit Lebensmitteln gefüllten Wagen gemacht und rauften um
Fleisch und Brot wie die Wölfe. Keiner verstand den an=
deren im Tumult; Ermahnungen und Ermunterungen ver=
hallten fruchtlos. In manchen Augen tauchte jene geheim=
nisvolle Verzweiflung auf, die durch einen unsicheren und
brennenden Glanz den Schein von Mut erhält und sich durch
rastlose Geschäftigkeit unkenntlich macht. Der Lärm und das
Geschrei erscholl weit hinaus, scheuchte die Krähen aus den
kahlen Feldern empor und die Peitschen der Kärrner schallten
durchdringend bis an den Wald hinüber und klangen zurück
als ein schüchternes Echo. Die Wolken sahen aus wie zer=
zauste Leinwand und der ganze Himmel glich einer grauen
Wüste. Am Kreuzweg nach Unterfarrnbach stieß die kleine
Judengemeinde dieses Dorfes zum großen Hauptzug. Bald
flatterten schlecht befestigte Zelttücher im Wind und allerlei
leichte Gegenstände flogen in der Luft herum. Was half
das Beten der Frommen und das fromme Deuten der Tal=
mudisten? Was half der Glaube und die Begeisterung?
Der finstere Judengott ließ nicht mit sich spaßen und streckte
seine grausame Hand herab, daß sie wie eine Mauer vor
jenen süßen und verlockenden Zielen stand, die eine morgen=
ländische Phantasie heraufgezaubert hatte. Oft saß ein Ge=
fährt fest im dicken Kot und fünfzig und mehr Männer

mußten es unter Anspannung aller Kräfte herausschieben.
Ein Wagen diente als Betzelt, und in ihm war auch die
heilige Lade in kostbarem Putz aufbewahrt. Der Ober-Rabbi,
der Chassan, die Rumpeln und Wolf Batsch saßen herum
und sangen Lieder des Sabbatai. Boruchs Klöß in seinem
Wagen hielt sein Weib umschlungen; das Mittagessen, eine
fettige Mehlspeise, stand in einer zinnernen Schüssel vor
ihnen, aber sie aßen nicht, sondern sahen beide stumpfsinnig
in die erkaltende Speise. Dumpfe Schreie schallten in ihre
erbärmliche Behausung; manche hatten ihre Hauskatzen mit-
genommen, und die Tiere miauten unaufhörlich aus unauf-
findbaren Verstecken. Dann wurde wieder das Ächzen des
Windes laut; an den spärlichen Baumalleen der Straße
flogen die braunen, nassen Blätter in geisterhaftem Tanz
umher, und die Äste bogen sich knarrend. Der Regen prasselte und trommelte auf die dünnen Dächer, die Achsen
wimmerten, an vielen Gespannen standen die Tiere störrisch
still und waren nicht fortzubringen, man mochte sie quälen
oder ihnen gütlich zureden. Im Gefährt des Maier Knöker
war es ruhig, denn die Thelsela kauerte teilnahmslos in
einem Winkel und in einem anderen Winkel kauerte Rahel.
Nur der Nathan selbst schien froh bewegt. Aus irgend
einem Grunde schien er glücklich zu sein; er zwinkerte oft
freundlich mit den Augen und fragte: „Rahelchen, wann
kommt das güldene Mädchen? das himmlische Töchterchen?"

Nach drei Stunden erreichte die Karawane den Wald,
der eine Viertelmeile entfernt lag. In sanfter Steigung
sollte es nun bergan gehen, aber vorher wurde eine Stunde

Raſt gehalten. Der Wald war finſter, die Zweige trieſten
vom Regen, der Boden war ſchwarz und ſchlammig. Ein
eigentümlich flirrendes Geräuſch lief wie eine Welle durch
die Baumkronen. Zwiſchen den Stämmen in der Tiefe
lagerte aufdringlich die Nacht und bisweilen war der ferne
Schrei eines Wildes vernehmbar oder ein Laut wie das
Schlagen einer Axt. Der Himmel war verſchwunden, die
Ebene war nicht mehr zu ſehen, und Regenſchleier und Nebel=
ſchleier machten den Pfad zu einem unſicheren Bilde. Ein
Vogel flog auf und huſchte ſcheu und haſtig ins tiefere
Gehölz. Über dem ſumpfigen Grund lag der Tod. Fern
fühlten ſich alle ſchon der Heimat, ihren Gärten, ihren
Häuſern, dem Bereich ihrer Kinderſpiele, dem Schauplatz
ihrer Sorgen. Rahel lehnte, mit einem dicken Wolltuch ge=
ſchützt, ſtumpf in ihrer Ecke. Dennoch fühlte ſie etwas in
ſich, das ſie von allen unterſchied; ſie fühlte ſich edler und
beſſer durch die vergangene Leidenſchaft. Auch empfand ſie
ſchaudernd das junge Leben in ſich, täglich mehr, täglich er=
ſchreckender, gleichwohl war es ſo märchenhaft und unglaub=
würdig, dies zu tragen, daß die Seele ſtark wurde und ſich
aufrichtete, als ſei ſie ſelbſt etwas Körperliches.

Es ging zur Höhe, wo die Veſte ſtand. Männer und
Weiber waren ausgeſtiegen und ſchleppten ſich zu Fuß. Die
Kärrner, die für ſchweres Geld gemietet worden waren, weil
die meiſten jüdiſchen jungen Leute nicht mit Pferden zu han=
tieren verſtanden, und die an der nächſten Grenze durch
andere abgelöſt werden mußten, machten biſſige und feind=
ſelige Bemerkungen. Viele Frauen trugen ihre Kinder auf

dem Rücken, in Tücher eingehüllt. Langsam und mühevoll
ging es hinan. Das Geschrei der Fuhrleute erfüllte die Luft,
die Zigeuner heulten durcheinander, daß es rings widerhallte
wie in einem Kessel, und als einmal eine Wildsau über den
Weg rannte, kreischten die furchtsamen Weiber durchdringend
auf, auch Männer wurden blaß und starrten fassungslos
vor sich hin. In halber Höhe begannen die Steinbrüche,
die nach dem großen Frieden von Nürnberger Bürgern gekauft und ausgebeutet worden waren. Jetzt galt es, Gestrüpp und überhängende Äste aus dem Wege zu räumen,
und man mußte vorsichtig sein, damit kein Rad dem Abgrund eines Bruches zu nahe kam. Drunten lagerte schwarzes
Wasser und schien brunnentief zu sein. Der Regen bildete
enge Ringe und der Himmel spiegelte sich darin mit düsterer
Stirn. Schutt, Geröll und unbehauene Steine lagen umher; allenthalben gab es Löcher und tückische Schluchten,
Heidekraut und Brennnessel wuchsen an den Hängen. Die
Brüche glichen zerstörten Häusern von Riesen und hatten
etwas so frisch Verlassenes, daß man oft aus einem Abgrund den ungeheuern Leib des Bewohners auftauchen zu
sehen glaubte.

Es ward Abend. Dicke Pfützen von Regenwasser standen in den Höhlungen des Weges, die Räder fuhren hinein
und das Wasser spritzte hoch auf. Erstaunlich war es, daß
noch keiner an eine Rückkehr dachte, da doch nur Peinigungen
und Mühsale zu erwarten standen. Sie blickten unerschüttert
in die mysteriösen Weiten, und es war eine dumpfe Er-
gebung, die sie hinauswandeln hieß, verstummt vor dem

unhörbaren Gebot eines Hüters in der Ferne. Wühlten
Zweifel in ihrer Seele? Waren sie zu müde, mit ihren
Zweifeln sich abzufinden? Zu stoisch oder zu sklavisch, den
Willen der Idee zu brechen? Zu feige, um sich bloßzustellen
durch Ahnungen? Ein geduldiger Fatalismus war über
sie gekommen. Als es finster wurde, erhob sich ein unge=
stümer Sturm. Die Stämme erzitterten, die Pechfackeln
verlöschten.

Auf einmal, es mochte um die sechste Nachmittagsstunde
sein, erschallten von vier Seiten im Dickicht des Waldes
gleichzeitig Trompetensignale. Der ganze Wagenzug hielt
fast mit einem Ruck still. Ein furchtbares Schweigen, eine
wahre Totenstille entstand im Nu. Alle wußten, was nun
kommen würde. Da oder dort, in einer Lücke des Gehölzes
erschien ein Reiter in der Tracht der Nürnbergischen Bürger=
soldaten, beleuchtet von den Fackeln, die sie am Bug des
Pferdes befestigt hatten. Mit höhnischem Lächeln betrach=
teten sie den erstarrten Zug der Auswanderer; sie verachteten
die kriegerische Aufgabe, die ihnen zu teil geworden war.
Die Stimme des jungen Wagenseil erschallte: zu den Waffen,
zu den Waffen! Ein heiserer Schrei, erstickt durch die Er=
kenntnis der Hoffnungslosigkeit und des Fehltritts. Da
krachte donnernd eine Flinte; der greise Rabbi Elieser sank,
ohne einen Laut von sich zu geben, ins schwammige Erd=
reich, und sein altes Blut floß ungehemmt dahin und mischte
sich mit dem Regen. Jetzt wurden die Gemüter aufgerüttelt.
Viele waren plötzlich wie betrunken. Sie stürzten zu den
Wagen, packten, was sie gerade fanden: ein Küchengerät,

einen Strick, eine Latte, einen Eisenstab, einen Besen, eine
Flasche, ein altes Türschloß, Lenkriemen für die Pferde,
Steine, Stöcke und Baumäste, das alles sollte Schutz geben
gegen die Waffen geübter Landsknechte. Nur zehn oder
zwölf hatten Flinten aufzufinden vermocht, aber da sie nicht
mit der Hantierung vertraut waren, ergriffen sie sie vorn
am Lauf und schwangen die Kolben drohend in der Luft.
Doch schon knallten die Nürnberger von allen Seiten ihre
Gewehre los und ein Knabe und zwei Frauen folgten dem
Elieser in den Tod. Die Weiber begannen ein herzzerreißen=
des Weinen; ihr Wehklagen muß tief in den Schoß der Erde
gedrungen sein, denn noch heute hört man es zur Nachtzeit
dort in den Wäldern. Die Zigeuner allein verstanden zu
schießen, aber sie hatten kein Ziel, denn die Pferde der An=
greifer waren überaus unruhig und sprangen gequält von
Baum zu Baum, während sie im Fackelfeuer ihre eigenen
Schatten vor sich tanzen sahen. Viele alte Männer hockten
mit fanatisch glänzenden Augen im Wagen, wo sich die
Bundeslade befand, küßten die Schrift mit bebenden Lippen,
beteten und sangen Psalmen. Die Kinder verkrochen sich
unter die Räder, betäubt vor Schreck. Einer der Angreifer
schrie auf seinem bockenden Gaul etwas von Ergeben und
Umkehren, aber seine Worte verhallten, worauf er Befehl
zu neuem Feuern gab. Nun mußten Boruchs Klöß und Wolf
Vieresel an den Tod glauben und fielen hin und streckten
sich aus. Mit ihren lächerlichen Waffen liefen die Juden
auf ihre grausamen Feinde zu und fürchteten weder Sterben
noch Wunden. Sie sahen nicht mehr, hörten nicht mehr,

sie schrien hebräische Worte und ihre wunderliche Kleidung
gab ihnen etwas Gespensterhaftes. Ein Teil stürzte zu Boden
über Knorren und Wurzeln, denn das Erdreich war glatt
und schlüpfrig, die nassen Zweige schlugen ihnen ins Gesicht,
und dann lagen sie da und wälzten sich in konvulsivischen
Zuckungen. Nichts mehr schien zu helfen, eine blutige Nacht
schien im Nahen zu sein, da gellte plötzlich eine wie toll
kreischende Stimme: Feuer! der Wald brennt! Und: der
Wald brennt! der Wald brennt! lief es weiter in der Kette.
Die Tannenstämme am zweiten Steinbruch waren wie von
innen erleuchtet, in der Tiefe des Forstes stieg ein breiter
Lichtkegel empor, ruhig und blendend. Die Luft war durch=
drungen vom Purpur der Flammen, die nassen Blätter
glänzten, das nasse Moos flimmerte. Schlängelnde Flam=
men spiegelten sich jäh im nachtschwarzen Moorwasser. Auf=
steigend und aufsteigend wie aus einem unerschöpflichen
Schlund vermehrte sich die Kraft der Feuersbrunst. Das
feuchte Holz prasselte und knatterte, die Flammen leckten
gierig von Baum zu Baum, angetrieben durch den sausen=
den Sturm, der von den Feldern herauffegte. Es wurde
drückend heiß; als ob sie aus den Wolken hervorgetreten
wären, erschienen die Ruinen der Schwedenveste zwischen
den Feuern. Schrei auf Schrei erschallte, Schreie gräßlicher
Angst, wie sie der Wald niemals vorher und niemals nach=
her vernommen hat. Die Gäule der Landsknechte heulten
mit Tönen, die stundenweit ins Land dringen und rannten
unaufhaltsam den Abhang hinunter durch Gestrüpp und über
Felsen. Ein junger Reiter, der Sohn des Nürnberger

6*

Stadtſchreibers, blieb mit ſeinen langen Haaren an einem
Aſt hängen, während das tolle Roß weiterſauſte zur Tiefe.
Hilflos, mit ſtets ſchwächer werdenden Rufen hing er wie
einſt Abſalom und mußte die Flammen heranſchleichen ſehen,
die ihn beleckten bei lebendigem Leib. Unter den Juden war
die Verwirrung ſo groß geworden, daß viele geradewegs in
das Feuer hineinflüchten wollten; die mit Pferden beſpann-
ten Wagen rollten hinter den entſetzt fliehenden Tieren davon und wurden halb zerſchmettert; ſchmerzliches Stöhnen
drang aus allen Ecken und die Zigeuner machten ſich den
Wirrwarr zu nutze und ſtahlen, was ihnen unter die Fauſt
kam. In der größten Ratloſigkeit erſchien Zacharias Naar.
Er ſtellte ſich vor die Fliehenden, erhob die Arme und vermochte ihren Lauf zu hemmen. Er führte ſie ſo ſicher durch
die Flammen, als ob ihm dieſe aus Ehrfurcht den Weg frei
gäben und alle folgten ihm wie Lämmer dem Hirten, und
ruhig zogen die Fuhrleute die Wagen nach.

Im Wagen des Maier Knöcker lag ein neugeborenes
Weſen auf der bloßen Diele. Rahel, durch die Häufung
von Schreckniſſen erſchüttert, war mit einer Frühgeburt
niedergekommen. Sie lag regungslos auf nacktem Stroh,
während draußen der große Tumult wie Laute aus einer
fernen Welt zu ihr kam. Sie hörte, wie die beiden Ochſen
vor dem Gefährt angſtvoll blökten; ein feiner Lichtſchein,
der ſtärker und ſtärker wurde, fiel in den Raum, aber auch
das vermehrte ihr Wohlbehagen. Es war ihr, als ſtünde
der Geliebte neben ihrem Lager und ſtreichle ſie, und ſie
ſah einen alten, gepreßten Lederdeckel vor ſich ſchweben, den

sie oft in seiner Wohnung gesehen hatte, und der etwas
Fremdes und Liebliches, etwas Märchenhaftes an sich hatte.
Thomas Peter hatte sie oft zum Heiland bekehren wollen,
aber was war ihr der Heiland und was war ihr selbst der
Gott ihrer Väter neben der Liebe, die sie empfunden! In
ihr sang und klang es stolz von alten Liedern mit einem
süßen, hallenden Kehrreim, da der Abend im Mai kommt
und die Blüten zart umhaucht und die stille Nacht von Erwartung schwer ist.

Holpernd rollte der Wagen gleich den andern unter der
Leitung von Zacharias Naar ins Tal. Wortlos kniete Maier
Knöcker vor dem Neugeborenen und achtete nicht das durchdringende Quietschen des Wurms. Er war völlig zusammen-
gebogen, der Nathan, und schien nur noch ein Haufen von
Kleidern. Er hatte die Fäuste geballt wie zum Schlag und
bisweilen zitterte er am ganzen Körper. Das Wesen, das
vor ihm sich wand, war ein Knabe. Sonst vermochte er
nichts zu denken. In seinem Innern war ein Loch und um
ihn herum war es kalt und finster. Ihm gegenüber saß sein
Weib. Sie hatte Hilfe geleistet bei der Geburt. Sie war
durch nichts bewegt worden. Es schien, als könne sie durch
nichts mehr in der Welt überrascht werden, nicht durch
Reichtum und Kleinodien, nicht durch Schmerzen und die
Wandlungen des blinden Schicksals.

Die Bauern standen auf den Feldern und sahen hinauf in die brennende Höhe und in den glühenden Himmel.
Scheu wichen sie zurück vor den Juden, die sich langsam
zu sammeln begannen. Aus allen Richtungen kamen die

Verstreuten und fanden sich mit Freudenrufen ein. Für die
Nacht wurde ein Lager bereitet; die Zigeuner, deren Hilfe
jetzt nötig gewesen wäre, waren spurlos verschwunden.
Zacharias Naar stand sinnend an einem Ginsterstrauch und
lächelte trüb seinem Werk zu, dem brennenden Wald.

Noch in der Nacht kam eine große Menge von Bauern,
mit Sensen, Beilen und Knüppeln bewaffnet und sie konnten
nur mit Mühe und unter großen Opfern an Gold und
Silber auf friedlichem Weg zum Abzug bestimmt werden.
Am Mittag des nächsten Tages wollte man aufbrechen und
den Marsch beschleunigen, um den Feindseligkeiten der
Nürnberger zu entgehen und sich zum Weiterzug in den
Schutz der Markgrafen von Onolzbach zu begeben. Der
Morgen sollte der Bestattung der Toten gewidmet werden.
Das Kind des Wolf Batsch und die Frau des Samuel
Ermreuther waren in der Eile im Wald liegen geblieben
und ihre Leichen waren verbrannt. Die Familie des Elieser
war die ganze Nacht an der Leiche des Greises gesessen,
während die Frauen an den Sterbekleidern nähten. Auch
in den andern Wagen, in denen es Verstorbene gab, blieb
das Licht brennen zu den aufrichtigen Tränen der Trauern=
den. Oft klang der Schrei des Wildes aus der Höhe des
Waldes herab, wo sich das Feuer beruhigt hatte; über der
Ruine lag eine Rauchkrone, und die noch glimmenden
Stämme leuchteten herrlich in die weite Ebene hinein.

Der Morgen kam. Die Gräber waren rasch gegraben,
denn das geschieht bei den Juden mit Hingebung, weil sie
alles für ein gutes Werk ansehen, was für einen Ver=

storbenen geschieht. Die Weiber mußten in der Behausung
bleiben, sie durften nicht mitgehen bei Begräbnissen, außer
den nächsten Blutsverwandtinnen, und denen durfte sich
während dieser Zeit kein Mann nähern, weil es hieß, der
Engel des Todes tanze mit dem bloßen Schwert vor den
Weibern her. Bevor der Körper in den Sarg gebettet
wurde, begoß man ihn dreimal mit Wasser, und ein alter
Chronist sagt schon, daß dies etwas anderes bedeute, als
eine äußerliche Reinigung. Feierlich erklingen dazu die Worte
des Propheten: ich will rein Wasser über euch sprengen,
daß ihr rein werdet von eurer Unreinigkeit, und von all
euren Götzen will ich euch reinigen. Und als die Begießung
geschehen, faßte der Chassan den Körper bei der großen
Zehe an und kündigte ihn der Gesellschaft der Menschen
völlig auf. Dann wurde der Leichnam mit weißen Kleidern
angetan, sein Haupt wurde mit dem Gebetstuch bedeckt und
so wurde er in den Sarg gelegt. Und weil die Juden alle
Erde außer der Erde Kanaans für unrein achten, so be=
deckten sie die Augen des Toten mit einer weißen Erde,
die aus dem heiligen Land sein soll, und auf die Erde
legten sie zerbrochene Scherben von Töpfen. Dann wurde
der Sarg zum Grab getragen, und es war üblich, ihn auf
diesem Weg dreimal niederzusetzen. Und jeder Freund warf
drei Schaufeln Erde in das Grab, und der nächste Bluts=
verwandte zerriß seine Kleider. Der Totengräber nahm da=
bei sein Messer und schnitt oben einen Riß in das Kleid
dieses Leidtragenden, der dann den Riß mit der Hand voll=
endete.

Die Sonne brach hervor aus den Nebeln, und leuch=
tend lag das Land. Langsam schritten die Leidtragenden zu=
rück, wuschen dreimal ihre Hände, weil sie sich mit dem
Tod verunreinigt haben und rissen dreimal Gras aus, um
es rückwärts hinter sich zu werfen.

Die Zurückkehrenden wurden mit der Nachricht emp=
fangen, daß Maier Knöcker, der Nathan, in Wahnsinn
verfallen sei. Der Eindruck dieser Kunde war nicht tief, um
so weniger, als Zacharias Naar vor dem Aufbruch in
Worten von eindringlicher Kraft den Mut und die Zuver=
sicht schwellte wie der Sturm das schlaffe Segel. Sie ver=
gaßen Not und Mühen wieder und weihten sich von neuem
dem Glauben an die große Zukunft, an die Macht und Un=
umstößlichkeit des Langgehofften, Langentbehrten. In solchen
Stunden des Vertrauens wirkte jede Herbstzeitlose, die
kümmerlich aus den Feldern grüßte, als ein Freudezeichen,
jeder Sonnenstrahl hatte etwas Liebenswürdiges und Er=
greifendes. Der eine Mensch macht den andern gut und
froh; es ist ein stummes Zureden unter ihnen, ein wort=
loses Sichbestärken. Es ist, als ob das Unglück sie nun ge=
weiht hätte zum Dienst des Glücks.

Mit gutem Mut zogen also die Juden im Schein der
Herbstsonne ins Tal der Rednitz hinunter. Drei Wagen,
— die des Obadja Ansel, des Hutzel Davidla, des Simon
Fränkel, — waren schon früher aufgebrochen und bildeten
die Vorhut. Sie fuhren nicht mehr so langsam wie am
vorhergehenden Tag. Die weißen Wagendecken leuchteten
freundlich in der Landschaft, der Wald stand in seinem matten

Grün wie eine niedere Wand am Horizont, der Himmel
war klar und lichtbegossen, und die Helligkeit strömte ver-
schwenderisch über die Gefilde. Weit drüben lag die alte
Kadozburg und auf der andern Seite, kaum noch als zarter
Umriß erkennbar, das Kaiserschloß von Nürnberg.

Da sah der Hauptzug, wie die Vorhut im Gelände
stille hielt. Maier Lambden hielt die Hand über die Augen
und sagte, er sehe eine Anzahl fremder Wagen, die aus
einem Gehölz herausgefahren kämen. Jetzt stiegen mehrere
auf die Kutschböcke und sahen aufmerksam hinaus. Den
meisten schlug das Herz in der Brust; sie fürchteten einen
neuen Überfall. Der junge Wagenseil, der vortreffliche
Augen hatte, sagte, es seien Leute in fremdländischer Kleidung, aber er hielte sie für Juden. Dann sagte er, Obadja
Ansel ginge den Vordersten der unbekannten Karawane entgegen. Dann sahen alle, wie sie sich trafen, und wie sie
kurze Zeit miteinander redeten. Und dann sahen sie, wie
der Obadja Ansel die Arme ausbreitete wie ein Ertrinken-
der und hinfiel wie ein Stock. Und dann liefen zwei nach
und redeten ebenfalls und schienen in Weinen auszubrechen
und gebärdeten sich wie Verrückte. Zirle stand und schaute
unablässig in die Ferne, wo diese Bilder spielten und plötzlich stieß sie einen markerschütternden Schrei aus, als ob sie
alles durch die Lüfte vernommen hätte und sank vom Wagen
herab. Die vordersten Wagen kehrten um, kehrten zurück
und in kurzer Zeit hatte sich ein tötender Bann von wildem
Schmerz um die vorher so wanderungslustigen Menschen
gelegt.

Sabbatai Zewi war zum Islam übergetreten.

Der Prophet, der seine Zeit beunruhigt hatte wie eine seltene Himmelserscheinung, hat bei Zeitgenossen und Nach= welt ·nur den Schatten des Geheimnisvollen hinterlassen. Wenn nicht seine außerordentliche Schönheit die Welt trunken gemacht, so war es doch der Zauber seines Geistes, die Größe seiner Seele oder das Hinreißende seiner Worte. Oder wäre es nichts dergleichen gewesen? Es gibt Stimmen aus jener Zeit, die ihn dem Teufel gleich erachten oder einem schlechten Schauspieler oder einem Würfelspieler oder einem Lüsternen oder einem Charlatan. Aber wer kann den Beweggrund seiner Handlungen kennen? Die Geschichte, wie ein leichtgläubiges Frauenzimmer, läßt sich betören von der Fabel und von der Fama und das ist gut, denn wie sollte der Nachgeborene die Fülle erdrückender Wahrheit er= tragen, die sie ihm sonst nicht vorenthalten könnte?

Der fremde Zug, der den Weg der Fürther Juden so jäh gehemmt hatte, war ein kleiner Teil der Wiener Juden, die um diese Zeit von Kaiser Leopold des Landes verwiesen worden waren. Die Verzweiflung der Juden war groß. Es war, wie wenn ein hoffnungsvoller Sohn plötzlich hin= stirbt, auf den man alles gesetzt, von dem man alles er= wartet, und der nun geht. Doch es war schlimmer. Es war mehr als der Tod, schrecklicher als der Tod, etwas, das die ganze Haltlosigkeit des Lebens in einem grellen Blitz zeigte. Die Juden sind ein starkes und störrisches Volk; doch sind sie nur groß, wenn ein wenig Gelingen bei ihnen wohnt, und sie sind nicht lange groß, denn sie

brechen leicht in dem Erstaunen über ihre eigne Größe.
Auch Sabbatai Zewi war ein Jude, vielleicht das klarste
Bild des Juden, ein Stück Judenschicksal.

Viele zogen wieder nach Fürth zurück. Einige Familien
der österreichischen Vertriebenen, die große Not litten und
furchtbare Entbehrungen hinter sich hatten, siedelten sich
nebst einigen jungen Leuten aus Fürth in dem stillen Tale
an. Bei ihnen blieb Thelsela, das Weib des blödsinnigen
Maier Nathan, mit ihrer Tochter und ihrem Enkel, der der
Stammvater jenes denkwürdigen Menschen wurde, von dem
in den folgenden Blättern die Rede ist. Die Thelsela war
zu müde geworden, nach der stiefmütterlichen Heimat zurück-
zukehren, an der Seite der Christen zu leben und stets durch
den Ort, wo sie gelitten, an die Reihe ihrer Leiden er-
innert zu werden. Sie verkaufte ihr Haus und baute dort
drüben ein neues. Sie wollte nichts mehr vom Leben; sie
trug ihre Tage knechtisch und trug still.

Jener Ort, der mit Erlaubnis des freundlichen Herrn
von Onolzbach gegründet wurde, hieß zuerst Zionsdorf,
welcher Name dann durch die einwandernden Christen in
Zirndorf umgewandelt wurde. Er gedieh, die Felder um
ihn herum waren fruchtbar und gern bereit, die anvertraute
Saat zehnfach zurückzugeben.

Zacharias Naar und Zirle blieben für immer verschwunden. Ihr Leben verlor sich in eine Folge von Sagen
und schließlich wurden auch ihre Taten sagenhaft. Geschlecht
auf Geschlecht erstand und verblühte, und eine neue Zeit
kam. Und das Kommende war immer größer, freier und

vollendeter, als das Vergangene, und der Jude, anfänglich
nur Knecht, wert genug, den Fußtritt des übelgelaunten
Herrn zu empfangen, tat seine Augen auf und erspähte die
Schwächen und erriet die Geheimnisse dieses Herrn. Da
griff er alsbald mit seinen Händen hinein in die Maschinerie der Völker und ihrer Gerichte und ihrer Kriege und
oft verrichtete er ungesehen kaiserliche Dinge, wenn die
Monarchen schliefen und die Minister schwach waren. Sabbatai wurde ein Moslem, und manche sagen zum Schein.
Der Jude wurde ein Kulturmensch und manche sagen zum
Schein. Manche sagen, der Verderber und der Verführer
sitze in ihm und er verstünde die Bühne dieser Welt besser
als ihre Erbauer. Dies ist sicher: ein Schauspieler oder ein
wahrer Mensch; der Schönheit fähig und doch häßlich;
lüstern und asketisch, ein Charlatan oder ein Würfelspieler,
ein Fanatiker oder ein feiger Sklave, alles das ist der Jude.
Hat ihn die Zeit dazu gemacht, die Geschichte, der Schmerz
oder der Erfolg? Gott allein weiß es. Vor den Blicken
tut sich ein unermeßliches Bild auf, denn das Wesen eines
Volkes ist wie das Wesen einer einzelnen Person: sein
Charakter ist sein Schicksal.

Die Juden von Zirndorf

Erstes Kapitel

Im Jahre achtzehnhundertfünfundachtzig fing es in den Ebenen der Rednitz und Pegnitz einige Tage nach Maria Himmelfahrt an zu regnen, und es regnete fast unaufhörlich bis Mitte August. Die Saaten gingen zugrunde und alles Land war ein einziger See. Bis ins Tal der Zenn hinein erstreckte sich die Überflutung und nach Norden in die Erlanger und Bayersdorfer Gegend. Graugelb und gurgelnd schlug das Wasser gegen die Eisenbahndämme; die Fußstege waren weggerissen, die Hütten am Ufer zerstört; tagelang sah man Bretter und Balken und Fetzen von Schindeldächern mit der Strömung hinuntertreiben. In der Fischergasse und am Schießanger in Fürth beleckte das Wasser die Häuser, füllte die Keller und schlug drohend an die Schwelle kleiner Krämereien oder an die Wohnungen der Goldschläger, deren Gehämmer sonst mit anziehender Taktmäßigkeit das ganze Viertel erfüllte.

Wie eine geheimnisvolle Berginsel sah der Vestnerwald mit seinem viereckigen Turm in das überschwemmte Land. Wenn man von dort aus gegen Zirndorf hinunterblickte, ragten nur ein paar Pappeln oder die Bäume einer Obst=anpflanzung oder quer durcheinander geschichtete Hopfen=stangen oder der Pfahl, worauf bei Schützenfesten der be=malte Adler befestigt wird, aus dem Wasser hervor, das gelbschimmernd dalag, ohne sonderliche Bewegung wie ein matter Spiegel. Das Dorf selbst war zum größten Teil verschont geblieben, weil es etwas höher lag. Kein Rauch

stieg aus den Schloten der Ziegelei am Eingang der Hauptstraße. Die roten Dächer sahen ergeben in das helle Grau
des Himmels, und die Krähen, die mit unruhigerem Flügel-
schlag als sonst auf- und abflogen, stießen schmerzlich-gellende
Schreie aus.

Den Wirten im Dorf ging es schlecht bei diesen feuchten Zeiten, besonders Sürich Sperling, dem Sebalderwirt
und Herrn Ambrunn, der die „gläserne Burg“ besaß. Das
Turnerfest war auf den nächsten Sommer verschoben worden und die Fürther Kirchweih stand vor der Tür, wo
ohnehin wieder alles Geld in die Stadt wandern würde.
Als der Burgwirt keinen andern Ausweg sah, schickte er
bei den Juden herum und ließ sagen, daß er koscheres
Fleisch zum Aushacken bringen werde. Der Bauer litt
gleichfalls schwer unter der Wassersflut und mancher, dem
bislang eine selige Talerfülle im Beutel geklappert, schlich
nunmehr gebückt und finster ins Wirtshaus, um seinen Groll
zu vergessen.

Zwischen Altenberg und Zirndorf wurde der Verkehr
durch Boote vermittelt, und an einem Donnerstag fuhren
zwei Kähne ungefähr gleichzeitig, der eine von Zirndorf, der
andere von Altenberg ab und befanden sich einander in Seh-
weite, noch ehe jeder hundert Meter zurückgelegt hatte. Der
Wind strich übers Wasser und warf lautlose Wellen auf.
In kleinen Entfernungen erhoben sich die Chausseebäume
aus der Flut, und das dünne Zweigwerk hing trauernd
nieder und wurde vom Wasser bespült. Die Bäume zeichneten den Weg vor und die Boote näherten sich einander

rasch; das von Zirndorf kommende, in dem Sürich Sperling, seine zwei Knechte, der Milchmeier von Altenberg,
der Metzger Frühwald von Fürth und ein fremd aussehen-
der junger Mann saßen, glitt schneller dahin als das andere.
Sie waren sich auf zehn Schritte nahe gekommen, und
Sürich Sperling schrie eine Warnung hinüber; doch es lag
etwas Gehässiges in seiner Stimme, und es hatte den An-
schein, als suchte er das kleinere Boot zu kentern. Die
Bedrohten wichen furchtsam aus, aber Sürich Sperling,
der das aus einer alten Kohlenschaufel verfertigte Steuer
handhabte, richtete die Spitze des Kahns gegen die Breit-
seite des andern Fahrzeugs, und dieses stieß daher ziemlich
heftig an einen Baumstamm. Gleichzeitig ertönte ein entsetzlicher Schrei aus fünf oder sechs Kehlen, und ein junger
Mensch von etwa siebzehn Jahren stürzte kopfüber ins
Wasser. „Laßt das Judenpack ersaufen," sagte Sürich
Sperling, und die zwei Knechte und Herr Frühwald begannen zu lachen, während sie hastig davonruderten. Selbst
der schwarzbärtige junge Mann lächelte, offenbar nur um
seinen Reisegefährten gefällig zu sein. Dann warf er stirnrunzelnd den Rest einer Zigarre ins Wasser und sah mit
angestrengten Blicken nach der Stelle des Unfalls zurück.
Etwas Düsteres und Drohendes glomm in seinen Augen,
als er die Anstalten beobachtete, unter welchen die jüdischen Männer den Verunglückten aus dem Wasser zu ziehen
suchten.

Dort herrschte große Ratlosigkeit, der Kahn wurde
vom anschwellenden Wind und von einer leichten Strömung

fortgetragen, und die Köpfe waren so verwirrt, daß der
eine Ruderer das Fahrzeug dahin und der andere dorthin
lenkte. Keiner konnte schwimmen. Wasser war ihnen das
unfehlbar totbringende Element; und als Elkan Geyer in
heller Angst um seinen Sohn den Rock von sich warf, um
in die Flut zu springen, hielten ihn sechs Arme zurück,
wobei das Boot fast zum Kippen gekommen wäre. Plötzlich
stieß Bärman Schrot einen Freudenschrei aus. Agathon
tauchte empor, erfaßte den weit überhängenden Ast eines
Birnbaumes, dann schnellte er aus dem Wasser und kletterte
mit erstaunlicher Behendigkeit ins Gezweig des Baumes.
Als er oben saß, streckte er seinen Kopf wie aus einem
Korbgeflecht heraus und sah spöttisch ins Boot. „Komm,
Agathon!" rief Elkan Geyer mit der schüchternen Zärtlich=
keit eines Schuldbewußten.

„Mag nicht!" schallte es kurz zurück.

„Aber komm doch!" bat Elkan erschrocken. Er kannte
den wunderlichen Starrsinn seines Sohnes.

„Ich will nicht. Ich will nicht mehr in euer Boot."

„Aber Agathon, deine Kleider sind naß, du wirst tot=
krank werden."

„Gut, so will ich totkrank werden."

„Hopp, mein Junge, hopp!" rief Isidor Rosenau ent=
schlossen und befehlend.

„Ich will euch etwas sagen," rief Agathon ernst. „Ich
werde warten, bis Sürich Sperling zurückkommt und wenn
es Nacht wird, und wenn es morgen wird. Ich will ihm
sagen, daß er ein Hund ist, ich will ihm sagen, daß er es

büßen muß. Ihr laßt euch ja alles gefallen. Wenn sie
euch die Ohren abreißen, küßt ihr ihnen noch die Hand.
Zu Hause könnt ihr dann schimpfen."

„Aber Agathon, komm doch," flehte Elkan Geyer. „Du
kannst doch nicht droben sitzen bleiben bis in die Nacht,
Gott behüte."

„Ich bleibe sitzen," beharrte Agathon und seine Augen
funkelten.

„So eine Verrücktheit!" rief Isidor Rosenau entrüstet.
Er packte sein Ruder und stieß den Kahn vom Baum.
Elkan Geyer schlug jammernd die Hände zusammen und
bat die Ruderer umzukehren, aber diese lachten ihn aus.

Der Kahn flog rasch gegen das Dorf und Elkan
Geyer wartete ungeduldig auf die Landung, um allein wieder
zurückfahren zu können. Den Kopf in die Hand gestützt,
sah er verträumt hinaus gegen den Horizont, wo ein
trübes Rot die Wolken zu säumen begann und sich auch im
Wasser spiegelte mit einem seltsam schwanken Schein. Es
war überhaupt etwas Verträumtes in Elkans Wesen; in
seinem Blick lag flehende Hilflosigkeit; sein frühergrautes
Haar war Zeuge davon, daß er alles zu Herzen nahm,
woran andere nicht lange tragen. Ja, wenn es andere fort=
warfen, hob es Elkan Geyer erst auf, und er mußte seine
Angelegenheit immer von einer Seite anzugreifen, von wo
sie mißlingen mußte.

Agathon fror auf seinem Baum erbärmlich. Aber er
verzog keine Miene, wenn ihn auch schauderte in den nassen
Kleidern; er machte ein Gesicht, als gelte es, sich vor den

eigenen Leiden zu verstecken. Friedlich gluckste das Wasser; bei langem Hinlauschen war es, als plauderte es immer in demselben müden Tonfall mit hellen, wiederkommenden Lauten.

In diesem Augenblick hatte er eine wunderliche Erscheinung. Aus dem Wasser hob sich ein Körper, die Arme breit in die Luft gestreckt, das Gesicht sehnsüchtig nach oben gerichtet. Lautlos wuchs die Gestalt herauf und ihre Muskeln schwollen wie unter einer gewaltigen Anstrengung. Daneben zeigte sich ein kleines Männchen, spitz, winzig, mit einem gefälligen Grinsen auf den Zügen, in beständigen Verbeugungen begriffen, und es reichte der großen Gestalt die Hand. Aber als diese die Hand nahm, sank sie tief und tiefer ins Wasser, wich angstvoll zurück, strauchelte und verflüchtigte sich im Dunst, der in der Ferne über dem Wasserspiegel lag. Mit vorgestrecktem Hals starrte Agathon hin und atmete tief auf, da er nichts weiter sah als die glatte Fläche und kein Geräusch vernahm als das klagende Glucksen des Wassers.

Als es zu dämmern anfing, wurde ein Ruderschlag hörbar. Elkan Geyer kam. Agathon zögerte nicht mehr und ließ sich ins Boot hinab. Sie fuhren heim auf der stillen Fläche, über die es langsam hindunkelte, und sprachen kein Wort miteinander. Die Krähen flogen ums Boot, lautlos und geängstigt, und bisweilen war das Wasser von einer Schicht gelber Blätter bedeckt. Die Röte am westlichen Himmel glich einer schmalen Schleife und wurde zusehends trüber und einige Wolken lagerten dort, die sensen-

schwingenden Männern glichen. Am Kirchhof landeten die
beiden, schritten die kotige Straße des Dorfes hinauf und
traten in ein kleines, grüngestrichenes Haus, das dem Verfall keinen Widerstand mehr bot und in jeder Stunde zu-
sammenzubrechen schien. Das Dach drückte schwer auf
Giebel und Mauern, und die unregelmäßigen Fenster glichen
schielenden Augen. Elkan Geyer schritt durch einen finstern
Gang mit brüchigen Ziegelsteinfließen, an vielen Türen
vorbei in die Kammer, wo Ölvorräte und Spezereien
für den Kramladen aufgestapelt lagen. Eine sonderbare
Mischung von Gerüchen herrschte: es roch nach frischen
Äpfeln und alten Stoffen, nach schlechter Schokolade, nach
eingemachten Früchten, nach Essig und Konserven, nach ge-
räuchertem Fleisch und Kaffee. Dazu lag feiner Mehlstaub
in der Luft, und dunkelgrünes Tuch war über große Kasten
gebreitet.

Agathon war seinem Vater gefolgt, der den Kerzenstumpf anzündete und bekümmert in das dürftige Flämmchen schaute. Mit seiner müden Stimme begann er zu
reden: daß ihm wohl sein Ältester das Leben leichter machen
könne, als er es täte, und wie er, Agathon, sich eigentlich
die Zukunft vorstelle? Daran läge jetzt alles, mehr als
alles; es sei bitter ernst und er, Elkan, werde jetzt alt und
es werde ihm schon schwer, das viele Schulgeld aufzu-
bringen. Auch dürfe er sich nicht schlecht benehmen gegen
Sürich Sperling, denn er, Elkan, sei tief verschuldet bei
diesem Mann, so daß er sich keinen Rat mehr wisse. Niemand wolle helfen, auch nicht Enoch Pohl, der es doch

wahrscheinlich vermöchte. Elkan Geyer sagte mehr, als er
beabsichtigte; er sah endlich, wie Agathons Glieder zitterten,
vielleicht nicht nur der nassen Kleider wegen. Schnell gebot er ihm, sich umzukleiden, aber er solle es so anstellen,
daß die Mutter nichts merke.

Gedankenvoll ging Elkan hinaus in den kleinen Hof,
der zwischen Haus und Gemüsegarten lag, und trotzdem es
schon ziemlich dunkel war, traf er seinen Schwiegervater
noch bei der Arbeit. Enoch Pohl war zweiundachtzig Jahre
alt, aber er übte noch immer sein Handwerk als Seiler
aus. Er wanderte noch täglich den langen Weg nach Fürth,
doch zu keiner Zeit hatte er eine Nacht unter fremdem
Dach geschlafen, niemals hatte er für länger als zehn
Stunden das Dorf verlassen. Er kannte keine Sehnsucht
als die nach dem Gold, und Gefühlen anderer Art war er
verschlossen. Die Welt, in der er lebte, veraltete ihm
nicht, und er dachte auch nicht an den Tod. Er war
fromm, d. h. er ging allmorgendlich und allabendlich zum
Gottesdienst, um das Gebetstuch, das er seit neunundsechzig
Jahren um die Schultern legte, von neuem zu küssen und
das halbzerfetzte Buch mit den braungewordenen Blättern
von neuem aufzuschlagen.

Einige Sterne zuckten unter schnellen Wolken auf. Die
Luft war satt von Feuchtigkeit und hatte etwas Durch-
dringendes. Das Laub des wilden Weins war blutrot und
leuchtete durch die Dunkelheit. Von der „gläsernen Burg“
herüber schallte das Geschrei der Zecher, und einer sang mit
simpler Geduld und in flennenden Tönen immerfort dieselbe

Melodie: spinn' spinne Töchterlein. Die Abendglocken begannen zu läuten; bald klang es fern, bald klang es nah.

Enoch Pohl hatte eine kleine, verrostete und verbogene Laterne angezündet, holte eine Wanne herbei, die mit Schafsdärmen angefüllt war und bedeckte sie mit einem tellerartigen Holzsturz, den er zur Beendigung seines Tagewerks mit Fugen für die Henkel des Bottichs versehen hatte.

„Nun, Vater," flüsterte Elkan Geyer und sah ängstlich auf die Hände des Alten, die mit braunen Flecken und langen Haaren bedeckt waren.

Enoch schwieg.

„Und wenns Jette erfährt?" murmelte Elkan. „Schließlich ist sie doch dein Kind."

„Sie waaß ja nix," erwiderte Enoch mürrisch.

„Sie wirds bald wissen. Sürich Sperling ist ein Halsabschneider."

„Wärst nit leichtsinnig gewesen. Mer hätten keine Scheuer zu bauen gebraucht. Ich kann der nit helfen. Ich ha ka Geld."

Elkan rang stumm die Hände. Dann sagte er: „Du hast so vielen das Messer an die Gurgel gesetzt, Vater. Und jetzt bist du erbarmungslos gegen die eigenen Kinder."

Enoch richtete sich langsam auf und machte eine abwehrende Armbewegung. Gleich darauf ging er ins Haus. Die Laterne zitterte in seiner Hand und sein Schatten schwankte hinter ihm auf dem schwarzen Erdreich.

Im Wohnzimmer rauchten die Kartoffeln auf dem Tisch. und zwei Heringe lagen in gelber Brühe auf einer Schüssel,

Die Kinder hatten blecherne Teller vor sich, die alt waren
und unappetitlich aussahen. In der Ofennische brodelte der
Kaffee und sein Geruch vermischte sich mit dem übergelaufener
und verbrannter Milch. Der Raum war niedrig und schwül,
und eine von Tagen aufgehäufte Unordnung herrschte. Die
Möbel standen krumm und schief, die Dielen waren rissig,
und durch die gardinenlosen Fenster schaute unbehindert die
schwarze Nacht und wer sonst noch wollte herein. Dennoch
zeugte alles von der Hand einer bemühten Hausfrau, die
nur zu schwach war, ihren Bereich zu regieren. Sie be=
herrschte auch ihre Kinder nicht, das sah man schon an den
Gesichtern der Kinder, die so unbekümmert dasaßen, als ob
sie niemals zu gehorchen brauchten. Sie griffen gierig in
die Schüsseln und wenn eines ein größeres Stück Hering
erwischte, erhob das andere ein neidisches Zetergeschrei.
Eine Katze schlich unter dem Tisch herum, rieb sich an den
Stuhlbeinen und stieß bisweilen ein begehrliches Miauen
aus, worauf die dicke Bauernmagd schadenfroh kicherte.
„Wo ist denn Agathon?" fragte der Knabe, ein lockiger
Pausback von fünf Jahren. Frau Jettes Mund verzog sich
ärgerlich. „Red nicht, wenn du's Mund voll hast!" schrie
sie. Wie alle Frauen, die von ihren Kindern tyrannisiert
werden, suchte sie durch grundlose Heftigkeit ihre Schwäche
zu bemänteln. Enoch Pohl kam mit müd=tappenden Schritten
herein, pustete sein Laternchen aus und stellte es in den Eck=
schrank, der zugleich als Waschbehälter diente, wusch sich die
Hände und sprach das übliche Gebet. Niemand beachtete
ihn. Da er den Tisch besetzt fand, ließ er sich in die Ecke

des Ledersofas fallen, seufzte und sah mit glanzlosen Augen
in das Ofenloch, aus dem der purpurne Feuerschein zitterte.
„Warum singt denn der Mann immer, Großpapa?" fragte
der Pausbäckige. Enoch murrte und schüttelte den Kopf.
„Was singt er denn, Großpapa?" — „Sei still!" schrie
Frau Jette wieder und klopfte mit der Faust auf den Tisch,
daß alles klapperte. „Spinn', spinne Töchterlein, singt er,"
flüsterte dem Pausbäckigen schüchtern die ältere Schwester
Mirjam zu, ein Kind von großer Schönheit. Plötzlich
sprang Enoch auf, ergriff mit einem Satz das Kätzchen bei
seinem aufgerichteten Schwanz, öffnete die Tür und warf
das quietschende Geschöpf an die gegenüberliegende Flur=
wand. Da trat Elkan Geyer auf die Schwelle und warf
dem Alten einen schmerzlichen Blick zu.

Eine Fensterscheibe klirrte leise. Aller Blicke wandten
sich hin. Mirjam stieß einen Schrei aus, Frau Jette blieb
der Bissen im Mund stecken. „Sürich Sperling," murmelte
Enoch. In der Tat war es das rote Gesicht des Wirts, das zu
einer breiten Fratze verzerrt, augenlos und mit plattgedrückter
Nase hereinstierte. Elkan Geyer wurde totenbleich und machte
einen Schritt gegen das Fenster, doch da war Sürich Sperling
schon wieder verschwunden. Mirjam lief dem Vater in die
Arme, der das Kind aufhob und es küßte. Enoch rückte
sich in seinem Sofawinkel zurecht, um geduldig zu warten,
bis am Tisch ein Platz für ihn frei würde.

„Wo ist Agathon?" fragte jetzt auch Frau Jette und
blickte ihren Mann forschend an. Elkan Geyer sah sich er=
staunt um, stellte das Kind auf die Erde, und ein Schatten

von Besorgnis ging über seine Stirn. Er öffnete die Tür
und rief Agathons Namen in den Flur; keine Antwort.
Frau Jette wollte hinausgehen, aber Elkan hielt sie zurück,
schlug die Tür zu und setzte sich an den Tisch, um zu essen.

Er machte ein verdrießliches Gesicht, als vor dem Haus
Lärm ertönte und gleich darauf die Rosenaus Mädchen
hereinstürmten, die sich stets aus irgend einem Grunde
atemlos und erhitzt gebärdeten. Ihnen folgte ihr Bruder
Isidor: würdig, ernst, gemessen. Er trug einen steifen eng=
lischen Hut, Krawatten nach der neuesten Mode, umgestülpte
Hosen und hellgelbe kotbedeckte Schuhe. Seine Finger
waren mit Ringen bedeckt und seine Uhrkette war schwer
von goldenem Behängsel. Er hatte etwas Impertinentes in
seinem Wesen wie ein Mensch, dem nichts in der Welt mehr
neu ist; er ging in der Stadt am liebsten dorthin, wo man
ihn nicht kannte, und nichts beglückte ihn mehr, als wenn man
ihn für einen Christen hielt. Klara Rosenau berichtete hastig
die neueste Neuigkeit: ein junger Mann wohne seit gestern
im Dorf mit der Absicht, über den Kauf der Ziegelei zu
verhandeln. Er sei sehr schön und heiße Stefan Gudstikker,
doch niemand wisse, was es sonst für eine Bewandtnis mit
ihm habe. Bei der Nennung des Namens begann Frau
Jette zu zittern, lehnte sich kraftlos zurück und schloß die
Augen.

Elkan Geyer und Isidor standen beim Ofen und flüsterten
miteinander. Der schwächliche und furchtsame Elkan schien
von wilder Beredsamkeit ergriffen, aber Isidor zuckte fort=
während die Achseln, und sein Gesicht wurde grausam und kalt.

„Und wenn er mir das Haus wegnimmt und das letzte
Stück Brot, was soll ich tun?" jammerte Elkan, „wer wird
helfen?"

Isidor nickte mit schaler Teilnahme und klimperte mit
den Talern in seiner Tasche. Und Elkan Geyer fuhr fort:
„Der Surich ist nicht wie Gläubiger sonst, das muß man
nicht glauben. Es ist ein eigner Geist in ihm. Er kommt
herein und in seinen Augen funkelts vor Haß. Er kommt
herein, streckt seinen Hals, lacht, knipst mit den Fingern,
er ist unheimlich, jawohl, aber er hat etwas Edles an sich
wie ein Löwe. Man müßte einmal von Herzen mit ihm
sprechen, vielleicht will er gar nicht das Böse."

Die Frauen und die Kinder unterhielten sich abseits.
Nur Enoch blickte starr auf die beiden Männer und sein
gelbes Gesicht mit dem struppigen Bartrand schien versteinert. Er grämte sich, daß man ihm nichts zu essen gab
und weil alle seiner vergaßen wie eines abgebrauchten Haus-
rats. „Sie lauern auf meinen Tod," dachte er, „aber ich
werde noch lange nicht sterben." Das Kätzchen miaute vor
der Tür. Er hörte es nicht; in dunklen Bildern stieg Ver-
gangenes herauf und mischte sich mit Bildern der Gegenwart.

„Ach ja, euern Agathon hab ich gesehen!" rief plötzlich
Helene Rosenau. Und sie schilderte nun einen sonderbaren
Auftritt, dessen Zeugin sie gewesen und der die Zuhörer
mit stummer Erregung erfüllte. Da sie merkte, daß das Vor-
gefallene am Ende wichtiger war als sie geahnt, suchte sie
durch theatralisches Gebaren ihr langes Schweigen vergessen
zu machen.

Sûrich Sperling war vor seinem Haus am Kirchen-
platz gestanden und sein Gesicht war gerötet vom Feuer der
Schmiede gegenüber. Da ging Lämelchen Erdmann, ein
kleines altes Jüdchen vorüber und sein Köpfchen wackelte
betrübt hin und her. Sûrich Sperling rief, es solle zu ihm
kommen. Und als Lämelchen sich furchtsam aus dem Staube
machen wollte, ging Sûrich hin und zog es bei den Ohren
zu seiner Treppe. Er stierte dem Kleinen lange in die Augen,
und sein Mund begann zu lächeln. „Hin ist hin,“ sagte
er und machte mit dem Arm eine unbestimmte weite Gebärde. „Ich bin ein Mann, mit dem's die Welt verdorben
hat. Wenn ich einen Juden seh', kocht mein Blut. Ich
kann die Juden riechen, wie der Hund das Wild. Schmied
komm mal rüber, leg' den Kerl da unter deinen Amboß.“
Der Schmied trat ins Freie und nickte Sûrich freundlich
zu, der den Kopf des Lämelchen niederzog, daß das Männchen zu schreien anfing. Plötzlich trat Agathon Geyer aus
dem Schatten des Brunnens, stürzte auf den Wirt zu und
spie ihm ins Gesicht. Sûrich Sperling ließ sein Opfer los,
packte Agathon, nahm ihn wie ein Paket und verschwand
mit ihm im Haus. Der Schmied lachte, die Mägde am
Brunnen lachten; alle fanden den Sebalderwirt höchst
spaßhaft.

Und war er denn nicht ein prächtiges Menschen-Exem-
plar? „Er ist ein Germane, das Urbild des Germanen,“
sagte Professor Brünotte in Fürth, der Philologe. Sûrich
Sperling haßte die Juden unbeschreiblich; jede Gebärde,
jede Stimme, jede Handlung eines Juden regte ihn auf wie

Wein. Es war unerhört und wunderlich; keines Menschen
Erfahrung wies einen ähnlichen Fall auf. Er war ein Tier:
wild, stolz, unbezähmbar, keinem Vernunftgrund der Welt
zugänglich. Niemals hatte er vor einem Herrn den Nacken
gebeugt; nie war er wie andere junge Leute seiner Abkunft
Knecht gewesen. Es gab Leute, die sich fürchteten, wenn
jemand von der Regierung ins Dorf kam; sie fürchteten ein
Unglück für den Regierungsmann und für den Wirt. Denn
Sürich Sperling verachtete den Adel, verachtete das Gesetz,
verachtete den Pfaffen und verachtete die Obrigkeit. Er war
ein Sohn der großen Natur rings umher, der großen Ebene,
die sich riesenleibig dehnt. Doch war sein Gemüt kindlich,
und er war leicht zu lenken. Oft war er rätselhaft in seinem
Wesen, schrie und tobte und war innerlich traurig. Sein
Vater soll ein Riese gewesen sein, und von seiner Mutter
erzählte man sich seltsame Dinge wie von einer Messalina.
Sürich Sperling paßte nicht in das enge Dorf. „Das Urbild des Germanen" fand hier kein Bett, worin es bequem
ruhen konnte.

Zweites Kapitel

Kaum hatte Helene Rosenau berichtet, was sie gesehen, als Elkan Geyer seinen Hut vom Nagel riß und hinausrannte. Die Kinder begriffen nicht, worum es sich handelte und blickten scheu und fragend umher. Isidor stand leise und verlegen trällernd am heißen Ofen und tippte mit den Fingern an die Kacheln. Der alte Enoch war still; sein Blick hatte sich umschleiert; es war, als ob die beängstigende Stimmung von ihm ausflösse.

Elkan eilte die Gasse hinunter. Am Brunnen standen noch immer schwatzende Jungfern. Das Wasser lief plätschernd in den Trog, und der dünne Strahl war blutrot im Widerschein des Schmiedefeuers. Sürich Sperling hockte vor seinem Haus auf den Steinfließen, hatte das Gesicht zwischen die Hände geklemmt und starrte unverwandt hinüber in die Esse, vor deren Glut die Gesellen schwarz hin- und hereilten. Elkan Geyer ging hin zu ihm und fragte: „Was haben Sie mit meinem Sohn gemacht? Reden Sie!" Sürich Sperling schwieg, er erhob nicht einmal die Augen. Elkan wiederholte seine Frage, aber der andere öffnete den Mund nicht, machte keine Bewegung, blieb starr wie im Schlaf. Sein Gesicht hatte den Ausdruck eines Menschen, der in tiefem Nachdenken begriffen ist oder eines Kranken, dem man den Tag seines Todes vorhergesagt hat. Was ist mit ihm vorgegangen? dachte Elkan und er wagte es, diesen Feind an der Schulter zu rütteln. Er hätte nicht den Mut dazu gehabt, wenn ihn nicht Furcht und Ver-

zweiflung getrieben hätten. Da richtete sich Surich Sperling auf und ging schweigend ins Haus. Elkan, der sich
nicht getraute, ihm zu folgen, zitterte vor Besorgnis. Er
ging hinüber zu den Mägden. Sie sagten, daß Agathon
kurz zuvor Surich Sperlings Haus verlassen hätte. Erleich-
terten Herzens aufseufzend, kehrte Elkan den finstern und
schmutzigen Weg zurück.

Frau Jette kam ihm im Flur entgegen; ihre Augen
fragten angstvoll, ihr Mund nicht. Die Rosenaus hatten sich
mit Trostsprüchen entfernt; wenn es nicht mehr munter und
witzig herging, wurde es ihnen unbehaglich. „Ist er nicht
da?" stieß Elkan heftig hervor, indem er in die Stube trat
und sich unruhig umsah. Niemand antwortete. Aber kaum
hatte Frau Jette die Türe hinter sich geschlossen, als sie
leise wieder aufging und Agathon hereintrat. Sofort gewahrten alle, daß in seinem Gesicht etwas war, das sie
vorher nicht darin gesehen hatten. Er schlich mehr, als daß
er ging, sagte weder guten Abend, noch sonst eine Silbe,
setzte sich neben seine Schwester Mirjam, der er flüchtig
schmeichelnd übers Haar strich, nahm einen der erkalteten
Erdäpfel von der Platte, schälte ihn und begann zu essen.
Aller Augen waren auf ihn gerichtet, aber er schien nichts
davon zu bemerken. Mit bleiernem und glanzlosem Blick
guckte er auf seinen Teller und aß anscheinend mit Ekel
und Überwindung. An seinem Hals war eine blutige
Schramme.

„Wo warst du?" fragte Elkan Geyer mit richterlicher
Würde und trat an den Tisch. Seine Stimme bebte. Aga-

thon ſah ſeinen Vater ausdruckslos an und fuhr fort zu
kauen. Frau Jette hatte ſich, den Kopf auf den Arm ge=
ſtützt, weit über den Tiſch gelegt und ſah ihren Sohn durch=
dringend an.

„Woher haſt du die Schramme?" fragte Elkan Geyer
weiter und ſtützte beide Fäuſte auf den Tiſch. Seine weichen,
guten Augen begannen zu funkeln. Auch Enoch trat jetzt
herzu, ſchob den Kopf Agathons mit der Hand ſo weit zu=
rück, daß ihm das Geſicht aufwärts zugewandt war und
blickte ihn finſter an. Agathon ſchlug die Augen nieder.
„Woher haſt die Schramme?" brach Frau Jette mit ihrer
kreiſchenden Stimme aus. — „Vom Baum," murmelte
Agathon. Elkan Geyer verfärbte ſich und ſprach plötzlich
zum Erſtaunen der andern von den Erfolgen ſeiner Fahrt
nach Altenberg.

Agathon erhob ſich und verließ das Zimmer. „Sag’
mir um Gotteswillen, was der Junge hat!" klagte Frau
Jette. Elkan ſtand am Fenſter. Ihm war, als ſähe er
den Waſſerſpiegel in der Ferne oder ſpüre den feuchten
Hauch der Flut. Sein Herz wurde eng.

Er folgte Agathon, denn der Gedanke an ihn bedrückte
ſeine Sinne. Er öffnete eine Tür des finſtern Flurs und
kam in eine kalte, kahle Kammer, wo auf einem hoch=
beinigen Holztiſch eine Kerze ſtand. Agathon war über
ein dickes Buch gekrümmt, die Finger in den Haaren ver=
wühlt. Es war das Neue Teſtament. Kaum hatte Elkan
das Buch angeſehen, als er es mit einer wütenden Be=
wegung packte, es unter den Armen Agathons hervor=

zerrte, die einzelnen Blätter zerſetzte und den Band in
eine Ecke warf. „Das tuſt du! Das tuſt du mir!"
flüſterte er atemlos. Agathon ſchwieg, wandte die Augen
nicht von denen ſeines Vaters nud veränderte nicht
ſeine kauernde Stellung. Elkan empfand plötzlich eine
unerklärliche Furcht vor ihm, ſetzte ſich auf den Bettrand
und fragte ſchüchtern: „Was hat er mit dir gemacht der
Sürich?"

Agathons Augen funkelten. Er ſchüttelte den Kopf und
ſah begierig in den ſchmalen Spiegel an der Wand, als ob
er jede Veränderung ſeines Geſichts ſtudieren wolle.

„Kannſt du's nicht ſagen? Deinem Vater?"

„Nein."

„Ja, aber —!"

„Nein. Warum haſt du denn das Buch zerriſſen?"

„Weil es Sünde iſt, es zu leſen, Sünde gegen den
Gott Jsraels. Woher haſt dus?"

„Sünde? Was Millionen gläubig wiſſen, kann doch
nicht für irgend einen Sünde ſein. Du ſagſt, Jsrael iſt
Gottes Lieblingsvolk? Er beſchützt es vor allen andern?"

„Ja."

„Das iſt Unſinn und Lüge."

„Agathon!"

„Ja! Alle Völker haſſen uns und ich glaube, Gott
haßt uns ebenfalls."

„Was für Reden!"

„Wir haben Jeſus gekreuzigt und —"

„Wir —! nicht wir Agathon."

„— aber wenn wir es nicht getan hätten, wäre er nicht Jesus Christus. Sie haben uns also Jesus Christus zu verdanken."

„Natürlich."

„Trotzdem fluchen sie uns," fuhr Agathon fort, „und wir haben kein Vaterland."

„Warum nicht? Hier ist unser Vaterland! Deutschland! Uns beschützt der Kaiser und das Gesetz."

„Kaiser und Gesetz sind nicht Deutschland, Vater. Und wo man beschützt werden muß, ist man nicht daheim."

„Du bist ein Klügler. Das Leben ist einfacher, als die Klugheit eines Knaben."

„Ich bin kein Knabe mehr, Vater. Wenn uns das Volk lieb hätte, wären wir nicht so wie wir sind. Wir sind Unebenbürtige in diesem Land und wir sind doch mehr als sie, stärker als sie!" Wieder funkelten seine Augen und es lief ein Zittern durch seinen Körper; er stand da, sein schmales Gesicht war verzerrt, seine Hände waren ineinander gekrampft, und er stieß einen Laut des Grauens aus. Elkan blickte verstört umher, aber er gewahrte nichts. Er packte Agathon bei den Armen, schüttelte ihn und begegnete seinem ausdruckslosen, starrenden Blick.

Die Türe knarrte, und Frau Jette kam herein. Sie sagte, ein armer Gast sei gekommen und wolle für die Nacht Unterkunft. Fast willenlos verließ Elkan das Zimmer. Als er wieder den Flur entlang schritt, überfiel ihn beklemmend das Gefühl seiner Not. Morgen würde ihn Sürich Sperling pfänden lassen, und selbst die kleine Krämerei, die

den Bedarf für den Tag deckte, würde verloren gehen.
Hätte er nur seiner Kinder Geld bei Löwengard bekommen
können! Er überlegte, wie er dies anstellen könne.

Der Fremde stand im Zimmer und murmelte Gebete;
seine Augen flogen gierig über die schmutzigen Blätter
des Buches und sein Gesicht hatte einen übertrieben-
inbrünstigen Ausdruck. Als er fertig war, wurden seine
Mienen finster und feindselig; er beantwortete alle Fragen
so kurz als möglich, schaute keinem ins Gesicht und als die
Magd mit den aufgewärmten Kartoffeln kam, wandte er sich
ab und bedeckte das Gesicht mit den Händen, um nicht
durch den Anblick einer Christin verunreinigt zu werden.
Sein Hut, den er während des Essens aufbehielt, war alt
und zerlöchert.

Alle gingen zur Ruhe, auch der Fremde, der in der
oberen Kammer am Giebel eine Bettstätte bekam. Immer
klang es wie Wasserrauschen und Wellengeplätscher herein
ins Dorf; Regen strömte herab, dann war es wieder still,
dann kam ein summender Wind, dann trat wieder der Mond
aus den Wolken, und seine Strahlen legten sich scheu auf
die Dächer. Frau Jette sagte am Morgen, sie habe zweimal die Haustüre gehört, aber alle lachten sie aus. Frisches,
warmes Brot stand auf dem Tisch und Kaffeedampf erfüllte
die Stube. Die Männer kamen mit ihren Gebetsriemen,
um das Morgengebet zu verrichten, denn sie konnten nicht
zur Synagoge gehen, weil der alte Vorbeter durch Zwistig-
keiten, wie sie stets unter den Juden des Dorfes herrschten,
daran verhindert wurde, sein Amt auszuüben.

Agathon rüstete sich zum Aufbruch; er mußte um acht
Uhr zum Schulbeginn in Fürth sein, und es war eine Stunde
Wegs, die er täglich zweimal zurücklegen mußte. Mittags
hatte er Freitische bei reichen Juden in der Stadt. Er steckte
die Bücher in seinen Träger und schien dabei weniger entschlossen und überlegt als sonst. Oft besann er sich lange,
drückte die Augen zusammen, schaute fremd auf die Geschwister und die Mutter. Elkan Geyer war schon aufgebrochen; er ging über Land, wie er sagte wegen der Geschäfte, in Wahrheit aus Angst vor Sürich Sperling.

Während Frau Jette einen Scherz erzählte und Enoch
mit großem Geräusch Kaffee schlürfte, erschallte auf der
Straße ein gellender, durchdringender Schrei, wie wenn
einer, die Finger zwischen den Zähnen, in der Art des
Metzgerpfiffs aus aller Kraft pfiffe. Dann lief der Bauer
Jochen Wässerlein vorbei und überstürzte sich fast vor Eile.
Dann kam Pavlowsky, der Gendarm; er lief zwar nicht,
aber er ging so schnell, wie noch niemand im Dorf ihn hatte
gehen sehen. Sein Körper wurde bei jedem Schritt förmlich durchschüttelt. Agathon stand mitten im Zimmer, weiß
wie ein Hemd, und ein irrsinniges oder triumphierendes
Lächeln spielte um seine Lippen. Frau Jette hatte das Fenster
aufgerissen und sich weit hinausgebeugt; sie sah am Kirchen-
platz viele Menschen stehen; auch vor Martin Ambrunns
Wirtschaft standen Leute.

Die Magd Kathrin stürzte herein. Der Ausdruck ihres
Gesichts war nicht mehr Schrecken zu nennen; es war ein
Krampf. Sie ließ die Unterkiefer herabhängen, daß der

8*

Mund weit offen stand und machte bloß Versuche, den Arm
zu heben. „Was ist geschehen?" fragte Frau Jette mit
starrendem Herzen. Kathrin brachte kein Wort hervor. Alle
umstanden sie und endlich flüsterte das Mädchen: „Der Sebalderwirt ist tot; sie hab'n ihn umgebracht, heißt's." Alle
schwiegen. Joelsohn und Enoch Pohl murmelten ein Gebet. Die Kinder eilten auf die Straße und standen vor
der Tür furchtsam still.

Auf Agathons Antlitz malte sich von neuem jenes irre
und frohlockende Lächeln und auch er legte wie die beiden
Alten betend die Hände aneinander, doch was ihn erfüllte,
war nicht Andacht, sondern unendliche Lust und grenzenlos-
glückselige Genugtuung.

„Dank, Dank, Dank," flüsterten seine Lippen, als er den
Weg nach der Stadt antrat und er schritt dahin wie beflügelt.

Er verfolgte zuerst den aufsteigenden Weg nach der
Veste, und von dort aus ging er den Kamm der Hügel entlang über Dambach und die äußere Schlachthausbrücke. Er
wanderte im Halbkreis um das überflutete Gelände; überall
rauschte und brandete das Wasser, und wenn sich die Morgennebel hoben, entstanden phantastische Städtebilder. Am
Schlachthaus war der Anprall des Wassers gewaltig; das
Gerassel der Wagen auf der Brücke wurde verschlungen vom
Dröhnen der Brandung.

Hier traf Agathon seit den acht Tagen, da er diesen
Weg gehen mußte, jedesmal um dieselbe Zeit und an derselben Stelle eine Frau, die leise murmelnd daherkam, eigentlich mehr kroch, als ging. Erst hatte sie Agathon wenig

beachtet, dann war sie ihm aufgefallen durch den hartnäckigen, bösen und trotzigen Ausdruck, mit dem sie ihren Korb schleppte. Dann begann er sie aus einem geheimnisvollen Grund zu hassen; wenn sie seinen Weg kreuzte, funkelten seine Augen; als er ihr einmal ausweichen wollte, begann sein Herz zu klopfen und trieb ihn ihr entgegen und dann war ihm, als müsse alles, was er an diesem Tag unternahm, zerbrechen und fehlschlagen.

Heute kam sie nicht. Er blieb am Brückenpfeiler stehen und sah sich um. Sie kam nicht. Er selbst, der den ganzen Weg wie im Traum zurückgelegt, begann dadurch gleichsam aufzuwachen und er fuhr mit der Hand über die Augen. Sein Blick ging forschend durch die aufsteigenden Gassen des Uferviertels.

Sonst wenig geneigt zu Gesprächen redete er am Obst= markt einen Schulkameraden an, einen kleinen, unbeholfenen Jungen, der sehr jüdisch aussah. Die beiden gingen eine zeitlang wortlos, endlich sagte der Kleine, gedrückt von dem schweigenden Wesen Agathons: „Wie sonderbar es hier riecht?"

„Nach Kohl," entgegnete Agathon sarkastisch.

„Au!" schrie der Kleine enthusiastisch. Er war wie er= löst durch diesen anscheinenden Witz. „Hast du die salischen Kaiser gelernt?" fragte er dann.

„Ich lerne nicht. Ich kann nicht lernen," murmelte Agathon. „Ich kann nicht Zahlen einpauken und Namen und Regeln, was weiß ich. Das quält mich. Wenn Vo= jesen nicht wäre, ich könnte nichts arbeiten, nichts denken in all den Stunden. Das ist alles tot."

Der Kleine schien sehr erstaunt und betreten. Agathon wurde immer bleicher, je näher sie dem Schulhaus kamen. In allen Gassen wurden die Läden geöffnet und die Kaufleute und Gehilfen, meist Juden, standen frisiert und frisch gewaschen vor den Türen und Auslagefenstern, die Hände tief in die Hosentaschen vergraben.

Schon von weitem sah man die Schar der Schüler vor dem Schulgebäude. Viele standen um eine Litfaßsäule, wo eine Göttin der Vernunft auf einem grünen Plakat ein gelbes Stück Seife emporhielt als wäre es eine Brandfackel. Die Schüler machten ihre unangenehmen Zoten über die Nacktheit der Seifengöttin. Kaum waren Agathon und sein Begleiter, der jetzt seinerseits in Schweigen versunken war und nur bisweilen einen schelen Seitenblick auf den Mitschüler warf, hinzugekommen, als eine Anzahl von Agathons Klassenkameraden auf ihn zustürzte, ihn an Schultern und Armen packte und in ihn hineinschrien: es sei doch einer ermordet worden in Zirndorf, ob er ihn gesehen habe, er solle erzählen, wie es zugegangen sei und so weiter. Die Schüler der unteren Klassen machten respektvoll Platz und begnügten sich damit, am Rande des Kreises ihre Ohren zu spitzen, um etwas zu erlauschen. Agathon sah sich dicht umstellt, und der Kleine schaute in naiver Furcht zu ihm auf und sagte: „Warum hast du das mir nicht gesagt?"

Herr Pedell Dunkelschott erschien pustend auf der Schwelle des Schulhauses, und die Schar strömte laut lärmend in die hallenden Korridore. Agathon saß bald auf dem kleinen Klappstuhl, steif und still — und hörte nichts

von dem Toben um sich). Ein süßes Wohlbehagen kam über
ihn; der Ofen summte an seiner Seite, und draußen lag
durchsichtig der lichte Herbstnebel. Er sah die Landkarten
und es öffneten sich die fernen Länder, den Globus und er
fühlte sich weit über der Erde. Er fühlte sich edler und
älter, wie ein Mensch, der seine schlummernden Leiden=
schaften kennen gelernt hat.

Der Unterricht begann. Professor Schachno spazierte
mit seinen kurzen Beinchen geziert umher und schien bis=
weilen im Gehen zu schlummern oder er summte behäbig
eine stille Weise vor sich, gleichsam einen Hymnus an jene
sanfte Milde, mit der er die Welt betrachtete. Seine Haupt=
tätigkeit bestand im Zudiktieren von Strafarbeiten, welche
ihm das Ideal der Pädagogik zu sein schienen. Ein ver=
gessenes Heft, ein schlecht gelernter Vers, ein Tintenfleck,
ein unzeitgemäßes Lachen, ein unanständiges Rülpsen, das
alles waren Fehler, einzig und allein ausrottbar durch das
Universal Strafarbeit. Er dozierte deutsche Literatur und
sprach über Goethe so, als ob Goethe froh sein müßte,
einen Schachno als Nachgeborenen gefunden zu haben. Er
summte gerade wieder und schlummerte zugleich ein wenig,
als sich Agathon Geyer schwankend erhob und mit er=
loschenem Blick vor sich hindeutete. In seinem Gesicht lag
ein tierisches Entsetzen. Die Schüler erhoben sich bang und
flüsternd. Agathon stürzte zum Podium, fiel in die Knie,
machte eine Armbewegung, als ob er die Füße eines Men=
schen umklammerte und sah mit brechenden Augen hinauf
in das Gesicht dieser unsichtbaren Gestalt, Surich Sperlings.

Drittes Kapitel

Niemals sinkt der Abend so still herab, als wenn die Kirchenglocken läuten; Nebel fällt wie ein Gespinst über die Dächer, gleitet an den Häuserwänden herab, umhüllt flatternd die Laternen, liegt unbeweglich still in den Gärten und gibt ihnen das Ansehen eines Sees. Die Schritte scheinen leiser zu werden wie auf Teppichen.

Agathon stand auf dem nassen Pflaster und schaute in eine glänzend erleuchtete Etage hinauf. Er dachte etwas verwundert nach über die Pracht und den Reichtum dieses Judenhauses, ging dann weiter und begegnete den Juden, die, aus dem Abendgottesdienst kommend, laut feilschten und handelten. Als er sie sah, fühlte Agathon, daß die Judenreligion etwas Totes sei, etwas nicht mehr zu Erweckendes, Steinernes, Gespensterhaftes. Er wandte seine Augen ab von den häßlichen Gesichtern voll Schachereifers und Glaubensheuchelei.

Die Kirchweihbuden füllten die Königstraße bis zur protestantischen Kirche hinauf. Die Ausrufer der Schaubuden schrien sich heiser und verdrehten den Körper, als ob sie Leibschmerzen hätten; mit gesträubten Haaren schrien sie die Vorzüge ihrer Sehenswürdigkeiten aus. Wirr und schrill klangen die Orgeln, Pfeifen und Trompeten und das Gebrüll der Tiere drang aus der Menagerie. Trompeten, Pfeifen und Ratschen erschallten, ein wüstes Summen, Surren und Johlen. Kinder mit vor Neugier bleichen Gesichtern machten sich keuchend Bahn. In den Wirtschaften

gröhlten die Zecher. Aus den engen Gäßchen zog der übel=
riechende Rauch der Heringsbratereien. An der Glückshalle
stand Kopf an Kopf eine bewegungslose Menge. Daneben
lief ein großes Karussel auf Schienen; es wurde durch
einen sinnreichen Mechanismus in rasende Schnelligkeit ver=
setzt. Man sah dann nur schattenhafte Gestalten, verzerrte
Gesichter und bacchantische Schreie. Unter den Leinwand=
decken des Zeltes brannten Pechfackeln; es sah aus wie ein
ungeheures, von schwarzem, schwälendem Rauch durchzoge=
nes Feuerloch.

Agathon schob sich durch die Massen, während seine
Seele warm und gerührt wurde. Ein beglücktes Heimats=
gefühl erfaßte ihn; er hatte freudige Augen für das, was
rings geschah und sah die vielen Gegenstände, die allent=
halben zur Schau geboten wurden, mit zärtlichen Blicken
an. Er blieb vor dem Kasperltheater stehen und schaute
zu; ein alter Arbeiter mit grauem Lockenhaar stand neben
ihm und wollte schier sterben vor Lachen. Die Kirchenglocke
begann wieder zu läuten. Bestürzt blickte Agathon am Turm
empor.

Der Ausrufer des Wachsfigurenkabinetts strengte sich
mehr an, als seine Kameraden. „Hier kann man sehen die
Passion Christi, unseres Heilands, in siebzehn Stationen,
— großartig, meine Damen und Herren, großartig!" schrie
er, heiser vor Begeisterung.

Wie von einer Faust gestoßen, bestieg Agathon das
Podium, zahlte zwanzig Pfennige, das einzige Geldstück, das
er besaß, und verschwand hastig hinter dem braunen Vorhang.

Tiefaufatmend ſtand er in der dumpfen Luft des Junen=
raumes. Nur eine Bauernfamilie ging mit ſcheuen Schritten
umher. Gegen eine ſcharlachrote Wand hoben ſich die
Gruppen der Leidensſtationen ab. Das gleichmäßige und
beruhigende Licht milderte das Starre der Wachsgebilde.
Es war etwas Erhabenes und Heiliges über den Geſtalten,
ferne Zeiten ſtiegen langſam herauf, und es war, als ob
die Schickſalsgöttin ſelbſt träumend die Augen aufſchlüge.
Das iſt alſo der Heiland, dachte Agathon befremdet, als er
vor dem Bild der Kreuzabnahme ſtand. Er preßte die
Hände zuſammen und dachte nach. Freunde und Eltern
kamen wie eine Reihe vorbereiteter Wandelfiguren an ihm
vorbei und die toten Gebilde vor ihm wurden mitlebendig.
Er lächelte traurig und begriff, daß er um etwas betrogen
worden war, ohne daß er es hatte hindern können.

Draußen war der Nebel dichter geworden. Agathon
ließ ſich ſtoßen und ſchieben, bis er in dunkle, unbelebte
Gaſſen kam. Er ging eiliger und ſeine Gedanken wurden
quälender. Unverſehens ſtand er vor der Claußſchule, wo
ſich nur die frömmſten der Juden zum Abendgebet verſam=
melten. Ein Lächeln, deſſen Bedeutung er ſelbſt nicht be=
griff, glitt über ſeine Züge, und er trat in das düſtere und
niedrige Gemach. Der Vorbeter an ſeinem kleinen Pult
lallte mit zitterigem Stimmchen das Schlußgebet. Nach=
denklich blickte Agathon in die verbiſſenen, ſteinernen Ge=
ſichter, die voll waren von einer jahrhundertalten Grau=
ſamkeit, voll Haß, Erbitterung und zelotiſchem Glaubens=
eifer. Zum erſtenmal in ſeinem Leben wurde ihm klar, daß

Jude sein eine Ausnahme sein heiße; zum erstenmal hörte
er die hebräischen Formeln mit Unsicherheit und Groll und
er glaubte sich in einer verderblichen Abgeschiedenheit, wo
Verschwörungen gestiftet werden.

Als er auf die Straße trat, prallte er erschrocken zurück. Jener städtisch gekleidete Mensch, der in Zürich
Sperlings Boot gesessen war, stand dicht vor ihm und
schaute angestrengt gegen ein erleuchtetes Fenster hinauf.
Die Gasse war sehr eng, daher mußte er den Kopf weit
zurückbiegen. Indem er noch seitwärts gegen die Mauer
schritt, stieß er plötzlich an den regungslos dastehenden
Agathon, bat um Verzeihung und griff geschmeidig an den
Hutrand.

„Ach, Sie sind der junge Mann von gestern," sagte er
überrascht. „Sind Sie nicht gestern bei der Kahnpartie —"
Er schmunzelte und die schwarzen Augen hinter den Gläsern
leuchteten flüchtig, fast drohend auf. „Haben Sie vielleicht
ein Streichholz bei sich?"

In diesem Augenblick kam ein Arbeiter mit brennender
Zigarre aus dem Tor. Der Schwarzbärtige bat ihn mit
etwas übertriebener Höflichkeit um Feuer, dann ging er an
Agathons Seite weiter. „Was meinen Sie denn zu der
geheimnisvollen Geschichte da mit dem Mord?" sagte er,
den Rauch mit geblähten Nasenflügeln in die nebelerfüllte
Luft blasend.

„Ich weiß nicht."

„Es interessiert Sie wohl gar nicht? Im übrigen, es
ist ganz und gar Legende. Es ist durch nichts erwiesen,

daß ein Mord vorliegt. Die Gerichtskommission hat alle
Türen, alle Fenster versperrt und keinerlei Verdachtsmerk-
male gefunden. Das einzige, was zu denken gab, war ein un-
erklärlicher roter Fleck auf der Brust des Leichnams und
dann der jähe Tod selbst."

„Ein roter Fleck?" hauchte Agathon; sein Hals schnürte
sich wie unter einer Faust zusammen.

„Ja, aber lassen wir das. Ich liebe nicht derlei krasse
Furchtbarkeiten. Wohin gehen Sie?"

„Zu Löwengards."

„Baron Löwengard? Was wollen Sie denn dort?"

„Ich esse dort zu abend," erwiderte Agathon. „Dienstag
und Freitag übernacht' ich auch dort, weil Mittwoch und
Samstag die Schule schon um sieben beginnt."

„Die Genauigkeit Ihrer Auskunft läßt nichts zu wünschen übrig. Das alles dürfen Sie? Sogar übernachten?
Sagen Sie mal, — Ihre Eltern sind wohl sehr arm?"

„Ja."

„Wie alt sind Sie denn?. Achtzehn?"

„Siebzehn."

„Na, um so besser. So kennen wir uns also. Ich
heiße Gudstiffer. Rufname: Stefan. Geboren zwölften
Mai achtzehnhundertsechzig. Verrichtung unbekannt. Aber
nun erzählen Sie einmal, was hat eigentlich Sinrich Sperling gestern mit Ihnen angestellt? Er nahm Sie unter
den Arm und ging mit Ihnen ins Haus. Sie rührten sich
nicht. Andere hätten gezappelt wie ein Fisch, aber Sie
waren bloß stumm wie ein Fisch. Ich habe alles ge-

sehen vom oberen Stock. Ich wohnte ja im Sebalder=
haus."

Agathon blieb stehen und lehnte sich schweigend an
einen Laternenpfahl.

„Reden Sie doch," fuhr Gudstikker fort und stellte
den Kragen seines Mantels in die Höhe. „Ich kenne den
Sürich Sperling schon lange. Er war kein gewöhnliches
Exemplar der Spezies Mensch. Er konnte lumpen durch
sieben Nächte, ohne Schlaf zu suchen. Wenn er müde
wurde, setzte er sich in einen Stuhl, schloß für zwanzig
Minuten die Augen und wußte von sich und der Welt
nichts mehr. Erhob er sich wieder, so war er frisch wie
vor den sieben Tagen. Einmal, als er melancholisch war,
ging er auf den Speicher und zertrümmerte mit der
nackten Faust Kisten und Kasten und Bretter. Seinen
Hund schlug er halbtot, wenn er unfolgsam war, und da=
nach konnte er sich hinsetzen und heulen wie ein kleines
Mädchen. Bis vor sechs Jahren hatte er überhaupt
keine Frau berührt und als er die erste nahm, wäre das
arme Weib ihm fast in den Armen gestorben. Das war
ein Mensch!"

Es entstand ein langes Schweigen. Agathon wurde
durch das ganze Wesen Gudstikkers verwundet. Seine Ge=
schwätzigkeit beunruhigte und jede Geste erschreckte ihn.

„Wie heißen Sie denn eigentlich?" fragte Gudstikker.

„Agathon. Agathon Geyer."

„A — ga — thon —?"

„Ja."

„Seltsam. Wie kommen Sie zu dem Namen. Agathon ... So hieß mein Vater.“ Wieder eine Pause.
Dann wurde Gudstikkers Stimme gütig. „Sie gefallen
mir,“ sagte er. „Ich weiß kaum warum, aber vielleicht
steckt etwas in Ihnen, was mir imponiert. Bei euch Juden
gibt es manchmal Individuen von wunderlicher Kraft. Besonders in Ihrem Alter. Daran mag es liegen. Wenn
sie so jung sind, ist ihre Seele von unbeschmutztem Feuer
erfüllt. Sie sind starke Träumer, möchten die Welt aus
den Angeln heben und wissen doch nichts von der Welt.
Wenn sie es nur wüßten! Gehen Sie hin, Agathon,
wecken Sie Ihr Volk auf. Sagen Sie, wach auf mein
Volk, wie der Prophet in der Wüste. Na gleichviel, was
scheren mich denn die Propheten. Glauben Sie, daß es
heut Nacht regnen wird?“

„Ich weiß nicht. Vielleicht. Vielleicht schneit es.
Vielleicht auch nicht.“

„Ah, Sie sind boshaft. Na gleichviel. Ich muß
Ihnen sagen, es ist nicht Neugierde, wenn ich Sie vorhin
fragte, was Surich Sperling mit Ihnen gemacht hat. Auch
nicht Teilnahme. Nun, werden Sie nur nicht wieder ungeduldig. Stellen Sie sich die ganze Situation vor. Später
kommt Surich in mein Zimmer, bleich, erregt, und redet
von gleichgültigen Sachen. Er spricht von der Ziegelei,
die der Vater meiner Braut jetzt gekauft, und plötzlich legt
er sich auf mein Bett und verstummt.“

„Verstummt?“ fragte Agathon mechanisch.

„Verstummt. Nach fünf Minuten stand er auf, ging

vors Haus und dort saß er dann wieder zwei geschlagene
Stunden, ohne sich zu rühren. Um neun Uhr ging der
Schmied heim und rief ihn an. Wer aber nicht antwortete,
war Sürich. Und wer um zehn Uhr in sein Zimmer stol-
perte, ohne sich um die Wirtschaft zu kümmern, war Sürich.
Nun, am Morgen war er tot. Es wäre immerhin interessant, die Ursache zu erfahren. Vielleicht hat er selbst —
nun, nun, was gibt's?"

Agathon hatte mit den Händen Gudstiffers Arm umklammert und schwankte, als ob er zu Boden sinken wolle.
Gudstiffer schüttelte den Kopf und warf den Zigaretten-
stumpf weit über die Gasse. Agathon blickte ihn gespannt
an beim matten Schein des Straßenlichts, als ob er sein
Gesicht nie wieder vergessen wollte und ging dann weg,
ohne ein Wort zu sagen, dem Löwengardschen Palast an der
nächsten Ecke zu. Scheu betrat er das breite, lichtgebadete,
mit Teppichen belegte Vestibül. Der Plafond und die
Wände waren von Künstlerhand mit Darstellungen aus der
antiken Mythologie geschmückt. Vor ihm stand wie eine
lebende Gestalt Kassandra, den Arm gegen das brennende
Troja erhoben. Sie war fast nackt, die Brüste waren ge-
schwellt von Haß. Stets mußte Agathon die Augen vor
dem Bild niederschlagen. Die dem Juden angeborene
Scham vor dem Nackten ging bei ihm bis zu physischem
Schmerz. Auch wurden seine Sinne erregt, wenn er in
der Nacht sich des Bildes erinnerte.

Stefan Gudstiffer wandte sich gegen den Lilienplatz,
lauschte mit gesenktem Kopf auf das Stimmengewirr aus

den Gasthäusern, das mit dem Wimmern der Geigen
und dem Fistelgesang der Harfendamen vermischt war.
Schweigend zogen Musikanten an ihm vorbei und der
Älteste zählte die Tageseinnahme. Gudstiffer sah das alles
mit den Augen des Beobachters, der sich freut, daß ihm nichts
von den kleinsten Dingen des Lebens entgeht und den die Gewohnheit des Scharfsehens dazu verführt hat, den vielgestal-
tigen Bau der Welt mit Sprüchen der Weisheit zu beleuchten.

Der kalte Glanz des Mondes brach hervor. Gudstiffer ging am Rand der Anlage auf und ab und spähte
gegen die Straßenflüchte. Die Turmuhren schlugen acht,
kreischend fielen die Rolläden herab, die kleinen Ladnerinnen
eilten von dannen, und die Kontoristen drehten die ge-
sunkenen Schnurrbartspitzen wieder empor.

Endlich kam Käthe Estrich. Mit schwachem Lächeln
hing sie sich an den Arm ihres Verlobten. „Ich mußte
mich fortstehlen,“ sagte sie, „der Vater hat geschimpft über
dich. Er nannte dich Müßiggänger. Sie plagen mich mit
dir und quälen mich. Bist du bös? Nicht bös sein! Ich
hab' ja nur dich, nur dich allein.“

„Ich bin nicht bös, aber du darfst nicht so dumm reden.
Wie geht's dir?“

„Schlecht.“

„Warst du beim Arzt?“

„Nein.“

„Nein! — Wenn dein Herr Vater sich besser um dich
gekümmert hätte, das wäre eine größere Heldentat, als
meine Lebensführung zu kritisieren.“

„Ach, Stefan, ich möchte sterben, — mit dir."

„Sterben! ja, wenn sonst nichts wäre, als sterben. Das bleibt einem jeden. Es ist das Sicherste und soll das letzte sein.

„Du bist so kalt!" flüsterte Käthe und schauerte zusammen, als ob diese Kälte sie frösteln mache. „Ich muß wieder heim," fuhr sie mit derselben leisen Stimme fort; „ich wollte dich nur sehen." Gudstikker mußte sie fast tragen. Als sie am Ziel waren, küßte er sie flüchtig auf die Wange und ging.

Unter dem Portal des jüdischen Waisenhauses, wo er vorbeikam, stand ein Knabe und blickte mit ängstlichen Augen in das erleuchtete Treppenhaus. „Wie heißt du?" fragte Gudstikker und beugte sich herab zu dem Kind, das seine Finger in den Mund steckte und verlegen zu Boden sah. „Wie heißt du?" wiederholte er streng.

„Weiß nicht."

„Wem gehörst du denn?"

„Weiß nicht."

„Wo ist denn deine Mutter?"

„Tot."

„Und dein Vater?"

„Auch tot," sagte der Knabe, drückte sich scheu an ihn und fragte bang: „Bist du der Herr Jesus?"

Da erschallte ein herzzerreißendes Schreien im Innern des Waisenhauses. „Hörst? Hörst?" machte der Knabe und begann leise zu schluchzen.

Gudstikker nahm das Kind bei der Hand und stieg mit ihm die Treppen hinan.

Viertes Kapitel

Agathon ging in die Küche und aß, was man ihm an Überbleibseln und für die Tafel Unbrauchbarem gab. Dann stieg er in die Bodenkammer, wo er die Nacht verbringen durfte. Von unten klang Musik herauf, Gläserklingen, dumpfe Rufe der Fröhlichkeit, das Schlürfen des Tanzschrittes und das wogende Murmeln der Gespräche.

Er wälzte sich lange Zeit schlaflos und ein bitteres Gefühl erfüllte sein Herz, daß er im Haus des reichen Verwandten auf Stroh unter dem Dach schlafen mußte; denn daß der Baron ein Vetter seiner Mutter war, hatte er Stefan Gudstiffer stolz verschwiegen. Sein geschärftes Ohr vernahm durchdringender den Lärm des Festes und es war, als ob ihn eine Stimme riefe. Dunkle Sehnsucht ließ ihn zittern vor Ungeduld; er sprang aus dem Bett, warf sich wieder in die Kleider und, die Augen noch umschleiert von der Finsternis, stieg er die Treppe hinab mit dem Bewußtsein einer Schuld. Es war ihm gleich, wohin er kam; er öffnete im zweiten Stock eine Tür (deutlicher hörte er Musik und Tanz von unten) und befand sich in einem großen Salon, der noch warm war von erloschenem Kaminfeuer. Er lächelte, die Musik unter ihm ließ die Dunkelheit rings gleichsam erbeben.

Da hörte er vom Nebenzimmer ein Geräusch, wie wenn jemand weint und will es nicht hören lassen. Agathon ging hin, öffnete die Tür und stand nun verlegen und bestürzt vor seiner Base, zu deren Verlobung das prunkvolle Fest

im Hause gefeiert wurde. Sie saß vor einer Kerze und
schluchzte in ihr Taschentuch.

Jeanette blickte auf, und vor Erstaunen brachte sie kein
Wort hervor. Endlich fragte sie heiser, was er hier zu
suchen habe.

Agathon zuckte die Achseln. „Nichts," antwortete er.
„Ich habe dich weinen hören."

„Von oben? Von deiner Kammer?"

Agathon wurde bleich und ließ den Blick verächtlich
durch den geschmückten Raum schweifen. „Nein," sagte er,
„nicht von meiner Kammer".

„Nun?"

Agathon schwieg. Die großen, von Tränen nassen Augen
des Mädchens erweckten ein Gefühl von Niedrigkeit in ihm.
Jeanette nahm ihn bei der Hand. „Nun gestehe. Weshalb
bist du gekommen? Hast du Hunger? Dann soll man dir
geben, was du willst. Auch Wein sollst du haben. Ich will
es dem Diener sagen. Oder willst du Geld? Hier ist meine
Börse." Sie lächelte bitter und wollte aufstehen. Doch
Agathon nahm ihre Hand und drückte sie mit großer Kraft
so fest zusammen, daß das Mädchen ihn mit einem über=
raschten Ausdruck des Schmerzes ansah. „Ich bin nicht,
was du meinst," sagte Agathon.

„So?" Ein unsicherer Spott trat auf Jeanettens
Gesicht.

„Ich bin nicht hungrig," sagte Agathon leise. „Ich
brauche auch kein Geld. Also nimm dein Geld hier weg,
sonst muß ich es zum Fenster hinauswerfen."

Jeanette sah lange in Agathons erregtes Gesicht, dann faßte sie ihn plötzlich an beiden Händen, zog ihn zu sich und sagte herzlich: „Nun sprich!"

Agathon schüttelte den Kopf. „Ich glaubte, du hast etwas zu sagen. Ich habe ja nicht geweint. Freilich, woher sollst du Vertrauen zu einem so schlecht gekleideten Menschen haben." Er lächelte wieder, wandte das Gesicht ab und starrte ins Dunkle. Die Wände schienen sich aufzutun vor seinen Blicken, und aus zahllosen Augen schauten ihn die Sorgen an, unter denen die Menschen Schätze zusammentragen, um sie wieder von Sorgen bewachen zu lassen.

„Agathon!" flüsterte Jeanette. Sie ließ seine Hand nicht mehr los, und er fühlte, wie heiß ihre Hand war. „Ich habe dich stets übersehen wie einen Schatten. Du hast dich auch so schmal gemacht wie ein Schatten, du wunderlicher Agathon."

Agathon antwortete nicht.

„Sprich, Agathon, hast du schon viel Böses getan? Warum zitterst du? was ist dir?"

„Böses, fragst du? Was ich getan, war nicht böse. Es war auch nicht gut. Es wäre schlechter gewesen, wenn ich einem Vogel die Flügel genommen hätte. Oder kann es böse sein, wenn es dich erhebt, glücklich macht? Oder gut, wenn es das ganze finstere Leben erkennen läßt und was man versäumt hat und was andere versäumt haben —?"

Jeanette, tief erregt durch das Wesen des jungen Menschen, flüsterte stockend: „Setz dich zu mir. So. Und nun hör mich an. Sieh, ich soll einen Menschen heiraten,

den ich noch nicht zweimal im Leben gesehen habe. Er ist
nicht jung, er ist nicht alt, er ist nicht edel, er ist nicht ge=
mein, ich kenne ihn nicht, ich weiß nichts von ihm, aber ich
soll ihn heiraten, der Geschäftsverbindung wegen. Ich werde
verkauft und soll mich ruhig verkaufen lassen in das Bett
eines Schweins. Erröte nicht, Agathon, jetzt ist nicht die
Stunde zum Erröten; bei uns werden alle Mädchen ver=
schachert wie Häuser und Grundstücke, aber du wirst doch
zugeben, daß man bisweilen auch aus andern Gründen
heiraten kann. Wie? Aus Liebe zum Beispiel, wie?"

„Aus Liebe, ja," wiederholte Agathon und zuckte zu=
sammen.

„Sieh her, sieh her," sagte das Mädchen und ihre
roten Haare fielen wild in die Stirn, und sie zog Agathon
dichter neben sich. „Hab ich nicht die feinste Haut, die du
dir denken kannst? Rühr mich nur an! Hab ich nicht einen
weichen Mund? siehst du, ich küsse dich damit, und liebe
ich nicht alles, was schön ist, zum Beispiel deine Augen?
Und wenn du mich liebst, siehst du, dann ist es dir gleich,
ob ich in Gold und Ehren lebe oder ob ich verstoßen und
verachtet bin, ein Frauenzimmer der Gasse, es ist dir gleich,
du nimmst mich, wenn du mich liebst, verstehst du? Ja,
du freust dich sogar, wenn du zeigen kannst, wie hoch der
Preis ist, den du für mich zahlst. Und doch gibt es einen
Mann, an den ich geglaubt hatte, und der anders gehan=
delt hat, einzig und allein deswegen, weil er leiden wollte
um mich, weil er mich mehr zu lieben wähnt, wenn er mich
entbehren muß. Ist das nicht närrisch? Ich sitze da mit

meinem Herzen voll Leben, daß es nur so brennt und soll das Schwein heiraten, und ich habe Ja gesagt aus Rache gegen den Leidensfüchtigen, der mich liebt und verschmäht, den ich lieben und verachten muß."

Agathon starrte fassungslos in diese zigeunerhaften, leidenschaftlichen Züge. Jeanette sprang auf und rief: „Du mußt mit mir kommen! Du mußt sie sehen, die da drunten. Kannst du tanzen? Gut, wir wollen ihnen Schrecken einjagen, indem wir tanzen." Sie nahm Agathon bei der Hand und zog den Erstaunten und Willenlosen, der nicht begriff, was mit ihm vorging, durch das dunkle Zimmer zur Treppe, über die Stufen hinab, bis sie mit ihm unter der Saaltür stand, die der Diener mit einem Gemisch von Respekt und Verdutztheit eifrig aufstieß. Mit blitzenden Augen sah Jeanette in das bunte Treiben der Gäste. Nicht einmal die Haare hatte sie geordnet.

Der Baron kam rasch und fragte mit einem finstern Blick auf Agathon, wo sie so lange bleibe und was der Unfug bedeute. Herren und Damen standen alsbald lauernd im Halbkreis um das junge Mädchen. Es war eine ziemlich ungemischte Gesellschaft: jüdische Kaufleute, Journalisten, Ärzte und Advokaten. Alle Gesichter verrieten Intelligenz, aber nur jene Intelligenz des Augenblicks, die von den verborgenen Werten der Dinge nichts weiß, die an der Stunde klebt, mit der Stunde rechnet und die Augen schließt, wenn die Nacht kommt. Alle Gesichter hatten etwas Überlebtes, etwas von dem Abgeglühtsein, wie es das gemeine Leben mit sich bringt; das Edlere war verwischt von

der Freude an flüchtigen Genüssen, von der Verachtung des
wahren Ernstes und der Sucht, den Tag leicht zu nehmen. Ihre
Macht war der greifbare Besitz und sie waren wie Sklaven,
die heuchlerisch ihre in der Dunkelheit gesammelten Kräfte
verstecken und sich auf die Stunde freuen, wo sie die Fäuste
zeigen dürfen. Agathon blickte in den Lichterglanz an der
Decke und plötzlich mußte er an die arme, niedere Stube
zu Haus denken, und das gelbe Gesicht seiner Mutter stieg
wie aus einem Schattengewühle auf. Und er verlor sich
selbst: aus diesen Schatten erhoben sich Generationen: Greise
und Greisinnen, die mit müdem Kopfschütteln vorbeigingen.

„Herr Salomon Hecht!" rief nun Jeanette und ihre
Augen leuchteten grün.

Ein elegant gekleideter, ziemlich fetter Mann trat vor
und verbeugte sich ironisch. Er hatte ein süßliches Lächeln auf
den Lippen, aber in seinen Augen war die stumpfsinnige
Traurigkeit eines Tieres.

„Was hast du vor?" knirschte Baron Löwengard und
trat, schneebleich vor Wut, an die Seite seiner Tochter.
„Was soll dieses Benehmen? Was soll der Junge hier?
Wenn du nicht Vernunft annimmst, werde ich dich aus dem
Haus peitschen lassen."

„Ja, laß mich nur peitschen," erwiderte Jeanette zum
Entsetzen ihres Vaters beinahe schreiend. „Was ich vor=
habe? Ich will einen Mann haben und keinen Getreide=
sack und keinen Geldschrank und keine zehnprozentigen Aktien.
Verstehst du das nicht? Was soll ich denn anfangen mit
Herrn Hecht in der Nacht, wenn ich von Männern träume,

die nicht ein paar Nachtlichter im Kopf haben, sondern
Augen, Augen, Augen —? Wenn ihr nur das wollt, was
ihr wollt, dann schachert! Verschachert euern letzten Fleder-
wisch im Kehrichtfaß, und für das andere geb ich mich nicht
her wie eure hochmütigen Weiber, die mich jetzt anglotzen
wie eine Hexe. Da! da habt ihr und mich laßt zufrieden!
da! da! da!" Und sie ging hin, weiß wie Kalk, warf die
kostbare Broche ins Kaminfeuer, die Armreise, die Ringe
an den Fingern, riß die Spitzen über der Brust entzwei
und öffnete mit einem Ruck die Knöpfe der Taille. Da
stürzte Löwengard mit unartikuliertem Schreien auf seine
Tochter, nahm sie in die Arme und wollte sie hinaustragen.
Sie wehrte sich wie von Sinnen, die Damen eilten jammernd herbei, Salomon Hecht suchte aus dem Kaminfeuer
erst mit entblößtem Arm, dann mit der Schaufel die Kost-
barkeiten herauszuholen, viele wandten sich feig und finster
nach der Tür, der Diener sah mit eigentümlichem Lächeln in
den von schwüler Luft erfüllten Raum, und auf einmal
blieben alle regungslos stehen.

Der jetzt hereintrat, ohne daß der Türsteher versucht
hätte, ihn abzuhalten, war ein Greis von mehr als neunzig
Jahren. Er hatte etwas wie eine seltsame Ruine; etwas
gleichsam Unvergängliches war in seinem Gesicht, ein Schimmer von wandelloser Milde und Güte. An Gliedern riesen-
haft, in den Augen jenes Funkeln, das man zuweilen bei
alten Männern sieht, die die Jugend müde hinwanken sehen
und selber niemals müde zu werden scheinen, so kam er
herein und Agathon lächelte wie ein Kind, das an den

Wendepunkt eines Märchens gelangt ist, wo die wohlbekannte
gute Fee kommt, um die Verwicklung zu lösen. Jedermann
auf den Dörfern kannte den Gedalja Löwengard aus Roth.

Der Alte ging ohne weiteres auf seinen Sohn zu, stutzte
aber, als er dessen Gesicht sah, ließ die halbausgestreckte
Hand wieder sinken, nahm ruhig Platz und schaute grüb=
lerisch lächelnd vor sich hin. Der Baron, der sich der arm=
seligen Erscheinung seines Vaters schämte, trat mit ver=
legener Miene zu seinen Gästen, die sich wie eine Phalanx
vor ihm aufgepflanzt hatten. Jeanette ließ sich vor dem
Greis auf die Knie nieder, streichelte seine Hände und fragte:
„Großvater, was ist geschehen? Warum kommst du so spät
noch zu uns?" Mit einer scheuen und entsetzten Geste
wandte sie sich nun zu den andern und sagte: „Er weint."

Der alte Gedalja packte schnell ihre Hand und lispelte
ihr zu: „Sag's ihnen nicht. Sie wollen nicht sein gestört.
Mein Sohn hat vergessen, daß ich nicht habe zu kaufen
einen Frack. Hat vergessen, daß ich bin arm. Heut abend
ist abgebrannt ganz Roth. Der Herr hat mich wollen ge=
denken lassen, daß es mir gegangen is zu gut im Leben.
Mei Haus, mei Hof, mei bisla Vieh, alles is hin."

Die Gesellschaft schickte sich zum Aufbruch an: Baron
Löwengard verfluchte sich und seine Tochter und vermochte
kaum einen oberflächlichen Anteil an dem Unglück seines
Vaters zu nehmen, dem er ein Zimmer zum Schlafen an=
weisen ließ. Dann forderte er Jeanette auf, ihm zu folgen.
Agathon hörte ihn mit heiserer Stimme schreien ... Der
Diener suchte ein vertrauliches Gespräch mit Agathon an=

zuknüpfen; seine Worte klangen widerlich zurück von den
Wänden des verödeten Saales. Agathon schlich beschämt
in seine Kammer, warf sich angekleidet aufs Lager und fiel
sofort in schweren Schlaf.

Am Morgen hörte er vom Hausgesinde, daß Jeanette
verschwunden sei. Er fühlte sich darüber glücklich, ohne zu
wissen warum. Die Luft war kühl und gleichsam gereinigt,
als er zur Schule ging. Die Welt schien neu. Am Morgen
hat alles nur ein Auge nach dem Licht hin; alles hat Zweck,
Bedeutung, Form und Rundung, alles ist mit Frieden ge=
sättigt, die Dächer glänzen, die Sonne taucht langsam auf
mit kupferigem Glanz, der Rauch erhebt sich kerzengerade,
jeder Schornstein ist ein Bild des Emporstrebens. Die
Mägde haben weiße Schürzen, die Bäckerbuben pfeifen,
über die große Brücke rollt der Schnellzug, aus dem rätsel=
hafte, übernächtige Gesichter in die überschwemmte Ebene
schauen; die Schranke am Dambacher Weg ist geschlossen,
ganze Reihen von Ochsen stehen da und warten gutmütig.
Und zwischen den Häusern verschwindet der Zug, rasselnd,
polternd, pustend, und Agathon hört, wie er mit schrillem
Pfiff am Bahnhof hält, und seine Sehnsucht eilt hin und
steigt ein, um in ihr geheimnisvolles Vaterland zu fahren.
Er geht gerade am Haus des Abraham Porkes vorbei, der
Millionen besitzt und als edler Menschenfreund bekannt ist;
über eine halbe Million hat er für das Waisenhaus ver=
macht. Es gibt viele Dinge, die Agathon bewundert, und
er liebt die Menschen. Die Wandlung, die er seit kurzem
durchgemacht, kommt ihm merkwürdig vor. Er weiß, daß

es neu ist, was er fühlt, aber er will sich nicht durchforschen.
Es ist, als ob man in seinem Herzen etwas baue, und er
will warten bis es fertig ist. Er denkt an jenes Bild der
Stationen, wo der nackte Jüngling mit einer Zange dem
Heiland die Dornen von der Dornenkrone nimmt. Und
während er daran denkt, erschrickt er, bleibt stehen und
lauscht. Aber es pfeifen nur die Bäckerjungen in ihrem
monotonen Diskant.

In der Schule hörte er nichts von dem, was gelehrt
wurde, hatte nicht memoriert, eine wichtige Lektion nicht ge=
schrieben und kam in den Strafbogen. Er begriff nicht,
warum er all das Tote in sich aufnehmen solle, da es doch
auf jedem Schritt des Lebens genug gab. Er begriff die
Verachtung, in der die meisten Lehrer bei den Schülern
stehen; sie galt nicht der Person, sondern dem Amt. Es
galt der Handwerkerart, die feierlichen Dinge der Geschichte
mit dem Gedächtnis feilschend herabzuwürdigen, erlauchte
Namen so zu nennen, als ob es gälte, ein Adreßbuch durch=
zulesen. An diesem Morgen begann Agathon zu sehen, wie
wenn ein Brett von den Augen seiner Seele genommen
wäre und dies erregte ihn so, daß seine Wangen ab und
zu erbleichten. Nur ein Lehrer war es, an dem er mit ab=
göttischer Verehrung hing, an den er mit keinem Hauch von
Kritik zu rühren wagte. Dieser Lehrer, Erich Bojesen, hatte
sich von Anfang an durch die Art empfohlen, wie er die
Wissenschaft der Chemie vor den Schülern zerlegte, so daß
auch der Blöde und der Boshafte aufmerksam wurden. Er
griff gleichsam mit lebendiger Hand in die Nacht der Natur

oder in die Feuer der Natur und holte ihre Rätsel hervor, die er trotz aller Erläuterungen Rätsel und Wunder bleiben ließ. Er tat nicht wichtig mit der Wissenschaft und spielte nie mit ihr, machte auch nichts „Interessantes" daraus, sondern er stand hinter seinen Retorten und Röhren wie einer, der im Tempel steht und im Begriff ist, einen Gott zu predigen, dessen ganze Schönheit und Größe nur er selbst kennt. Er glich einem jungen Priester, der die gedruckten Gebetbücher verachtet und sein eigenes Gebet haben will und hat.

Fünftes Kapitel

Als Stefan Gudstiffer mit dem kleinen Knaben das Innere des hallenden Gebäudes betreten hatte, hörte das Schreien wieder auf. Dennoch beschloß er, der Sache auf den Grund zu gehen. Er stieg die Treppe hinan, wurde nachdenklich gestimmt durch die düstere Stille des Hauses, schüttelte den Kopf über die mangelhafte Beleuchtung und betrachtete ein bemaltes Glasfenster, das den Propheten Jephta mit seiner Tochter zeigte. Er öffnete eine Türe, wobei sich das Bürschchen ungeduldig zwischen seine Beine drängte, und hatte einen weißgetünchten, fast finsteren Saal vor sich, in welchem Bett an Bett stand, dreißig oder vierzig wie in einer Kaserne, und über jedem der weißen Tücher schaute ein kaum weniger weißes Knabengesicht hervor, mit geschlossenen Augen, geschlossenen Lippen, angestrengten Lippen, die sich zu bemühen schienen, Seufzer zurückzuhalten. Eine dumpfe Luft schlug heraus und Gudstiffer schloß schnell wieder zu, stand ratlos da und sah die Augen des zerlumpten Knaben verehrungsvoll und flehend auf sich ruhen. Da ertönte wieder das Schreien: lauter und eindringlicher. Der Kleine rang stumm die Hände und das Verzweifelte in der Gebärde trieb Gudstiffer mehr an als Worte.

In einem schmalen Raum saß der Schuldiener mit einer blauen Brille, riesenhaften Filzschuhen und einer Art Kaftan und nickte schläfrig; wenn ihn sein Gegenüber, der Vorsteher, anredete, fuhr er auf, machte ein devotes Gesicht und schlug mit einem spanischen Rohr flatschend auf

den Rücken eines etwa dreizehnjährigen Knaben, der mit
Riemen auf ein Brett festgeschnallt war. Der Knabe öffnete
dann den Mund zu einem Schrei, der lang hinhallte und
langsam erstarb, worauf er in eine schmerzliche Starrheit
verfiel. Dies alles hatte etwas Gespensterhaftes und Stefan
Gudstiffer hätte lachen müssen, wenn er nicht das Gesicht
des Knaben gesehen hätte, ein altjunges Gesicht mit der
Erfahrenheit früher Schmerzen und bohrend = unruhigen
Augen, Knabenaugen, die manchem Mann zu denken geben
konnten. Kaum sah der Bursche an Stefans Seite das
Unglück seines Freundes, als er auf ihn zustürzte und
bitterlich zu weinen anfing.

„Ruhig! was ist hier los?“ rief der Vorsteher erstaunt.

„Was ist hier los?“ wiederholte getreulich der mit den
Filzschuhen und zeigte einen wahren Schwertfischzahn, der
wie eine Schaufel aus der Unterlippe hervorragte.

„Wo kommt ihr her?“ fragte der Vorsteher und schaute
seine dicken Finger an, als wären sie durch die Erscheinung
der Fremden beschmutzt.

„Wo kommt ihr her?“ fragte auch der Blaubebrillte
und versteckte seinen Zahn, so gut es ging.

Stefan Gudstiffer erwiderte nichts, nahm sein Messer,
durchschnitt die Riemen und hob den Knaben herab.

„Was soll das bedeuten? Was erlauben Sie sich,
junger Mann?“ donnerte der Vorsteher und suchte die
Angst seines schlechten Gewissens vergeblich zu bemänteln.

„Was berechtigt Sie zu einer so grausamen Folter?“
fragte Gudstiffer finster.

„Er huldigt der Unzucht, verstehen Sie, und das muß bestraft werden. Da alle andern Mittel vergebens sind, muß er bestraft werden. Seine Mutter selbst hat ihn hergebracht, mir allein steht es zu, über seine Bestrafung zu entscheiden. Was haben Sie hier zu suchen und dieser nichtsnutzige Bengel, wessen erfrecht er sich?"

„Wollen Sie mir den Knaben für einige Tage überlassen?" fragte Gudstikker nach einigem Nachdenken. „Ich werde ihn heilen. Ich habe mich wissenschaftlich mit solchen Dingen beschäftigt."

„Sind Sie Jude?"

„Nein."

„Dann bedaure ich. Bedaure lebhaft."

„Aber Herr Direktor," erwiderte Gudstikker sanft. „Bei Ihrer Vernunft und Bildung müssen Sie doch einsehen, daß hier die Frage der Konfession von geringer Wichtigkeit ist. Ich bin wohlbekannt in der Stadt. Ich bringe den Knaben zu meiner Mutter, Frau Elise Gudstikker, und sobald Sie ihn zurückverlangen, können Sie ihn haben."

„Ja, wenn Sie glauben," meinte der Vorsteher unentschieden. „Gut", sagte er dann, „auf acht Tage; vorausgesetzt, daß nichts geschieht, was die Religion beleidigt. Du kannst mit diesem braven Mann gehen, Sema Hellmut. „Marsch! Troll dich', Ungeratener."

Gudstikker ging mit den zwei Knaben. Er lachte in sich hinein. Er wußte, daß der Vorsteher froh war, den Knaben los zu sein.

Zu Hause fand er die Mutter unpäßlich. Sie lag auf
dem Sofa, sah etwas bekümmert aus, forderte ihn aber
gar nicht auf, zu erklären, wie er zu den Kindern komme.
Sie kannte sein jäh und abenteuerlich handelndes Wesen
gut genug. Sie kannte auch seine redselige und mitteil-
süchtige Natur zu sehr, um sich neugierig zu zeigen. Sie
hatte eine eigentümliche Strenge im Gesicht, einen Blick,
von dem man glaubte, daß er den Körper wie Glas durch-
dringe. Den jüdischen Knaben sah sie an, lachte leise und
hart, betrachtete seine langen, dünnen Finger, das abgesetzte
Handgelenk, nickte Stefan zu, legte sich ruhig wieder hin
und sah mit spöttischem Lächeln in die Lampe.

„Können sie hier schlafen, Mutter? fragte Gudstikker.

Der Judenknabe schien alles tief in sich aufzunehmen,
was er sah und hörte, dem Spiel seiner Augen nach zu
schließen. Die einfache und gemütliche Stube mit dem
weißen Kachelofen, der leise in sich hineinbrummte, die
Nacht draußen mit dem einförmigen Flußgeransche, die stille
Lampe, die alten Bilder an den Wänden, er besah es mit
scheinbar verächtlicher Gelassenheit, doch mit einer gewissen
inneren Unruhe. Er schien wenig empfänglich für die un-
aufhörlichen Liebkosungen seines Freundes, doch tauchte
bisweilen sein Blick angstvoll in den des kleinen Zerlumpten.

„Nun, das ist doch jüdische Degeneration, wie sie im
Buch steht," sagte Gudstikker zu seiner Mutter.

„Ich weiß nicht, was im Buch steht," entgegnete sie
lakonisch. „Eigentlich sind die Juden viel bessere Menschen

als wir, edlere Menschen. Sie trinken nicht, sie betrinken sich nicht, sie stehen besser da in der Welt als wir. Wenn bei uns nicht alles aus dem Leim geht, haben wirs den Juden zu danken."

„Im Gegenteil. Sie sind ein Geschlecht von Zerstörern. Ich bin der Ansicht, daß unsere ganze Kulturkrankheit Judentum heißt."

„Wer weiß, vielleicht heißt sie auch anders", entgegnete Frau Gudstikker mit feinem Lächeln. „Das sind so Worte, mein Lieber. Ich bin zu dumm dazu!"

Gudstikker schwieg und verfolgte ein wunderliches Schauspiel zu seinen Füßen. Der große Bernhardinerhund erhob sich aus der Ofenecke, tappte zu den zwei Knaben, beschnüffelte den kleinen Zerlumpten, brummte, (er war kein Freund der Kinder), beschnüffelte Sema, und statt wieder zu brummen, leckte er die Hand des Knaben, ließ sich neben ihm nieder und blickte gespannt in dessen Gesicht, als ob er einen Befehl erwarte.

Am andern Tag gegen Mittag, kurz nachdem er aufgestanden war, bat Gudstikker seine Mutter um Geld. Sie erwiderte, daß sie schwer etwas entbehren könne, er möge einstweilen seine Uhr versetzen.

„Mutter," erwiderte er ernst, „du weißt, daß das gegen meine Natur geht. Willst du aushelfen oder willst du nicht?"

Sie gab, was sie konnte. „Wie lange wird es noch dauern, bis deine großen Ideen verwirklicht sind," sagte sie sarkastisch seufzend. „Dein Wahn ist nicht billig."

Gudstikker lachte verächtlich und ging. Nach dem Essen
begab er sich ins Cafehaus, vergrub sich in Zeitungen,
saugte alle belletristischen, politischen und vermischten Neuig-
keiten in sich auf wie ein trockener Schwamm das Wasser,
zahlte erst als es dämmerte, dann ging er zu einem
Trödler, versetzte sein Uhr und machte sich auf den Weg
nach Zirndorf, um die Nacht in der Ziegelei zu verbringen.

Die Flut war nun so weit zurückgetreten, daß die gewöhnlichen Wege gangbar waren. Bei Dambach war ein
Notsteg errichtet und schwankte hin und her wie eine
Schaukel. Abenddunst huschte schattenhaft über das Wasser,
das rauschend dahinschoß. Dann trat der Mond heraus,
kalt, klar, eine halbe Scheibe. Aus der öden Ebene wurde
ein Nebelreich, die ferne Stadt schien eine alte Festung,
aus Rauch und Staub erbaut, der Wald schien zu hüpfen,
oder sich zu verschieben wie eine Kulisse. Der Mond war
tausendmal in tausend Wellen zu sehen, auch in dem ruhigen
breiten Wasser, womit die Wiesen überschwemmt waren.
Lichter schauten aus einem Weiler, flimmerlos, matte Punkte
wie Leuchtkäfer; ein Bauer schrie, ein Hund bellte, dann
fingen plötzlich die Glocken von der Stadt herüberzuläuten,
eine unendliche Melodie, die langsam strömte wie dunkler
Wein aus grünem Glas.

Gudstikker sah eine Gestalt vor sich. Sie wanderte
müßig dahin, griff nach Stauden am Weg, nach Halmen,
warf Steine ins Wasser. Es war Agathon. Gudstikker
griff aus und wünschte guten Abend. Agathon erschrak.

„Was denken Sie so den langen Weg ins Dorf?"
fragte Gudstiffer.

„An vieles. Oder an nichts."

„Mir scheint, mir scheint, Sie sind ein Träumer, ein
heimtückischer Träumer, ein versteckt kochendes Wasser. Nie=
mand ahnt, daß es kocht, auf einmal fliegt der Deckel
herunter —!"

Agathon lächelte überlegen. „Warum glauben Sie
das?" fragte er sanft. „Sie kennen mich doch kaum. Sie
wollen mir nur imponieren."

Gudstiffer schüttelte melancholisch den Kopf. Dann
schnupperte er die Luft durch die Nase und rief: „Was für
ein Abend! Zum Sterben schön. Aber dafür haben Sie
ja keinen Sinn. Juden haben keinen Natursinn. Übrigens
muß ich Ihnen etwas erzählen. Ich hatte gestern ein
merkwürdiges Abenteuer. Als ich am jüdischen Waisenhaus
vorbeiging, hörte ich furchtbares Schreien. Die Straße
menschenleer, ein kleiner Junge stürzt auf mich zu, nennt
mich Herr Jesus, zerrt mich die Stiege hinauf, durch drei,
vier Schlafsäle, durch ein ödes Schulzimmer, durch eine
Art Betsal und ich höre wieder schreien."

„Im Haus?"

„Im Haus. Ich öffne eine Tür, zwei große Kerle, in
schwarzem Talar stehen da, der eine betet und der andre
schlägt mit einer Hundspeitsche auf den Knaben los. Ich,
wie toll, schlage den einen zu Boden, drücke den anderen
an die Wand, nehme den Knaben ab und gehe mit ihm
fort. Die beiden Zuchtmeister mir nach, auf der Gasse ent=

10*

steht ein Auflauf und schließlich hab' ich noch Mühe, die Elenden vor der Wut des Volkes zu retten." Gudstiffer ward bleich bei dem Bericht; es war, als sähe er alles mit doppelter Deutlichkeit vor sich.

Agathon sah seinen Begleiter mit leisem Mißtrauen von der Seite an. „Weshalb hatten sie ihn denn so ge= gezüchtigt?" fragte er.

Gudstiffer sagte etwas, wobei Agathon die Hände zu= sammenschlug.

„Ja, es ist eine schmutzige Welt, in der wir leben," seufzte der andere. „Wir waten durch den Kot, in dem sich die Sterne spiegeln. Wir sind zu gebildet, um noch brauchbare Menschen zu sein. Wir wissen zu viel, wir schnüffeln zu viel in uns selber herum. Die Psychologie hat lauter Hamlets aus uns gemacht. Surich Sperling, der war kein Hamlet, der war ein Fortinbras."

„Warum reden Sie immer wieder von Surich Sperling!" sagte Agathon gequält.

Gudstiffer blieb stehen, heftete seine Blicke durch= dringend auf den Gefährten und seine Augen sahen groß und feurig aus im Licht des Mondes. Sie waren auf dem Hügelkamm angelangt. Die Waldnacht starrte sie an, in der Tiefe schimmerten die Lichter von Zirndorf. Agathon lehnte sich an einen Baumstamm; sein Gesicht hatte einen visionären Ausdruck. „Ich sehe ihn," sagte er.

Gudstiffer wich scheu zurück.

„Hören Sie," fuhr Agathon fort, „mir ist, als könnte ich auch die Zukunft sehen. Einer hat mich so weit hin=

aufgehoben, daß ich sie sehen kann: Sürich Sperling. Nicht
weil er gelebt hat, sondern weil er tot ist. Aber fragen
Sie nicht."

Sie gingen weiter. Gudstikker kaute an einer erlosche=
nen Zigarette. Über den Mond zogen flaumige Wolken,
ohne daß sie seinen Glanz zu mindern vermochten.

„Was ist eigentlich Ihr Beruf?" fragte Agathon.

Gudstikker errötete. „Ich schreibe," sagte er, bemüht,
sich selbst zu verspotten. „Ich mache in Kunst. Vielleicht
wird man bald von mir hören."

„Aber nicht lange," fügte Agathon versunken hinzu.
„Sie haben bloß Funken, keine Flamme." Er brach er=
schrocken ab, als er bemerkte, wie Gudstikkers Gesicht sich
verzerrte.

An der Ziegelei trennten sie sich. Agathon ging heim.
Es war Vorabendfeier des Laubhüttenfestes. Zum ersten=
mal hatte Elkan Geyer keine Hütte gebaut. Doch fromme
Liebe übergoldete die Ärmlichkeit. Aus nichtigen Dingen
war unter den Händen Frau Jettes Poesie entstanden;
Äpfel, Nüsse, Trauben lagerten auf blendend weißen Decken,
Dielen und Fenster waren gescheuert, eine kupferne Ampel
brannte über dem Tisch.

Enoch Pohl starrte im Sofawinkel. Der fremde Gast
war wieder da und las Gebete. Elkan Geyers Gesicht war
wie durchpflügt von Unglück. So ging er seit dem Mord
herum, keine Silbe war aus ihm herauszubringen. Die
verschuldete Summe hatte er im letzten Augenblick noch
aufgetrieben und dem Bruder des Toten eingehändigt. Frau

Jette siechte hin. Es war oft, als ringe sie mit einer unsichtbaren Macht und sei nicht stark genug, die Arme frei
zu bekommen. Daher leuchtete es bisweilen dämonisch auf
in ihren Augen, wie von der Gewißheit der Niederlage erfüllt und doch voll trotziger Widerstandslust. Die Sorge
um die Kinder beschäftigte sie am meisten, und sie glaubte
Ruhe zu haben, wenn nur Elkan endlich die streitige Vor-
beterstelle erhielte.

Um neun Uhr wurden die Kleinen ins Bett geschickt.
Alles war still. Der Gast las die Zeitung für das Judentum und sah plötzlich empor.

„Es steht schlimm mit Jisroel," sagte er. „Habt ihr
gelesen von Rußland? Is der Jüd ein Verbrecher, daß er
sich soll steinigen lassen von die Gojim? Es wird ein böses
End nehmen, ein End mit Schrecken."

Sie sprachen dann vom Brand in Roth und vom
Bankrott einiger Nürnberger Bankfirmen. Frau Jette
sagte, daß Isidor Rosenau entschlossen sei, sein Geld beim
Baron Löwengard zu erheben. Das sei lächerlich, warf
Enoch hin; Löwengard sei sicher wie Rothschild. Der Gast
hörte es nicht; er redete sich in eine flammende Hitze gegen
die Christen und wurde schließlich phantastisch in seinen
Anklagen. Er ist um ein paar Jahrhunderte verspätet,
dachte Agathon. Er kannte viele solcher Juden; das Gebet ging ihnen über alles, über Gott selbst und wer nicht
betete, war der Feind, der Christ; etwas Unreines, Übel-
riechendes lag über diesen Eiferern wie über abgestandener
Speise.

„Ja,“ sagte Elkan Geyer müde, „das ist ja ganz recht, aber schließlich sind wir doch nur Geduldete. Wir speisen an einer fremden Tafel und bei einem fremden Volk. Was können wir fordern? Nichts. Erobert haben wir ja genug, die einen viel, die andern wenig.“

„Und wenn der Messias kommt, wird alles unser sein,“ murmelte der Gast und drückte die Augen zusammen.

Elkan bog den Kopf leicht vor und seine beiden Mund= winkel zuckten. Darin lag schmerzlicher Zweifel. Agathon liebte in diesem Augenblick den Vater sehr.

Bald sagte er gute Nacht. Ihm war wunderlich zu Mut. Er hatte ein Gefühl von Macht und Freiheit; ihm war, als könne er die bunten Verwicklungen des Lebens lösen, wenn er nur die Hand erhob. Er wollte noch nicht schlafen, darum ging er in den Hof und schlürfte die Nacht in sich ein, die so still war, spätsommerlich lau, trotzdem der Oktober schon weit vorgerückt war. Der zerbrochene Zaun, der verwilderte Gemüsegarten, in der Ferne die Felder, die niederen Häuser, alles zitterte in der sanften Bronzierung des sinkenden Mondes. Er hörte etwas mur= meln, ging ohne Furcht den Lauten nach, öffnete das Scheunentor und wurde bleich vor Bestürzung, als er auf einem Strohlager den alten Gedalja gewahrte, der in einen Kerzenstumpf blickte und Agathon eifrig zu sich herwinkte, als er ihn gewahrte.

„Psch! nix reden!“ rief er mit unterdrückter Stimme. „Mausstill sein, sonst schneid’ ich d’r ab die Ohren. Setz’ dich her zu mir, und ich will d’r sagen was Guts für dein

Leben. Hör zu, Jung. Ob de bist reich, ob de bist arm,
's is ganz egal; ob de bist gottesfürchtig, ob de bist nit
gottesfürchtig, 's is aach egal. Müßt ich sonst sitzen auf
Stroh in der Scheune wie Hiob, und unterm Gras wie
Nebukodnezor? Ich will dir geben en guten Rat un sollst'n
nit vergessen in deinem Leben. Sag' niemals, un wenn de
wirst siebzig Jahr, sag' niemals, daß de hast einen Men=
schen, wozu de haben kannst Vertrauen. Gott im Himmel,
bin ich geworden neunzig Jahr, un meine Kinder schämen
sich meiner. Hab' ich gehabt e Gut, e Haus un e Viech
un e Frau, un es Unglück is gekommen un hat aufgesperrt
seinen Rachen, daß ich jetzt sein muß heimlich in der Scheune
meines Vetters, bis er wird sein willig, mir zu geben e
Kammer für die Nacht. Glauben is kaaner mehr in der
Welt, ich spürs am eignen Fleisch, Gott hat die Zeit ver=
loren, sie is ihm gefallen aus der Hand, nebbich. Du
hörst se schreien von Juden un Christen, aber was se mei=
nen is das Geld un was se nicht meinen, is die Fromm=
heit. Was is Gott? Is das Gott, wenn ich mach e Kreuz,
wenn ich bet in der Thora? Is das Papier Gott? Is das
Holz Gott? Is Gott der Himmel, is Gott der Mond?
Nix is Gott; Gott is meine Gutwilligkeit un mein Arm=
sein. Ich bin Gott, du bist Gott, e Gespenst is Gott, e
Stück Armut und Elend."

Er hatte die Hände erhoben und seine Augen standen
voll Tränen. Zerrissen mit sich und der Welt lag er
da. Agathon war versteinert. Dann begann der Alte
wieder, leiser und ruhiger: „Jetzt gehste wieder hin, wo de

bist hergekommen, legst dich schlafen un bist still. Du bist
e gescheiter Mensch un wirst schweigen. Ich muß sein
allein. Ich kann nit sehn vor mir e menschliches Gesicht."

Agathon wandte sich, verschloß die Tür, ging ins Haus,
in sein Zimmer, kleidete sich aus, — alles wie bewußtlos.
Dann legte er sich ins Bett und dachte nach, weit über
Mitternacht hinaus.

Sechstes Kapitel

Er stand auf, spürte die Nacht um sich her mit den Fingern, kleidete sich an, ging hinab, und obwohl er sich nicht bemühte, leise zu gehen, schwebte er nur so hin über die Treppe und den Flur. Auf der Straße war es zauberhaft still: Häuser, Gärten, Brunnen gefroren in Ruhe. Er schlich um das Sebalderwirtshaus herum, erkletterte das Weinlaubgerüst, stand oben vor einem vergitterten Fenster, preßte sich mit seltsamer Geschicklichkeit durch und hüpfte durch die geöffneten Fenster in Surich Sperlings Schlafgemach. Es war vollkommen finster, doch sah er jeden Gegenstand, auch den verstecktesten, mit brennender Deutlichkeit. Surich Sperling lag nicht im Bett, sondern saß auf einem Stuhl, starrte in den leeren Ofen und sagte: „Mich friert." — „Soll ich einschüren?" fragte Agathon sanft. Er kniete hin und heizte. Das Material, das er dazu gebrauchte, fühlte sich an wie Wolle, und schließlich wurde es naß und er sah, daß er mit Blut geheizt hatte. Dann öffnete sich die Tür und von den flackernden Flammen beleuchtet, kam Stefan Gudstikfer herein. Er führte an einer Leine zwei Hunde, zwei Katzen und zwei weiße Mäuse, die alle gehorsam hinter ihm herschritten. Er ging auf Agathon zu und reichte ihm einen Brief, über den Agathon in große Bestürzung geriet und dann sah er plötzlich seine Mutter, die mit rollenden Augen etwas Unverständliches sagte. Jetzt stand Surich Sperling auf und sagte: „Es lebe das Kapital. Es lebe die Schnaps- und Fuselbrennerei. Es lebe die Bürgerschaft, die überm Pulverfaß schnarcht. Es lebe die Revolution. Ich bin Robespierre. Ich bin der ewige Jude. Es lebe der Tod." Plötzlich wurde es hell im Zimmer, Agathon wußte nicht, ob durch die Flammen im Ofen oder durch ein Feuer von draußen. Da begann das Kruzifix an der Wand lebendig zu werden, Agathon sah ein Männergesicht von erhabener Schönheit und kniete nieder. Doch als er wieder emporblickte, sah er statt dessen eine nackte Frau. Es war Jeanette. Sein Herz klopfte zum Zerspringen. Sie nahm ihn bei der Hand und führte ihn fort, durch das leere Dorf, durch die Stadt, durch Wiesen und Wälder und Felder, dann kam eine öde Strecke, dann eine Brücke, die über einen grauenhaften Schlund hinwegführte, und endlich kam ein Garten auf einem Hügel, und in der Tiefe erwachte der Morgen, die Sonne: rot, schwer und langsam. Alles war zerstoben, glänzend kam der Tag.

Frau Jette blieb, als die Männer zur Synagoge gingen, im Bett. Die Morgenzeitung brachte die Nachricht von dem Bankrott einer großen Nürnberger Firma. Darüber war alles erregt im Dorf. Aber der Putz, in dem die Weiber zum Gottesdienst eilten, war darum nicht weniger prächtig. In Samt und Seide, mit kostbaren Hüten und gelben Schuhen tänzelten sie an den Düngerhaufen vorüber durch das schmutzige Dorf. Ernster und stiller betrugen sich die jungen Mädchen. Es waren Mädchen mit schönen zarten Gesichtern dabei, voll jener grundlosen Schwermut, die nur den Juden eigen ist, mit jenen schwarzen Augen, die keine

Tiefe haben, mit den zartleuchtenden Stirnen alter Ge=
schlechter.

Die Männer schalten und disputierten lauter als je.
Sie gingen in Haufen und kamen kaum vorwärts. Alle
redeten mit den Händen und fochten mit den Armen;
man danke für die Ehre, einen halben Goij zum Vorbeter
zu haben; man möge überlegen, daß Elkan Geyer nicht
einmal geborener Zirndorfer sei. Das sei gleichgültig?
wenn er nur ein guter Jüd sei? Er sei aber kein guter
Jüd. Schicke er nicht seinen Sohn in die Christenschule
nach Fürth? Das täten andere auch? dann seien andere
auch Schweine, Goijem, Schabbesgoijem. Kämme er sich
nicht am heiligen Schabbes mit einem Kamm?

Die schwarzen Zylinder fuhren ruh= und ratlos hin
und her.

Weit hinter ihnen schritt Agathon, unschlüssig, ob er dem
Gottesdienst beiwohnen solle. Da gesellte sich ein junges
Mädchen von etwa sechzehn Jahren zu ihm. Es war Monika
Olifat, die Tochter einer jüngst aus Polen eingewanderten
Frau. Sie kam aus freien Stücken zu ihm, und er errötete
vor ihrer Schönheit und vor ihrer Unbefangenheit.

„Sie sind Agathon Geyer?" redete sie ihn in reinem
Deutsch an, mit einer glockenhellen, melodischen Stimme.

Er nickte langsam.

„Ich habe von Ihnen gehört. Ihr Vater will Vor=
beter werden?"

Er nickte wieder.

„Aber warum wollen es die Leute nicht?"

„Ich weiß nicht. Sie sind neidische, erbärmliche Menschen."

„Braucht ihr es denn so nötig?"

„Ja, meine Eltern sind sehr arm. Wenn sie nicht die Zinsen von dem Geld hätten, das für uns Kinder beim Bankier Löwengard deponiert ist, hätten wir kaum Brot genug." Er sprach etwas stockend und war schließlich geärgert über seine ungewohnte Mitteilfreude.

„Wissen Sie was," sagte Monika Olisat, „wir wollen Freunde werden. Vorausgesetzt, daß es Ihnen nicht langweilig ist." Agathon sah sie an und jetzt errötete sie. „Ich suche einen Freund," fuhr sie verwirrt und wie entschuldigend fort. „Also wollen Sie?" Sie hielt ihm schüchtern die Hand entgegen und schüchtern legte er die seine hinein.

„Freunde sind Verbündete," sagte Monika Olisat. „Sie dürfen einander nicht verraten und nichts voreinander verschweigen. Und jetzt sagen wir uns Du." Sie nickte ihm vertraulich zu und verschwand in dem für die Frauen bestimmten Aufgang der Synagoge.

Der Tempel war ein kahler Raum mit hohen, farblosen Fenstern, alten Gebetspulten und voll moderiger Luft. Während des ganzen Gottesdienstes herrschte derselbe Lärm wie vorher auf der Straße. Erst als ein Rabbiner aus Fürth die Kanzel betrat, um zu predigen, wurde es ruhig. Diese Predigt war anfangs mit gelehrten und biblischen Zitaten geschmückt, erging sich dann in pathetischen Verwünschungen der Heiden, befaßte sich des weiteren mit der Untersuchung eines spitzfindigen Satzes aus der Mischna, empfahl die

Fahne des Glaubens hochzuhalten und schloß mit einem Preis des Vaterlandes und des Kaisers. Da erschallte ein erschreckendes Gelächter im Hintergrund. Alles wandte sich mit aufgerissenen Augen um, und man sah einen alten Mann sich krümmen und verbeugen wie eine Katze und einem unsichtbaren Etwas in der Luft zugrinsen. Es war Gedalja; Enoch Pohl ging hin, um ihn hinauszuführen. Tuschelnd verließ die Gemeinde das Haus.

Als Agathon nach Haus kam, saß Gedalja fröstelnd am Ofen, und neben ihm stand Enoch in finsterem Schweigen. Elkan Geyer hockte auf der Bank am Tisch und hatte das Gesicht mit den Händen bedeckt. Der pausbäckige Knabe trippelte auf dem Polster eines Stuhls herum und leckte behaglich summend an der Zinneinfassung der Fensterscheibe. Der Himmel war grau und regnerisch.

„Es nützt nix, Enoch," sagte Gedalja. „Ich waaß, daß de hast vergraben dein Geld im Garten oder im Hof, viel Geld. Aber mir brauchste ja nix zu geben derwon."

„Schweig still, du versündigst dich," erwiderte Enoch durch die Zähne.

Der andere Greis schien es nicht zu hören. „Es nützt nix," sagte er eintönig und bekümmert. „Wucher treibste aach und ich seh dich noch kommen ins Zuchthaus mit aller deiner Frommheit. Ich seh dich noch kommen ins Zuchthaus, so wahr ich leb un so wahr ich da sitz."

„Du versündigst dich," murmelte Elkan Geyer gequält.

„Was soll ich tun? Kann ich mer helfen? Er kann helfen. Wenn er ausleiht Geld zu fufzig Prozent, soll ich

halten mei Maul? Ich hab's gehört von en redlichen Mann,
von en bedauernswerten Mann, Enoch, den de hast gericht
zu grund. Soll kommen sein Wohlstand über dich. Soll
kommen sein Ansehn über dich. Aber haste zu grund ge=
richt den Bäcker, wirste aach zu grund richten den Schuster.
Un endlich wird kommen der Zugrundrichter über dich un
werd haben kein Erbarmen, wie du hast gehabt kein Er=
barmen, Enoch. Dann is geschändet dein Name un deine
Familie un is geschändet der Jud. Haste nicht mir geliehen
dreißig Taler, Enoch, voriges Jahr Ostern zu gutem un
ich hab d'r zurückgegeben fufzig Taler um Pfingsten? Die
Welt is groß un dreht sich, ich waaß un mancher verschlupft
in en Winkel vor der Vergeltung, aber manchen packt's auch
un er muß lassen Ruh un Frieden for sein Alter. Ich hab
gesprochen und bin stumm."

Isidor Rosenau kam und wurde sehr lau begrüßt. Er,
der bisweilen atheistische Anwandlungen verspürte, begann
einen etwas umständlichen Vortrag über Widersprüche in
der Bibel zu halten. Er hatte irgend etwas irgendwo auf=
geschnappt und glaubte damit die ganze Schöpfungsgeschichte
um ihre Vernunft gebracht zu haben. „Wenn Adam und
Eva und Kain und Abel allein in der Welt waren und
Abel ging hin und nahm sich ein Weib aus der Fremde,
so waren sie doch nicht allein gewesen!" So rief er trium=
phierend.

Erst antwortete ihm niemand, dann sagte Gedalja mit
einer Geste, deren Stolz und Vornehmheit Agathon unver=
gleichlich schienen: „Junger Mann, die Schrift is nit ge=

schrieben, daß se wird gelesen mit die leiblichen Augen, sondern mit die geistigen. Sie soll nicht werden studiert, sondern sie soll werden getrunken wie Wein. Sie hat Symbole, daß wir können messen daran unseres eigenes Leben. Un wir sollen nicht messen daran mit der Schneiderelle, sondern mit unserm Gewissen."

Agathon fühlte seine Augen feucht werden. Er erhob sich, ging zu dem Greis und küßte ihm rasch und errötend die Hand.

Doktor Schreigemut kam, um nach Frau Jette zu sehen. Er brachte eine Gemütlichkeit zum Krankenlager, als sei der Tod eine eitle Schrulle, und sein weinrotes Gesicht glänzte, als ob Kranksein den erstrebenswertesten Zustand bedeute. Er schrieb ein „Rezeptchen", wie er sich ausdrückte, verbreitete sich eingehend über die politische Lage, kniff Mirjam in die Wange und entfernte sich befriedigt. Die Ladenglocke läutete und ein Bauer verlangte Tabak zu kaufen. Elkan Geyer rief hinaus, heute sei Feiertag und der Laden geschlossen. Er schlug die Tür zu, gleich darauf verließ er aber das Zimmer. Agathon wußte, daß er in die Küche ging, um die Magd zu bitten, daß sie den Tabak verkaufe.

Der Tag ging hin. Aber diese Herbsttage sind gar nicht; sie sterben langsam, sind bloß ein Vergehen. Sie fallen kraftlos in die Arme der heraufsteigenden Nacht, und die Nacht nimmt sie auf den Arm wie die Mutter ein Kind nimmt und es einlullt mit gesummten Liedern. Am Nachmittag half Agathon ein Zimmer für Gedalja instand setzen; für die nächsten Wochen war dem Alten eine elende Kammer zwischen

Hof und Hühnerstall überlassen worden. Dann ging er
spazieren. Über sein Tun und Denken war eine leidenschaftliche Unruhe gebreitet. Der Weg führte ihn vor das Haus,
wo Monika Olisat wohnte. Sie sah aus dem Fenster und
winkte ihn freudig hinauf. Sie war allein; die Mutter und
die kleinere Schwester machten Besuche.

„Ich freue mich, daß du gekommen bist," sagte Monika
sanft, als er in das hübsche Zimmer trat. Sie redeten eine
Weile verlegen hin und her, dann brachte Monika ein Buch,
woraus sie ihm polnische Gedichte vorlas. Er hatte sie darum gebeten, obwohl er die Sprache nicht verstand. Es
war ihm genug, ihre Stimme zu hören, die rein und hell
dahinfloß, ein ungetrübter Strom. Die Stimme machte
alles heiter um ihn, und er hatte ein unbezwingliches Verlangen nach Heiterkeit und Freude in sich, ein Verlangen,
das täglich wuchs und ungestümer wurde. So kam es ihm
vor, daß in diesen mysteriös klingenden Versen das Herr-
lichste und Sonnigste enthalten sei, das je ein menschliches
Ohr vernommen, und daß man sie nur zu verstehen brauchte,
um von allen Sorgen erlöst zu sein.

Sie klappte das Buch zu und sagte entschieden: „So,
jetzt wollen wir uns unterhalten."

Das war nun wohl gesagt, aber dabei blieb es. Denn
Agathon war still und Monika auch. Denn wer konnte
reden, wenn es draußen dämmerte! Der müde Himmel
schien herunterzusinken, die Bäume bogen sich, verschwammen,
schienen in die Erde zu fallen. Das Wasser auf den Wiesen
spiegelte den Himmel wider, stets matter und matter, wie

Glas, das überhaucht wird. Agathon sah nur noch die zarten Linien eines Profils, eine leicht gebogene Nase, eine schmale Stirnlinie, zuckende Lider, hinter denen dunkle Augen gleich lebenden Kugeln strahlten und ein Kinn, das ihn an eine Puppe erinnerte.

„Du sprichst ja nichts," flüsterte Monika befangen.

„Laß uns nicht sprechen," erwiderte Agathon mit bebender Stimme.

„Was soll man auch sagen," gab Monika zu. Sie ergriff seine Hand und streichelte sie vorsichtig. „Warum zitterst du denn, Agathon?"

Agathon sprang auf, nahm seinen Hut und rannte fort, — hinaus, und ging erst wieder langsam, als er in der Hauptstraße des Dorfes war. Er lächelte voll Scham und Reue.

Den Kopf voll marternder Gedanken, ging er zu Hause vom Flur in den Hof, vom Hof in den Flur. Dann stieg er die Treppe hinauf, wie unwillkürlich aus dem Bedürfnis nach der Höhe. An ihrer Kammertür stand die Magd, nur mit einem Unterrock und einem Hemd bekleidet. Ihr Haar war lose, ihre festen Schultern und die Hälfte der Brust waren nackt. So stand sie vor der halboffenen Tür, schwankend beleuchtet von dem Kerzenlicht in der Kammer, und lächelte halb blöde, halb begehrlich Agathon zu. Seine Zähne schlugen aneinander, er wollte nach einem Halt greifen, er wollte etwas sagen, doch sogleich legte es sich wie eine Kette um seinen Hals und es wurde ihm so unerträglich heiß, daß er den ganzen Körper feucht werden fühlte. Mit einem dumpfen Schrei floh er.

Noch besinnungslos stürzte er in die Kammer des alten
Gedalja, kniete vor ihm nieder, nahm dessen Hand und
flüsterte wirr, bleichen Gesichts. Der Greis fragte und konnte
nichts herausbringen, doch bald bekam er auf Umwegen
Klarheit. Er nickte ein paarmal wissend vor sich hin. „Setz
dich her, mein Jung, und ich will dir sagen was for dein
Herz un wie de sollst sein gegen die Weiber. Bin ich worn
gestraft un hab gehabt zwaa Weiber nebbich un war kein
Glück und kein Segen dabei. Das Weib is gut für die
Stund, wenn se hat keine Sanftheit for den Mann. Sie
mag sein aufgeklärt, sie mag haben Geld, sie mag sein
sparsam, sie mag sein gottesfürchtig; wenn se nicht is weich
wie lehmige Erd, daß de kannst formen das Bild wo de
willst, taugt se nix for dich. Und wenn de hast eine große
Begehr, dann gehste hin, sonst wird verstopft dein Geist
un dein Gemüt un du siehst Gespenster beim helllichten
Tag. Laß d'r nit einjagen Angst durch die falschen Lehren:
es is kein Unglück un kein Verbrechen, es is menschlich un
du sollst bloß schweigen davon. Un wenn de eines Tages
fühlst mehr und dein Herz werd sein voll Liebe, dann gehste
hin und siehst, ob se gefällt deinen Sinnen. Un wenn se
gefällt deinen Sinnen, gefällt se aach deinem Haus un deine
Kinder. Das wirste nit verstehn heut, aber de wirst es verstehn bald un wirst gedenken an meine Worte.“

Agathon war nicht beruhigt. Im Gegenteil, er war
noch erregter als vorher. Es wurde Abend und er fühlte
sich gefangen in einem verworrenen Knäuel von Rätseln.
Er stand in dem schmalen Vorplatz, der zur Kirche führte

11*

und wo es stockfinster war. Er drückte sich krampfhaft an die Holzplatten der Rückwand und sah in das winzige Lämpchen, das auf dem Anricht in der Küche stand. Er hörte nahende Schritte und erschrak wie ein Verbrecher. Es waren trippelnde, tastende, gleichsam spionierende Schritte und endlich kam die geduckte, spähende Gestalt Enoch Pohls zum Vorschein. Er lispelte unhörbar, seine Augen stierten in die matt erhellte Küche, es war, als ob sie ihm vorauseilten, um die Küche abzusuchen, dann tappte er hastig auf den Blechkorb am Vorhang zu, wo das Hausbrot aufbewahrt wurde, nahm das Brot, riß die Anrichteschublade auf, packte mit schlotternden Händen ein Messer und schnitt ein großes Stück Brot herab, immer angstvoll lauernd in die Richtung des Flurs blickend. Dann klappte er den Blechkorb vorsichtig zu, legte das Messer wieder an seinen Platz, biß hungrig in das erbeutete Stück Brot hinein und schluckte den Bissen gierig hinunter. Das andere verbarg er in seinem Wams. Schleichend wie er gekommen, entfernte er sich wieder.

Agathon hatte alles gesehen. Er wankte und mit einem Aufschrei brach er zusammen. Lange kauerte er so, und niemals war in seiner Seele das inbrünstige Verlangen so stark gewesen, dieser dunklen Welt um sich her Freude zu bringen. Als er aufsah und sich entfernen wollte, erblickte er seinen Vater, der unbeweglich vor ihm stand und die Hand schwer auf seine Schulter legte.

Siebentes Kapitel

Als Frau Gudstikker am Morgen das Frühstück bereitete, mußte sie zum Brunnen, und als sie zurückkam, waren die beiden Knaben Sema und Wendelin verschwunden. Sie hatte nun wieder Grund zu jenen stoischen und schwarzsichtigen Betrachtungen, die ihr ein hartes Leben und ihre stolze Natur nahe legten. Ihre Gedanken nahmen stets einen erbarmungslosen Gang und dabei schonte sie nicht, was ihr teuer war. Als Stefan spät nachmittags nach Hause kam, fragte sie ihn, wo er herumgestreut sei.

„Du weißt, ich streune nicht, Mutter," entgegnete er mit blitzenden Augen, den Kopf hoch aufrichtend.

„Ja, ich weiß es," entgegnete sie wie nachdenklich und blickte ironisch auf seine staubbedeckten Stiefel.

„Wo sind die Knaben?"

„Fort."

„Wie?"

„Ich habe sie heimgeschickt."

„Was heißt das? Du weißt doch, daß ich den Burschen brauchte! Es war ein interessanter Fall. Wie konntest du sie fortschicken?"

„Es ist nicht nötig, daß du mit Menschen spielst. Spiele mit deinen Ideen. Darüber bist du Herr."

Gudstikker atmete schwer. „Mutter, ich betrete dein Haus nicht mehr," preßte er endlich hervor und stürzte fort. Sie lächelte gutmütig hinter ihm her, öffnete das Fenster und schaute ihm lange Zeit nach.

Stefan Gudstiffer ging zum Friseur, wo er über eine halbe Stunde saß, um sich Haar und Bart verschönen zu lassen, und bei Anbruch der Dämmerung erwartete er vor den Anlagen seine Verlobte.

„Sie haben mich fast geschlagen," waren Käthes erste Worte. „Ich sei heimlich mit dir zusammengetroffen. Du sollst zu uns ins Haus kommen."

„So." Er nahm hastig ihren Arm und schritt weiter.

„Nein, nein," wehrte sie angstvoll. „Nicht jetzt. Du darfst sie nicht herausfordern."

„Ich schlag alles kurz und klein." Er machte eine verzweifelte Gebärde der Auflehnung.

„Ach Stefan, warum ist das alles so! Warum hast du nicht viel Geld! Bei deinem Genie! Warum ist alles so traurig um uns!"

„Es wird anders, Liebchen, es wird anders! Ich werde Geld haben, Macht haben, alles was du willst. Ich werde die Welt aus den Angeln heben! Ich habe ein großes Werk vor! Du wirst sehen."

„Ich glaube ja gern daran. Nur ist die Zeit so lang. Jeder Tag ein Jahr."

„Nur Geduld. Du wirst sehen. Kann ich bei euch essen?"

„Willst du kommen? Wirklich? Und ohne Zorn? Wie herrlich!"

„Mach um Gotteswillen nicht so viel Ausrufezeichen in deine Rede! Das macht mich nervös! Ich hasse alle Ausrufezeichen!"

„Was haſt du denn? Du biſt ſo verbiſſen ſeit einigen
Tagen."

„Verbiſſen? Nein. Nachdenklich, ja. Ich verkehre da
mit einem jungen Menſchen, Agathon Geyer, einem Juden.
Ich bin nicht ſentimental, aber, — na, du müßteſt ihn
ſehen. Er ſieht aus wie, es klingt läppiſch, aber ich muß
immer an Aladdin mit der Wunderlampe denken. Und
was am ſonderbarſten iſt, unter den Papieren meines Vaters,
der ja auch Agathon hieß, hab ich Briefe von ſeiner Mutter
gefunden. Sie ſind mit Jette Pohl unterzeichnet. Sie war
noch Mädchen damals. Schön, geſcheit, liebenswürdig
vielleicht. Etwas Merkwürdiges liegt in den Briefen, das=
ſelbe was in Agathons Augen liegt. Aber du ſchläfſt ja?"

„Nein, ich bin nur müde."

Familie Eſtrich war ſehr liebenswürdig gegen Gudſtiffer
und Gudſtiffer war ebenfalls liebenswürdig gegen die Fa=
milie Eſtrich. Er küßte ſeine künftige Schwiegermutter
auf die Wange, fragte Herrn Eſtrich nach dem Gang der
Ziegelei=Angelegenheit, ſang nach dem Abendeſſen zur
Guitarre, Volkslieder, die von treuer Liebe handelten und
vom Kampf des Mannes um ſeinen Herd. Um elf Uhr
ging er. Auf der Straße wurde ſein Geſicht finſter, herb
und verzerrt. Er ſchlug ſich an die Stirn und ſprach zu
ſich ſelbſt.

Er ſuchte ein Cafe auf, und in dem Augenblick, wo er
den Raum betrat, erhielt ſein Geſicht wieder den aufmerk=
ſamen und übertrieben ſtolzen Ausdruck. Er begrüßte den
Lehrer Bojeſen, ſetzte ſich zu ihm an den Tiſch, rieb ſich

fröhlich die Hände und erzählte eine heitere Schnurre von einem Soldaten und einem Fuhrmann, die er erfunden hatte, aber so darstellte, als ob er sie eben erlebt hätte. „Also wie geht es Ihnen, lieber Bojesen?" fragte er darauf und rieb sich wieder die Hände. „Gut?"

„Wenns nicht geht, so zwingt mans eben!"

„Sie sind immer allein. Ich habe Sie noch nicht anders als allein gesehen. Wie kommt das?"

„Nun, das ist so Gelehrtenart," erwiderte Bojesen mit einer sanften Selbstironie. „Ich muß Ihnen sagen, diese Stadt, diese Menschen hier, sie liegen nicht innerhalb der Welt. Es ist etwas Verlorenes und Verkommenes, ein Sumpf."

„Kein Wunder," sagte Gudstikker, „wie leben wir denn! Sternenlos! Und unsre jüdischen Mitbürger sorgen dafür, daß uns der Himmel holder Ideale noch weiter fortrückt. Eigentlich wundre ich mich immer, wenn ich einen anständig gekleideten Menschen treffe, der kein Jude ist."

„Freilich, das ist ein Kardinalthema," gab Bojesen leicht errötend zu. „Und das ganze Land ist in dieser Beziehung, was unsre Stadt im kleinen ist. Die Juden bringen ja das geistige Leben der Nation in Bewegung, es ist wahr; schon deswegen weil die Presse in ihren Händen ist. Vielleicht ist das ein Unglück, vielleicht auch nicht. Vielleicht sind da diese scharfen Reagentien, diese Gewandtheit und Schlüpfrigkeit am Platz. Vielleicht hat ihre wirtschaftliche Unternehmungslust mehr Aufschwung im Gefolge, als unsrer Bedächtigkeit erreichbar wäre. Aber für das Haupt-

unglück halte ich, daß sie sich nun und von allen Seiten
her auch in die Kunst eindrängen."

„Ich verstehe; Sie haben recht," murmelte Gudstikker,
den die Beredsamkeit eines andern ungeduldig machte.
„Aber schließlich, Kunst ist Kunst. Man kann ja Gold
legieren, aber reines Gold kommt dabei nicht um den
Wert."

„Gewiß. Trotzdem ist eine Gefahr. Sehen Sie mal,
früher hatten die Juden genug zu tun, sich die Gebiete zu
erobern, die ihnen nahe standen. Plötzlich nahmen sie teil
an der reichen Kultur, die sie selbst mitschaffen halfen und
wuchsen in die Kunst hinein. Es war eine unausbleibliche
Verbindung. Jetzt sehen Sie überall jüdische Künstler, er=
schreckend viele, erschreckend gute. Ich spreche nicht von
denen aus vergangenen Jahrzehnten, das ist keine Frage
mehr; sie haben meist mit der Kunst, wie ich sie meine,
nichts zu tun. Von den heutigen will ich reden. Sie sind
Künstler, echte Künstler, daran ist nicht zu zweifeln. Aber
sie richten uns zugrunde. Alles, was wir erworben haben,
lang und mühselig, damit können sie hantieren; alles, wo=
nach wir ringen, das haben sie und wenn wir unser Blut
hingeben für eine Sache, stecken sie dieselbe Sache schon
lachend in ihre Tasche. Es fließt ihnen so zu, sie haben
keinerlei Kampf damit zu bestehen. Und ich will Ihnen
sagen, woran es liegt: sie haben keine Tiefe. Nur in die
Breite gehen sie und wenn sie tief scheinen, ist es eine
Lüge. Sie kommen ja aus dem Schoß eines wunderbaren
Volkes. Welche Verfolgungen! welche Unterdrückungen!

Aber wie ein Wurm krümmt sich dieser Volkskörper durch
die Zeiten, unerschöpflich an Lebenskraft. Aber jetzt naht
die Krisis. Sie nehmen uns die Wahrheit und die Aufrichtigkeit in der Kunst, das ist wichtiger als alles andere.
Sie ersetzen es unbewußt mit dem Schein von Wahrheit,
dem Schein von Aufrichtigkeit; sie bringen uns eine neue
Art von Sentimentalität, die sich als Naivetät gibt und
mit grüblerischer Wehmut nach den Gründen der Dinge
schreit. Ich schwöre Ihnen, mein Lieber, das ist eines von
den Dingen, die das Schicksal und das Leben ganzer Jahrhunderte verdüstern. Darin liegt die „Judenfrage", wie
man das Ding läppisch nennt. Darum müßten die Juden
fort und tausendmal fort. Was ist alles andere, eine lokale
Sache. Religion! Was ist uns Religion! wir haben keine
Religion mehr im kirchlichen Sinn. Sie sollen sich ein
Land suchen, wo es auch immer sei, sie sollen einen König
über sich setzen wie in den alten Zeiten, sollen ihren Weizen
bauen und ihr Gras mähen und ihre Häuser aufrichten,
sagen wir, in Australien, nur nicht bei uns. Sonst geht
der Verfall weiter und wir werden sitzen, wie der Frosch
an der Mergelgrube. Das Christentum hätte schon längst
ausgeatmet, wenn das Judentum nicht wäre, abgesehen
davon, daß es garnicht gekommen wäre und die germani-
schen Völker sich einen Gott nach ihrem Blut geschaffen
hätten."

Gudstikker hatte erstaunt und erstaunter zugehört, und
er war so voll von Zweifeln und Einwänden, daß er zuletzt kein Wort herausbrachte und ein mißmutiges Gesicht

schnitt. Bojesen lächelte schwermütig. „Ich bin abgeschweift
von meinem Thema,“ bemerkte er mit einer Miene, die um
Verzeihung bat für das Feuer und die Leidenschaft seiner
Worte. „Ich meinte, wie man hier lebt, darin sei etwas
Unwürdiges, etwas Zeitloses und Teilnahmloses für die Zeit.
Hier wird man entweder zum Fanatiker oder zum Dumm=
kopf. Man kann nicht einmal Einfluß haben auf die Ju=
gend, selbst das ist unmöglich. Es ist erstaunlich, aber es
ist so, Sie dürfen mir glauben. Mein Gott, was ist das
für eine Jugend! Sie hat nichts, als was man ihr schenkt.
Sie ist so arm und man macht sie noch ärmer dadurch, wie
man den Unterricht betreibt. Doch davon darf ich gar nicht
reden.“

„Sie haben wohl Schlimmes hinter sich?“ fragte Gud=
stikker, der sich völlig bewußt war, eine Allerweltsfrage zu
tun. Aber er empfand deutlich, daß ihm dieser Mann heute
nichts geheimhalten würde, daß er sich betäubte durch Mit=
teilung, und daß er sich jedem Fremden ebenso eröffnet
hätte.

„Schlimmes? Nein. Es ist so gewöhnlich, zu gewöhn=
lich, um Aufhebens davon zu machen. Mein Vater war
reich und hat mich enterbt, weil ich zur Wissenschaft ging.
Ich sollte Soldat werden. Dann hat mich auch die Wissen=
schaft verstoßen, und da bin ich Lehrer geworden. Ich hätte
schon ausgeharrt, aber es traf mich das Unglück, daß ich
mich verliebte.“

Bojesen schwieg und sah sich mit träumenden Augen
rings um. Der Raum leerte sich; die Kellner säuberten

die Tische, viele Lichter wurden verlöscht, die weißen Mar-
morplatten starrten grell aus den dunklen Teilen des Saales.
Die Uhr schien stillzustehn; die Zeit schien stillzustehn.

„Und nun wundern Sie sich jedenfalls, daß ich hier
sitze," begann Lehrer Bojesen wieder mit gedämpfter Stimme,
„und nicht daheim bei dieser Frau, in die ich mich verliebt
habe? Jeden Abend bin ich hier zu treffen im Kreis meiner
sublimen Gedanken, denen ich Audienz gebe. Ich weiß nicht,
welcher Geist uns immer noch mit der Ehe foltert, uns, die
wir mit frischgewaschenen Manschetten ins zwanzigste Jahr-
hundert treten sollen. An die Harmonie der Flitterwochen
bin ich ja bereit zu glauben, vielleicht noch ein Jahr länger,
aber dann? Sagen Sie mir, lieber Freund, was soll man
tun mit einer Frau, die so schön ist, wie sie jung ist, wie
sie anmutig ist, und die nicht hungrig wird an ihrem Körper?
Verstehen Sie mich? Sie hat kein Verlangen, liebt seelisch
und wie die schönen Dinge alle heißen, nennt es Schmutz,
wenn sich die Leiber vereinigen, wie es die Natur sanktio-
niert hat. Vielleicht ist das auch eine Zeitkrankheit, eine
Frauenkrankheit, aber was soll man tun mit einem solchen
Weib? Man kann ihr nichts mehr geben, nichts. Sie wird
einem zum Stein!"

Gudstiffer nickte und spielte peinlich berührt mit einem
Streichholz.

„Ja," fuhr Bojesen mit einer offenbaren und immer
steigenden Lust, sich selbst zu zerfleischen und preiszugeben,
fort, „wenn sonst etwas wäre. Ich wünsche Ihnen niemals, Lehrer zu sein. Was sind das für Herren, auf deren

guten Willen man angewiesen ist! Doch lassen Sie mich
aufhören zu reden, erzählen Sie mir etwas."

Gudstikker fragte Bojesen, ob er Agathon Geyer kenne,
und Bojesen bejahte. Er scheine ihm ein ziemlich talent=
loser Schüler zu sein, wie alle. Er meine, Talent im
höheren Sinn, wobei das Bewußtsein eines Zieles sei, ein
um der Sache willen Schaffen. Das könne er bei keinem
dieser Schüler finden, die die ganze Schule als eine Art
Strafarbeit oder Hindernisrennen betrachten. „Das kommt
von oben und geht durch bis zum Pedell. Arbeitergeist.
In wessen Augen ein Evangelium glänzt, der ist gebrand=
markt. Das Beste wird von Strebern geleistet. Nun malen
Sie sich das aus."

Die beiden Männer zahlten ihre Zeche. Wie Wellen
schwankten die Nebel auf der Straße. Am Bahnhof ver=
abschiedete sich Gudstikker.

Bojesen empfand jenes Grauen vor den eigenen vier
Wänden, das den energielosen Naturen oft eigen ist, und
er fürchtete die stumme Sprache seiner Bücher, seiner Spie=
gel, seiner Kerze. Ein warmer Wind erhob sich, der all=
mählich zum Sturm anwuchs, und seinen Hut mit beiden
Händen festhaltend, schritt er langsam dahin, froh des
Kampfes mit dem Element. Er achtete nicht des Weges,
den er schritt, er war froh, allein zu sein, ihm war, als ob
es völlig einsam wäre auf dem Erdball. In dem bergigen
Viertel am Fluß kam er an ein Haus, dessen erleuchtete
Fenster mit den Worten geschmückt waren: „Zum siebenten
Himmel".

Bojesen ging hinein. Vor dichtem Rauch sah er zuerst
überhaupt nichts. Ein säuerlicher Geruch von abgestandenem
Bier drang auf ihn ein. Dann sah er im Hintergrund neben
dem Büffet das Podium mit einem verwahrlosten Vorhang.
Die Tische starrten von verschütteten Getränken und Speise-
resten. Die Stühle lagen teils auf der Erde, teils standen
sie auf einem Haufen; einer stand auf dem Tisch. In einer
Nische befand sich die Ruine eines Billards und die Ruine
eines Klaviers. Eine verblühte Dame stellte eine Flasche
Wein vor den Ankömmling hin und erklärte, daß die heutige
Galavorstellung unterblieben sei, weil das Publikum sich ge-
prügelt habe. Bojesen starrte in die Höhe, in irgend eine
sonnige Ferne und murmelte: „Geliebt und verloren." So
saß er eine Stunde lang, ohne sich zu rühren. Plötzlich
schob sich der Vorhang über dem Podium zur Seite, und
der Kopf eines jungen Weibes mit nackten Schultern guckte
heraus. Das Gesicht war leuchtend bleich, mit einer niederen Stirn, mit Augen von einem ruhigen, leidenschaftlichen Feuer, mit einem trotzigen Mund. „Holla Luisina!
Es lebe das Proletariat!" rief eine heisere, aber jugendliche
Stimme. Bojesen schaute hin, sah jedoch niemand. Das
junge Mädchen nickte lächelnd zurück, prüfte Bojesen mit
flüchtigem Blick und verschwand. Bojesen vergaß niemals
den bösen Ausdruck des Gesichts in jener Sekunde, da sie
ihn angeschaut. Wieder saß er lange, ohne zu wissen, was
er tun oder denken sollte. Dann stand er auf, ging zum
Podium, schlug den Vorhang zurück, und sah eine armselige
Bühne vor sich, mit zerrissenen Kulissen an der Seite. In

einer Ecke saß Luisina und lächelte ihn spöttisch an, als er auf sie zukam. „Wollen Sie spionieren?" fragte sie schroff. „Es steht Ihnen nichts im Weg. Mein Name ist Luisina Stellamare. Sie halten es für unwahrscheinlich? Sie glauben, daß ich Barbara Müller heiße? Möglich. Aber sobald es Ihr Amt erlaubt, bitte ich, mich des verdrießlichen Anblickes Ihrer Person zu entheben."

„Es lebe die Anarchie!" rief die exaltierte Stimme wieder. „Morgenröte! Fackeltanz! Meine Seele ist wie ein Lamm am Ostertag. Es lebe der Messias!"

„Das ist der Glühende," sagte Luisina, Bojesen zunickend. „Er ist meine Fanfare." Sie lachte, und dies Lachen klang, wie wenn Glasscheiben klirren. Dann wurde sie wieder ernst, drohend und verächtlich ernst. „Ja," sagte sie mit einem Wesen, als erachte sie ihre Worte als zu wertvoll, um gesprochen zu werden, „ich bin aus der Art geschlagen, ungeraten, landflüchtig. Ich lebe nun das Leben, wie ich es will, auf eigene Faust, auf eigene Taler, mit der Erlaubnis zu jauchzen, wenn ich will und zu lieben, wenn ich will. Wollen Sie noch mehr wissen? Meine Biographie ist erst nach meinem Tod zu haben."

„Ich bin der tanzende Stern des Chaos!" erschallte die Stimme des Glühenden; eine fette Stimme brummte befriedigt bravo.

Bojesen hatte sich an eine Kulisse gelehnt und sah Luisina mit halbgeschlossenen Lidern unverwandt an. „Glauben Sie an Zufälle?" fragte er endlich. „Ich bin hier hereingekommen mit dem Bewußtsein, daß ich Ihnen

begegnen würde. Meine Seele wußte davon. Ich kenne
Sie nicht, wer Sie auch sein mögen, ich will Sie nicht
kennen. Nur wünschte ich einen anderen Rahmen für dies
Bild."

„Ach!" Luisina sprang überrascht und stirnrunzelnd auf.
In ihrem Wesen war etwas so Fischhaftes, beunruhigend
Lebendiges, daß Bojesen auf jedes ihrer Worte, jede ihrer
Gebärden harrte. Sie kam auf ihn zu, lauernd wie ein
Tiger, bohrte den Blick ihrer blauen Augen fest in den seinen
und sagte: „Kommen Sie hierher, um den müden Mann
zu spielen? Sprechen von Seele? Hier gibts keine Seele!
Hier wird gelacht, getanzt, gesungen und getrunken, und wer
hier eintritt, lasse seine Seele fahren. Ihre Dienerin, Mon-
sieur." Damit ging sie graziös und schnell.

Und Bojesen ging auch, legte sein Geld auf den Tisch
und ging. Er verlor sich selbst in der Nacht. Er zählte
die Laternen in den Straßen. Dann stand er auf der
Brücke und starrte in den Fluß und dachte nach, woher all
das Wasser kam, wohin es ging; warum fließt es in weiten
Streifen und Falten dahin, nicht glatt wie ein Glas? dachte
er. Was rauscht es leise, was schlägt es an die steinernen
Pfeiler?

> Es fließt der Fluß und stehet nicht
> Und Gott ist und vergehet nicht

murmelte er vor sich hin. Er suchte ein kleines Gasthaus
auf, wo er in einem harten Bett, in feuchter Kammer den
Rest der Nacht schlaflos zubrachte, von einem Bild gepeinigt,
das die wachen Glieder zittern ließ, bis der Leib unwillig

zurückkehrte in die Finsterniß der Kammer mit dem Licht=
fleck von Fenster.

Als er am Morgen dem Schulhaus zuschritt, dachte er
an seine Frau daheim. Aber sie rückte ihm noch ferner in
diesen Gedanken, als da er ihrer vergessen hatte; sie ver=
schwand in dem Nebel, der die Gassen näßte und empor=
stieg zum Himmel, um selber während des Tages Himmel
zu sein.

Im Laboratorium lärmten schon die Schüler. Bei seinem
Eintritt wurde es still, und alle erhoben sich. Die Bänke
waren amphitheatralisch aufgebaut, Schränke mit Mineralien
klebten an den Wänden. Auf dem langen Tisch standen
und lagen Retorten, Brennapparate, Röhren, Schmelztiegel,
Drahtnetze, Flaschen und Schachteln. Bald nach Beginn
des Unterrichts kam der Rektor; er übergab Bojesen ein
kleines Schreibheft und sagte ernst: „Sie sind Ordinarius
von Agathon Geyer. Lesen Sie dies und kommen Sie in
einer Stunde aufs Rektorat." Gnädig nickend verschwand er.

Bojesen suchte sein Privatzimmer auf, wo ein starker
Chlorgeruch herrschte. Auf dem Heft stand: Deutsche Auf=
sätze von Agathon Geyer. Bojesen blätterte bis zu dem
letzten, vom Rektor signierten Thema: Was soll uns die
Schule sein? und las zuerst ziemlich gleichgültig. Die Schrift
war schlecht, schattenhaft, fieberhaft; die Buchstaben schienen
aufeinander loszustürzen, besinnungslos hinzutaumeln, dann
schien irgend einer plötzlich steif zu stehen, Halt zu gebieten,
aber nichts konnte die allgemeine Verwirrung hemmen.
Bojesen las mit wachsendem Erstaunen, erst kopfschüttelnd,

dann errötend, dann erblassend, und als er am Schluß angelangt war, stützte er den Kopf in die Hand, nickte trostlos vor sich hin und begann das Stück des Schülers noch
einmal zu lesen, bedächtiger und immer mehr verwundert,
welch klare und fast dichterische Form die glühende Seele
des Unmündigen gefunden hatte.

Die Schule, so lautete der Aufsatz, sollte uns das Tor
zum Leben aufmachen. Sie sollte uns erwachsen machen,
mutig und gefahrenkundig. Sie sollte uns zu tüchtigen,
edlen Menschen machen. Sie sollte uns die Lehrer lieben
lehren und die Lehrer sollten uns lehren, das Leben zu
lieben, den künftigen Beruf, die Menschen, die großen
Männer der Vergangenheit, die großen Ideen, die Freude
an der Freundschaft, an der Natur. Sie sollten uns überlegen sein. Sie sollten uns liebevoll entgegenkommen, damit wir froh würden. Aber ist das alles wahr? Bereitet
uns die Schule für den Beruf vor? Wenn wir sie verlassen, wissen wir vielleicht, was wir werden sollen, aber
nicht, was wir sind. Die Schule speichert Kenntnisse in
uns auf, die tot bleiben. Wir werden in unserer Seele nicht
harmonisch. Die Natur bleibt uns tot wie das Leben. Niemals werden wir ihre Sprache verstehen. Daran seid ihr
schuld und ich muß euch anklagen. Warum kümmern sich
die Lehrer nicht um die Seele der Schüler, sondern bloß
um das, was sie gelernt haben? Warum bleiben wir die
Stopfgänse, die ihr ausschimpft, wenn sie nicht beständig
fressen wollen? Warum fürchtet man den Lehrer oder verachtet ihn, statt ihn zu lieben? Ihr seid die Feinde der

Schüler, darum spionieren sie nach euren Schwächen; ihr
sitzt auf dem Pult und seid wie ein Buch, statt wie ein
Mensch. Was ihr sagt, ist euch leblos geworden, weil es
euch langweilt. Warum seid ihr so hochmütig? seht auf uns
herunter von einem Turm, so daß wir ganz klein sind? zu
hochmütig sogar, um uns über das Wichtigste des Lebens
aufzuklären? Warum eröffnet ihr uns nicht das Geheimnis
der Geburt? Warum tut das die Schule nicht, trotzdem
sich so oft Gelegenheit bietet? Wie viel reiner bliebe dann
die Phantasie der Knaben. Jetzt machen sie eklen Schmutz
daraus und kichern, blinzeln, erröten bei jedem Gedicht eines
Dichters, durchsuchen sogar die Bibel nach jenen Stellen,
haben immerfort schmierige Heimlichkeiten. Ist das nicht
schrecklich? Sie haben deshalb keine Ehrfurcht; vor keinem
Menschen und keinem Ding und die ganze Welt ist ihnen
etwas Klebrig-Unanständiges. Sie treiben Dinge, an die
man nicht denken darf, ohne verrückt zu werden. Warum
bemerken das die Lehrer nicht? Warum verhindern es die
Lehrer nicht? Warum? Warum sitzt ihr auf eurem Pult
und seid durch eine Mauer von uns getrennt? Niemals
können eure Schüler glückliche Menschen werden, und daran seid ihr schuld mit eurem kalten, eisigen Herzen. Jeder,
der ins Leben tritt, muß erst euch und eure Schule und
eure Lieblosigkeit vergessen; vielleicht kann er dann Festigkeit erlangen. Aber glücklich wird er nie. Was ich geschrieben habe, mußte ich schreiben und jetzt ist mir leicht.
Eine unwiderstehliche Stimme im Innern hat mir be-
fohlen.

Bojesens Lippen zitterten und seine Arme; sein Leib
zitterte. Es war etwas aufgewühlt in ihm, dessen er sich
schämte: der Neid um diesen großen und ahnungslosen
Wahrheitsmut. Er war so tief erschüttert, daß er den Raum,
in dem er sich befand, nur wie durch Schleier sehen konnte.
Im Treppenhaus läutete die Zehnuhrglocke, und er ging,
seine Schüler zu entlassen. Dann schritt er selbst hinaus,
durch die Korridore, trat an das hohe Fenster und sah in
den Hof hinab, der auf allen Seiten von Mauern und
Häusern eingeschlossen war. Er sah ins Gewühl der Knaben,
die mit wildem Geschrei umhertollten, aber darin war nichts
von Freiheitsgefühl und frischer Jugendlichkeit. Ja, er sah
es mit seinen eigenen Augen: dies war das Jauchzen des
Sträflings, dem die Kette gelockert wird, das krampfhafte,
unwahrscheinliche Jauchzen des Rekruten am Sonntag, wenn
er Heimat und Heimweh und Kaserne vergißt. Das war
keine Jugend für den Gebrauch der kommenden Zeit, diese
Jugend mit den umränderten Augen und hervorstehenden
Backenknochen, dem zynischen brutalen schreiähnlichen freud-
losen Lachen, den häßlichen Bewegungen und dem lichtlosen
Blick. Das war eine vergängliche Sorte von Menschen, er
sah es selbst.

Und als er weiterging, erblickte er Agathon, an einen
Pfeiler gelehnt, allein. Als er den Lehrer gewahrte, wandte sich
Agathon langsam und schritt in das Klassenzimmer. Bojesen
folgte ihm (der Saal war leer) und machte die Tür zu. Agathon
wurde leichenblaß und schloß wie im Schmerz die Augen.
Bojesen nahm seine Hand, legte seine rechte Hand auf Aga-

thons Schulter und sah ihn durchdringend an. Dann strich
er mit der Hand über Agathons Haar, schmeichelnd und
liebkosend, und niemals zuvor oder nachher hatte dieser ein
solches Glücksgefühl gehabt, so unirdisch, grenzenlos und
heiter. Der Kampf des Lebens lag vor ihm wie ein leicht
lösbares Rätsel, dies Haus, diese Schulbänke schienen mit
Glück verbrämt. Er verstand seinen Lehrer; er wußte, was
die Berührung seiner Hand zu bedeuten hatte.

Eine Viertelstunde später wurde er zum Rektor gerufen.

Achtes Kapitel

Die Lehrer der Anstalt waren in dem großen, fünfeckigen Raum versammelt. Alle hatten ein feierliches Gesicht, und ihr Wesen war das von Leuten, die sich ihres Amtes und ihrer Verantwortung bewußt sind. Sie starrten Agathon an mit höhnischen oder vorwurfsvollen oder hochmütigen oder verwunderten Augen. Der jüdische Kantor zeigte eine so finstere und empörte Miene, daß man ihn nicht ansehen konnte, ohne sich als Verbrecher zu fühlen.

Der Rektor wandte sich auf seinem Drehsessel langsam um und bohrte den kalten Blick seiner tiefliegenden Augen in die Agathons. „Wie sind Sie dazu gekommen, Geyer, diesen — sagen wir impertinenten Artikel zu schreiben, dieses Pamphlet, wenn ich mich so ausdrücken darf?"

Der Kantor wollte reden, doch der Rektor winkte vornehm ab und fuhr mit erhöhter Stimme fort: „Ich frage, wie Sie dazu gekommen sind, die schuldige Ehrfurcht gegen Ihre Lehrer in so ungeheurer Weise zu verletzen? Ich glaube, meine Herren, wir haben hier einen Fall von geradezu typischer Bosheit vor uns. Dieser junge Mensch befindet sich auf der abschüssigen Bahn des Lasters. Er ist das bedauerliche Beispiel für das sittliche Niveau, auf dem unsere Jugend steht, und in einem solchen Falle muß mit aller verfügbaren Strenge vorgegangen werden; ein solcher Fall muß geradezu exemplarisch bestraft werden."

Der Rektor hatte sich erhoben; seine schmetternde Stimme ließ den Raum erbeben; Agathon war es, als dringe sie durch Mauern, in alle Häuser der Stadt.

Wieder wollte der Kantor reden und abermals winkte ihm der Rektor zu, zu schweigen und fuhr fort: „Ich gestehe, daß mir ein ähnlicher Fall von Verworfenheit überhaupt noch nicht vorgekommen ist, und, hoffen wir zur Ehre unserer Anstalt, auch nicht mehr vorkommen wird. Geyer, wann haben Sie Ihr niedriges Skriptum verfaßt?“

„Gestern, Herr Rektor.“

„Lauter!“

Agathon schwieg.

„Lauter!“

„Gestern. Ich habe es laut gesagt, Herr Rektor.“

„In welcher Absicht?“ fragte der Rektor, fast berstend vor Wut.

„In der Absicht, die Schüler glücklicher und besser zu machen.“

„Das ist eine infame Lüge!“ schrie der Rektor wie außer sich.

„Es ist wahr,“ erwiderte Agathon ruhig.

„Kreatur!“ knirschte der Rektor, in dessen Mund das Wort eine zermalmende Bedeutung hatte.

Nun konnte sich der Kantor nicht länger bezähmen. Er trat vor, kreuzte die Arme über der Brust, beugte sich zurück und den Oberkörper beständig schaukelnd, sagte er mit scharfer, salbungsvoller Stimme: „Wer bist du? Hast du den Namen Gottes vergessen? Hast du die Ehre deines

frommen Vaters vergessen? Bist du dir nicht selbst zur
Last? Bist du Jude oder bist du's nicht? Ich verwerfe
dich, stoße dich aus der Gemeinschaft der Guten hinaus,
breche den Stab über dir."

„Nein, ich bin kein Jude mehr," sagte Agathon mit
seltsamem Lächeln, ohne die klare Ruhe zu verlieren, die
ihn bis jetzt erfüllt hatte. Die Lehrer sahen auf: bestürzt
und kopfschüttelnd. Bojesens Gesicht war tief niedergebeugt.
Er hatte sich gesetzt; die blassen Hände lagen regungslos
auf den Knien.

„Nun haben Sie den vollgültigen Beweis seiner Bösartigkeit und Gefährlichkeit, meine Herren," sagte der Rektor
verächtlich. „Eine verstockte, gottlose, pietätlose Natur. Sie
können gehen, Geyer."

Agathon ging. Draußen überfiel ihn plötzlich große
Schwäche und er sank auf die Treppe. Er hörte eine leise,
aber feste Stimme in dem Raum, wo man Gericht über
ihn hielt, — Bojesens Stimme. Lange redete diese Stimme,
bis auf einmal der Rektor zu schreien anfing, wilder als
ihn Agathon je gehört. Gleich darauf öffnete sich die Türe
und Bojesen kam allein heraus. Er sah Agathon und bedeutete ihm, daß er ihm folgen möge.

Als sie im Privatzimmer des Chemikers angelangt
waren, verschloß Bojesen die Türe. „Ich verstehe Ihren
Antrieb," sagte er etwas gequält, „ich kann ihn menschlich
würdigen, mag er so nutzlos sein als er eben ist. Aber wie
sind Sie dazu gekommen? Es gehört doch ein Entschluß
dazu, die eigene Zukunft so mit Füßen zu zertreten."

Agathon saß auf dem Rand eines Stuhls und fror.
Er blickte ins Kohlenfeuer, wo sich wunderliche Ruinen
türmten aus der scharlachroten Glut. Dann fing er fast
willenlos an zu sprechen, nicht ohne Furcht vor den eigenen
Worten: „Ich weiß eigentlich nicht. Es ist schon lange her,
daß ich daran dachte. Ich meinte, viele Menschen könnten
leicht zu dem gelangen, was ihnen zum Glück fehlt. Ich
habe nie die jüdische Religion geliebt. Oft war mir, als
müsse ich allen Juden ein Wort sagen, das sie befreien
könnte. Aber das war mehr wie ein Traum, bis die Ge=
schichte mit Surich Sperling kam."

„Und was war das?"

„Surich Sperling hieß der Sebalderwirt bei uns im
Dorf. Mein Vater fürchtete ihn so, daß er schon zitterte,
wenn er seinen Namen hörte. Er hatte einen Schuldschein
meines Vaters an sich gebracht und damit quälte er ihn.
Als wir einmal bei der Überschwemmung nach Altenberg
fuhren, kam er in einem anderen Boot, stieß mit Absicht
an unsres und ich stürzte ins Wasser. Da dachte ich mir,
es könne keine Sünde sein, ihn zu töten. Am selben Abend
sah ich zu, wie er ein altes Männchen mißhandelte, da ging
ich hin und spie ihm ins Gesicht. Er schleppte mich in sein
Zimmer, nahm einen Strick und band mich an ein schwarzes
Kreuz an der Wand und schlug mich. Alles das sag ich
nur Ihnen, weil ich weiß, daß Sie verschwiegen sind."

Agathon schlug die Hände vors Gesicht und Erich
Bojesen hörte mit aufgerissenen Augen zu. Agathon fuhr
fort, ohne die Hände vom Gesicht zu nehmen. „Da sagte

ich zu ihm: Sürich Sperling, das ist Ihr Tod. Da lachte er und sagte: sprich, du Aas, habt ihr nicht den Heiland gekreuzigt?

Da war mir, als ob die Tür aufginge und Lämelchen Erdmann hereinkäme, eben jener Alte, den Sürich Sperling beschimpft hatte; und es war mir, als ob er sich niedersetzte und nickte und lächelte, und es war sein Gesicht, das ich kannte und wars auch wieder nicht. O, Sürich Sperling, sagt er, das ist eine Handlung voll Bedeutung, denn von jetzt an sind die Juden frei. Nimmer die Milde wird regieren, sondern die Kraft. Wir werden hassen unsere Feinde, hassen, hassen! Der ewige Jud. ist erlöst und du, Sürich Sperling, wirst werden der ewige Christ. Denn die Welt wird neu, sie wird sich häuten gleich einer Schlange, dann wirst du sein der ewige Christ und du wirst verurteilt sein all das Blut zu sühnen, das der Christ unschuldig hat fließen lassen. Plötzlich verschwand die Erscheinung, Sürich Sperling band mich los, er war totenbleich, zitternd hieß er mich gehen, und seine Augen blickten auf mich voll Angst und Entsetzen."

Bojesen blickte durch die Fenster auf die Straße, wo die Menschen wanderten, einzeln oder zu zweien und mit Schirmen, denn es begann zu regnen. Ihm kam alles unwirklich vor; als ob das ganze Leben nur ein flüchtiges Bild sei, der Traum eines Traumes in uns selbst, wobei man nah ist, zu erwachen, es wünscht oder fürchtet. Er ging hin, nahm Agathons Kopf zwischen beide Hände, richtete ihn mit einem Ruck empor, schaute ihm in die Augen

und machte die Wahrnehmung, daß es die seltsamsten Augen
waren, die er je gesehen: schwarz und tief, von einem müh=
los lodernden, und doch verhaltenen Feuer, voll von der
Gabe der Vision. Wenn sie ihn anblickten, war es, als
ob der Blick aus weiter Ferne besinnend zurückkehrte und
erst lange zaudernd Klarheit und Festigkeit gewänne. Dann
stand Agathon auf (er war etwas größer als Bojesen), und
sein Gesicht hatte sich mit schrecklicher Blässe bedeckt. Er
deutete vor sich hin, sank auf die Knie und blieb so einige
Sekunden.

„Was ist? was haben Sie?“ fragte Bojesen bestürzt.

Agathon schüttelte den Kopf, und sein Gesicht verzog
sich wie zum Weinen.

„Und was geschah dann weiter?“ fragte Bojesen
flüsternd, gegen seinen Willen und seine Vernunft ergriffen
von der Sonderbarkeit des jungen Menschen.

„Das kann ich jetzt nicht sagen,“ erwiderte Agathon.
„Sürich Sperling starb in derselben Nacht.“

„In derselben Nacht?“

„Ja. Ich lag — und lag — und wünschte den Tod
in sein Herz.“

Ungläubig und staunend schaute Bojesen in das er=
schütterte Gesicht des Jünglings. Er schloß die Augen;
ihm schwindelte. Als Agathon mit leisem Gruß das Zimmer
verlassen hatte, schritt er tief erregt auf und ab.

Agathon irrte planlos durch die Gassen und als er am
Löwengardschen Haus vorbeikam, sah er Flur und Vestibül
voll von Menschen, die sich aufgeregt gebärdeten; auch vor

dem Haus standen Leute, darunter viele Arbeiter mit drohender Miene.

Er machte sich auf den Heimweg, ohne daß er all diese Dinge eines besonderen Nachdenkens gewürdigt hätte. Sie bereicherten nur seine Seele um das wunderliche Gefühl, daß etwas Entscheidendes in der Welt vorging und daß er selbst die Ursache und berufen sei, die Umwandlung herbeizuführen. Während des ganzen Weges hatte er die bestimmte Vorempfindung von etwas Schönem und Angenehmem, und wie wenn er einen lange vermißten Freund aufsuchte, schritt er gegen das Dorf hinab. Wirklich stand Monika Olisat am Weg und begrüßte ihn, indem sie ihm beide Hände entgegenstreckte. „Wie geht es dir, Agathon? Warum bist du denn fortgerannt neulich? Du bist so eigen, Agathon. Wie das lautet: Agathon!" sagte sie nachdenklich, lächelte froh und sah ihm in die Augen.

„Es ist ein griechischer Name und bedeutet: der Gute," entgegnete Agathon mit demselben innerlich frohen Lächeln.

„Bist du denn auch gut?"

„Ich weiß es nicht. Niemand kann es von sich wissen und wer es weiß, ist es nicht mehr."

„Ich muß dir erzählen," plauderte das Mädchen, „erstens, daß ich eine neue Freundin habe, Käthe Estrich. Sie ist hübsch und lieb; ihre Eltern ziehen hierher, sie haben die Ziegelei gekauft."

„Zweitens?"

„Zweitens ist sie verlobt und ich kenne auch ihren Verlobten. Ein interessanter Mann"

„Stefan Gudstikker?"

„Du kennst ihn? Er hat mir ein Gedicht gezeigt, das er gemacht hat. Eine Stelle weiß ich auswendig:

Es ist so still, daß alle Wandrer staunen.
Wenn solche wundervolle Nacht aufziehet,
Hört man die Wolken und die Blumen raunen.
Die Wünsche schlafen und kein Feuer glühet,
Du spürst nicht Duft von Myrten und Cypressen;
Die Welle ruht im Strom kein Vogel fliehet."

„Das ist schön!" rief Agathon aus, blieb stehen und erblaßte.

„Ach Agathon, ich mag dich so gern leiden," sagte nach einer Pause Monika erglühend. „Du bist so still und fein und was du sagst, ist so warm! Ich glaube, dich könnt ich nicht weinen sehen."

„Ich hab auch noch nie geweint," erwiderte Agathon, den Kopf senkend.

Monika nahm seine bebende Hand und küßte sie. Dann gingen sie weiter wie zwei Schlafwandler.

Auch im Dorf sah Agathon viele erregte, finstere, zornige Gesichter. Er wurde unruhig. Als er die Schwelle des Hauses überschritt, überfiel ihn ein stechender Schrecken; er sah jene Frau im Flur stehen, die ihm einige Zeit allmorgendlich begegnet war. Da er sie fassungslos anstarrte, klärte sie ihn auf: „Ich bin die Frau Hellmut und bin zur Pflege Ihrer Mutter da, junger Herr. Sie ist sehr krank. Sei ruhig, Sema!" herrschte sie den Knaben an, der zu ihr reden wollte und schlug mit dem Knöchel eines Fingers

roß gegen die Schläfe des Knaben, so daß dieser zu heulen
anfing

Als Agathon ins Zimmer kam, fiel ihm auf, daß seine
beiden Geschwister wie Wachspuppen auf der Bank saßen
und sich nicht rührten. Elkan Geyer starrte mit roten Augen
vor sich hin. Bisweilen erwachte er wie aus einer Betäu-
bung und rang stumm die Hände. Enoch saß schweigend
am Ofen. Agathon wollte nicht fragen. Voll Besorgnis
schritt er die Stufen hinauf, die vom Wohn- ins Schlaf-
zimmer führten und fand seine Mutter allein. Ihr Gesicht
war von einem grauenhaften Gelb. Sie lächelte so matt
und gezwungen, daß Agathon nach einer geflüsterten Frage,
die Frau Jette nur mit einem Zudrücken ihrer Augenlider
beantwortete, wieder hinausging.

Plötzlich kam Bärman Schrot mit der blauen Schürze,
mit schmutzigen Händen — geradewegs von seinem Acker.
Er deutete mit ängstlichen Bewegungen hinter sich: der
Schuster Garneelen, sowie der Schmied folgten ihm auf dem
Fuß. Sie kamen herein, der Schmied mit einem Hammer,
der Schuster mit aufgestreiften Ärmeln, beide mit Gesichtern,
die wie von Trunkenheit gerötet waren, und der Schmied
schlug mit dem Hammer auf die Lehne eines Stuhls, daß
sie krachend zerbrach. Mit schrillen Schreien flüchteten die
zwei Kinder in das Zimmer der Mutter, und gleich darauf
erschien Frau Jette im Bettgewand auf der Schwelle, einer
Leiche gleich und mußte sich am Pfosten aufrecht halten.
Der Schuster schrie, daß ihm seine Ersparnisse gestohlen
seien, und er werde dafür sorgen, daß in drei Tagen kein

Jud mehr lebe im Dorf, dafür werde er sorgen, man könne
sich darauf verlassen. Der Schmied heulte mehr, als er
redete, schlug mit dem Hammer blind um sich, wollte seine
zweitausend Mark haben, oder er haue alles zusammen vom
Dach bis zum Keller. Auf ein paar Jahre Zuchthaus käme
es ihm nicht an, ihm nicht. So schrien sie beide. Auf der
Gasse sammelten sich die Menschen, drückten die Gesichter
an die Fensterscheiben, drängten sich in den Flur, standen
unter der Türe, und endlich entschlossen sich ein paar ältere
Männer, den zwei Wütenden zuzureden und sie langsam
und durch Übermacht hinauszuschieben. Sie taten es jedoch
sichtlich mit Widerwillen, nur aus Mitleid mit dem entsetz=
lichen Bild der Frau, die steif und regungslos an der Schwelle
ihres Krankenzimmers stand, hinter sich zwei zitternde Kinder.

Als der Raum wieder leer von Menschen war, ver=
sperrte Agathon die Tür und sah seinen Vater prüfend an,
der in sich zusammengesunken, mit blauen Lippen hockte und
ein Gebet murmelte. Enoch Pohl sagte nichts; seine Züge
waren unbewegt. Er brachte seine Tochter ins Bett zurück,
puffte die Kinder die Stufen hinunter und stellte sich dann
mit dem Rücken gegen den Ofen.

Es klopfte an die Türe, erst leiser, dann stärker. Aga=
thon fragte, wer da sei; Gedalja war es. Agathon ging
hinaus, schloß den Laden ab und rief der Magd zu, sie solle
den Arzt zur Mutter holen. Aber die Stimme der Frau
Hellmut, die sich mit der Magd eingeschlossen hatte, ant=
wortete, sie mache nicht auf, sie könne nicht ihr Leben ris=
kieren bei diesen Zuständen.

„Ich hab's vorausgesehen," sagte Gedalja, beständig nickend, während er redete. „Werd ihn Gott beglücken dafor, den Herrn Baron Löwengard. Sin user fuszig Leit im Dorf, die um alles Geld kommen. Werd wachsen die Feindschaft, daß mer nit habn e friedliche Stund. Mich dauert nor sein Kind, nebbich. Is as wie e Rose zwischen die Dorner, die sticht sich stets un bleibt dennoch in ihrer Farb. Elkan, du dauerst mich aach. Hast dich abgeschunden 's ganze Leben, hast gesammelt en übrigen Heller für die Kinder un jetz is es weg. Du bist der beste Mensch, den ich kenn, aber Mark haste kaans in die Knochen. Da sitzte jetz un starrst. Zu was? Bin ich worn gestraft un hab verloren alles, was der Mensch nötig hat for sein Alter. Sitz ich da un starr? Müßt ich nit starren und erstarren, wenn mein eigen Fleisch und Blut is geworn zum Bösewicht? Vall is es aus, das Töpfche Leben, ausgeleert un ausgeschütt, nachher gitts nix mehr zum Starren."

Am Nachmittag kam Pavlovsky der Gendarm und ein Gerichtsschreiber. Alle erschraken. „Enoch Pohl!" rief der dicke Pavlovsky und erhob die Augen nicht von dem Papier in seiner Hand. Ein Todesschweigen folgte, worauf der Gendarm einen Verhaftsbefehl wegen betrügerischen Wuchers verlas. Pavlovsky war noch nicht zu Ende, als Elkan Geyer von seinem Sitz auf die Erde sank und, wie ein Wurm sich windend, hilflos zu schluchzen begann. Agathon konnte es nicht sehen und wandte sich ab. Seine Geschwister stürzten sich über den Vater und begannen jämmerlich zu heulen; Frau Hellmut kam herein und schrie laut auf, Sema faltete

stumm die Hände und seine Augen waren für einige Se=
kunden förmlich gebrochen. „Mutter," murmelte Agathon
verstört, als er vom Krankenzimmer her ein beängstigendes
Stöhnen vernahm. Er sah hinaus auf die Gasse, wie ein
gefangenes Tier in den Wald sieht; er sah den grauen,
wolkenvollen Himmel und die Häuser, die unbeweglich stan=
den und wunderte sich, daß die Welt noch dasselbe Bild
der Ruhe und Herbstlichkeit bot. Pavlovsky hatte die Blicke
noch nicht von seinem Dokument erhoben; der Gerichts=
schreiber nahm seine große Brille ab und musterte Raum
und Menschen mit großen, verwunderten, wässerigen Augen.

Gedalja, der sich so zusammengekrümmt hatte, daß sein
Kinn die Knie berührte, richtete sich plötzlich straff empor
und rief: „Hab ich's nicht gesehen kommen? Elkan, hab
ich's nicht gesagt zum voraus? Hab ich nicht gesagt, der
Zugrundrichter werd kommen über ihn? Nu is geschändet
Gemeinde un Haus un Hof; un die Kinder wern habn zu
tragen an deiner Guttat, Enoch. Was is Vernunft, daß
se könnt bestehn vorm schlechten Gemüt? Haste abgestreift
die Ehrfurcht wo d'r habn deine grauen Haare gegeben un
mußt hinwandeln in Sünd und Schand. O Enoch, Enoch,
hättste gehabt Erbarmen mit andere, hätteste aach gehabt
Erbarmen mit dir selber."

Der Gendarm führte Enoch ab. Agathon sah, daß er
keine Miene verzog. Etwas Starkes lag im Wesen dieses
Alten, das die Furcht nicht kannte.

Die Dämmerung brach herein. Agathon ging auf die
Straße und wollte gegen den Wald hinauf, als er Gud=

stiffer begegnete. Dieser zog ihn in den Schein einer
Hauslaterne und gab ihm einen Brief mit der stummen
Aufforderung, ihn zu lesen. Agathon erbleichte und legte
die Hand vor die Augen: das hatte er schon irgend
einmal erlebt, daß ihm dieser Mann einen Brief gab,
vielleicht in einem vergangenen Leben, vielleicht in einem
Traum.

Langsam entfaltete er das vergilbte Papier und las beim
Scheine des armseligen Lichtes: „Mein Liebster, das kann
ich nicht, was du von mir forderst. Ich bin keine freie
Frau, kein freies Mädchen. Ich bin nicht geboren, daß ich
so hoch fliegen kann, bis zu dir. Aber meine Liebe ist in
mir und will nicht vergessen, dich nie vergessen. Doch muß
ich dich lassen, denn ich kann nicht tun, was du willst. Ich
weiß nicht, welches Leben noch vor mir liegt, aber kann es
nicht sein, daß das Kind, dessen Seele noch in meinem Leib
schläft, mich deshalb anklagen würde? Darum leb wohl und
werde glücklich. Deine Jette Pohl.“

Agathon wußte zuerst nichts anzufangen mit diesen
Worten. Dann zuckte er zusammen wie unter einem Schlag
und flüsterte: „Meine Mutter?“

Gudstiffer nickte und erwiderte: „An meinen Vater.“

„Und warum zeigen Sie mir das!“ rief Agathon voll
Kummer.

„Warum? Das weiß ich selbst nicht. Vielleicht nur,
um Ihnen zu zeigen, wie das Leben ist. Wie im Schau=
spiel geht alles. Ein Kobold hält uns an einem Faden und
läßt uns genau so weit tanzen, wie er will.“

Agathon sah verloren in die breite Mauer der auf=
geschichteten Ziegelsteine, die sich für seine Blicke öffnete wie
ein Sesam und ihn Jahre und Jahrzehnte zurückschauen
ließ. Das war seine Mutter! Und wozu hatte sie das
Leben gemacht! Hatte seine Mutter das empfinden können?
Und wo war es nun hingeschwunden, das alles, wohin?
Er begriff es nicht.

„Ich weiß, was Sie denken,“ sagte Gudstiffer und fuhr
mit seiner Lust an Weisheiten fort: „Es gibt nur zwei Wege
für einen Menschen, — auf den Berg oder ins Tal. Droben
ist er allein und vergeht, wenn ihn seine Seele im Stich
läßt, unten wird er gemein. Doch reden wir von etwas
anderem. Wissen Sie, daß das Gericht noch immer Nach=
forschungen hält wegen des plötzlichen Todes von Sürich
Sperling? Eine Zeitlang glaubte man an Vergiftung. So=
gar Ihr Vater kam in vorübergehenden Verdacht. Ein ge=
wisser Rosenau hat den Untersuchungsrichter darauf geführt.“

„Was —?“ schrie Agathon und schlug die Hände zu=
sammen.

„Ihr Vater ist sogar einvernommen worden. Wissen
Sie das nicht? Natürlich konnte er sich glänzend recht=
fertigen, aber irgendwer sagte mir gestern, daß er seitdem
von Furcht gepeinigt würde. Er ängstigt sich vor allen Ge=
danken, die er früher einmal gegen Sürich Sperling hatte.“

„Mein Vater? Das sagen Sie wirklich? Und das ist
wahr?“

„Ob es wahr ist, weiß ich nicht. Ich glaube, derselbe
Rosenau erzählte es spöttisch im Wirtshaus.“

13*

„Nein, nein, es ist nicht möglich.“

„Weshalb regen Sie sich auf? Ich habe einen ziemlich
sonderbaren Fall erlebt. In einer Familie kam ein Ring
abhanden. Ich kenne die Familie, es sind Juden. Ein
Verwandter, den ich auch kenne, Eduard Nieberding, war
zu Gast. Als nun alle den Ring suchten, wurde Nieberding wie gelähmt. Denn er war vorher allein in dem
Zimmer gewesen, wo der Ring aufbewahrt war. Beachten
Sie wohl, es konnte nicht der Schatten eines Verdachtes
auf ihn fallen, er ist selbst ein reicher Mann, aber er be-
teiligte sich nicht am Suchen, damit man nicht glaube, er
suche nur deshalb, um zu zeigen, daß er den Ring nicht
habe. Er wähnte sich beargwohnt, und er bildete sich schließlich so fest ein, jeder vermute ihn als den Dieb, daß er
fürchtete, man könne den Ring in seiner Tasche finden, wenn
man nur hineingreife. Schließlich ergab es sich, daß die
Katze den Ring fortgeschleppt hatte. Aber Sie sehen daraus,
wie verwickelt alles ist. Unsere Seele, sie glaubt oft nicht,
was die Hand tut.“

Als Agathon sich von Gudstiffer verabschiedet hatte und
dem Haus zuschritt, sah er auf einmal Sema Hellmut neben
sich gehen. Er sah des Knaben fragende Augen mit einem
Blick voll Ergebenheit und Hingabe auf sich gerichtet.

Agathon wunderte sich über das bedürftige Anschmiegen
des Knaben. Aber er dachte daran nur halb. Der andere
Teil seines Nachdenkens war der Ringgeschichte gewidmet,
seinem Vater, seiner Mutter, dem Schicksal, das über ihm
hing wie die Wolken und alles dunkel machte, gleichwie die

sich mehrende Finsterniß des Abends von den Wolken aus-
zufließen schien.

Daheim fand Agathon eine friedlichere Stimmung.
Müßig wandelte er in den Garten. Ein kalter, feuchter
Wind ging. Er hörte es rascheln wie vom Graben eines
Spatens. Plötzlich sah er seinen Vater schaufeln. Elkan
keuchte und grub ruhelos, bald hier, bald dort, — ein Schatz-
gräber. Es war unheimlich anzusehen. „Was tust du,
Vater?" fragte Agathon.

Elkan ließ den Spaten sinken, stützte sich darauf und
Agathon sah trotz der Dunkelheit sein fahles Gesicht leuch-
ten. „Agathon, Gott hat seine Hand abgezogen von uns
und sein Antlitz verhüllt. Aber wir dürfen nicht murren.
Gepriesen seist du, Ewiger, der du des Vergessenen gedenkst."
Elkan betete ein Lobgebet.

„Vater," sagte Agathon, „ich darf nicht mehr in die
Schule. Ich bin davongejagt worden, obwohl ich nichts
Schlechtes getan habe."

Elkan Geyer warf den Spaten weg und lehnte sich an
den Zaun. Nach einem langen Schweigen tappte er ins
Haus. Agathon blieb, nahm die Mütze ab und gab das
Haar den Winden preis. Die Nacht öffnete ihm ihre dunklen Wunder, unvorhanden für andachtlose Augen. Er glaubte
in einem Tempel zu sein, doch erkannte er den Gott nicht.

Gegen acht Uhr kam Doktor Schreigemut und sein
Gesicht war sorgenvoller als sonst. Agathon sah die Augen
Semas beständig auf sich gerichtet; sie folgten jeder seiner
Bewegungen.

„Gerrufen seist du Ewiger, der du des Vergessenen gedenkst," murmelte Elkan.

„Die Welt ist gar groß und hat viele Sterne und viele Erden, Elkan," sagte Gedalja. „Worum soll er nit vergessen an den Gedalja, nit vergessen an den Elkan? Elkan is brav, aber worum soll er nit vergessen an die Braven, wenn er hat so viel zu bessern an die Sünder? Wenn de tot bist, waaßt de nix dervon und in deiner Sterbestund kannst de dir ausdenken, du hättst gelebt e großes Leben, e reiches Leben un nit e Elkanleben. Gehängt is gehängt, mit'n Strick oder mit'n Goldfaden hat mei seliger Onkel g'sagt. E weiser Mann."

Agathon schlief nicht in der Nacht. Seine Seele war heiter, und erregt sah er in die Finsternis. Er hatte ein Gefühl, wie oft, wenn er ein Geschenk erwarten durfte und ungeduldig war, es zu sehen. Die Nacht war unbewegt, nur selten gestört durch das Heulen eines Hundes. Als es drei Uhr schlug, kam der Mond und warf ruhige Lichtflecke in den Raum. Mit diesen Strahlen wurden die Figuren in Agathons Sinnen lebendiger und verklärter. Sie brachten ihm Reichtümer, von denen er nicht begriff, daß er sie je hatte entbehren können, er fühlte sich wachsen und es war, als hörte er einen Ruf über die Felder hinschallen, der ihm galt: lang und eindringlich.

Am folgenden Vormittag brachte der Pedell Dunkelschott ein Schreiben des Rektorats und des Kantors der Schule für Elkan Geyer. Er verlangte den Weglohn und trollte ins nächste Wirtshaus. Elkan setzte sich an den Tisch

und las. Kaum war er damit zu Ende, als er aufschrie
wie ein Gefolterter. Gedalja ging zu ihm, aber Elkan
ließ sich nicht halten, sein Gesicht wurde blaurot, er fiel
über Agathon her, preßte die Hände um seinen Hals und
hätte ihn erdrosselt, wenn nicht ein furchtbarer Angstruf aus
dem Krankenzimmer ihn zur Besinnung gebracht hätte. „Aus
meinem Haus, du Christ!" röchelte er und stieg schwankend
die Stufen zum Schlafgemach hinauf.

Gedalja strich langsam und nachdenklich über Agathons
Haar. „Was hast getan?" murmelte er. „Der sanfte
Mann, der sanfte Elkan is geworden e wildes Tier. Die
Welt is nimmer ganz. Es is was los in der Welt un
mier stehn da wie die hilflosen Kinder." Er nickte; Agathon
lehnte die Stirn an seine Schulter.

„Zum Doktor! Zum Doktor!" kreischte plötzlich die
Pflegerin und rannte fort. Elkan stand gebrochen auf der
Schwelle und sagte: „Sie stirbt. Schemaa Jisroel adonai
elohim adonai echot."

Agathon richtete sich auf. Sein bleiches Gesicht war
plötzlich von einem überirdischen Feuer erfüllt, das alle mit
Bestürzung und Scheu gewahrten. Die heulenden Kinder
sahen ihn an und waren auf einmal ruhig. Er ging ins
Zimmer der Mutter, an Elkan vorbei, der sich zusammen=
duckte wie vor einem Pestkranken, und trat an das Lager
der Mutter. Sie röchelte. Ihre Augen blickten matt, leb=
los, stumpf, suchten gleichsam den Tod. Agathon sah nicht
dies Bild. Er sah die jüngere Mutter, die entsagt hatte,
geliebt, verloren hatte und nun unter der schweren Bürde

der Tage erlegen war. Er nahm ihre Hand und begegnete
ihren Augen. Er legte seine Hand auf ihre verfallene
Brust, gegen die das Herz verlöschend klopfte. Er wünschte,
das Fenster möge offen sein und da öffnete es jemand, als
ob es eine unsichtbare Hand wäre. Seine Brust war zum
Springen voll, er wußte nicht ob vor Schmerz oder vor
verhaltenem Jauchzen. „Werde gesund, Mutter, wache,
Mutter, du bist nicht krank, du darfst nicht sterben." Er
kannte seine Stimme nicht mehr, sie war ihm etwas Neues;
die Kraft, die seinen Körper aufatmen und sich aufrichten
ließ, als wäre eine unerhörte Last von ihm genommen, erhellte seine Augen mit einem himmlischen Glanz. Und das
Feuer schien in den Körper der Kranken überzuströmen;
sie lächelte plötzlich unter seiner bebenden Hand, sie seufzte
erleichtert auf, sie drückte mit den schwachen, fleischlosen
Fingern seine Hand und rief seinen Namen. Und je länger
er die erloschenen Züge ansah, je mehr belebten sie sich in
einer geheimnisvollen Weise, — bis sie frei, mild und
hoffnungsvoll schienen. Und als der Arzt kam, hereingeleitet
von der Pflegerin, richtete sich Frau Jette zu dessen Erstaunen empor, legte den Kopf auf den aufgestützten Arm
und lächelte dem Doktor und ihren Kindern mit dem in-
brünstig strahlenden Lächeln einer Genesenden zu.

Neuntes Kapitel

Novemberstürme!

Bojesen schritt durch die leeren Gassen und der Umhang seines Mantels wehte hoch empor. Sein Hut flog vom Kopf, rollte hin über die Steine und blieb vor dem Eingang zum „siebenten Himmel" ruhig liegen, wie ein Pferd, das seine Station kennt. Bojesen hob ihn gemächlich auf und trat in das Lokal, das voll Menschen war. Er nahm Platz, bestellte Bier und wandte bald keinen Blick mehr von der Bühne. Über eine nächtige Landschaft schien ein kunstloser Mond; ein Ritter wandelte an einem primitiven Wasser und streckte bisweilen den Arm aus. Da öffneten sich die unglaubwürdigen Wolken und eine Erscheinung stand zwischen ihnen: Luisina. Der Ritter verzweifelte, diesem geliebten Bilde jemals nahe zu kommen, warf sich auf die Erde und gab vor, zu weinen. Da erhob sich ein Zauberer aus einer mangelhaften Versenkung, oder es war Satan selbst, wies ein Pergamentum vor und befahl dem Ritter, ihm seine Seele zu verschreiben. Das tat der Ritter, darauf schwebte die schöne Luisiana aus den Wolken herab, die Nacht war beendet, Wasser und Mond verschwunden, Mädchen mit wilden Haaren stürzten auf die Szene und zerrten junge Männer hinter sich nach. Nun begann das Publikum mitzuspielen. Ein langhaariger Mensch saß am Klavier und entlockte dem unwilligen Instrumente eine Folge von schrillen Harpeggien im Walzertempo. Der Glühende erschien mit emporgehobenen Armen und ekstati=

schen Begeisterungsausbrüchen, die Köchin kam und schrie,
sie könne das Wasser zum Punsch nicht kochen, denn der
Wind fahre stets in den Schlot und lösche das Feuer aus.
„Nimm das Feuer meiner Brust, Aglaia!" heulte der
Glühende. Ein Mann mit langem Haupthaar war da, den
man Barbin nannte und der sich ängstlich gebärdete, obwohl
er zugleich den Übermütigen zu spielen versuchte. Sein
Äußeres wie sein Wesen deuteten auf eine jener zwecklosen
Existenzen, wie sie die Städte hervorbringen, eines jener
unglücklichen Geschöpfe, für die die Zeit eine käufliche Dirne
ist, da sie ihnen ohne Münze nichts gibt, womit sie ihr
Leben verkürzen können. Dieser Barbin wandte sich bisweilen an den Glühenden, als flehe er ihn um Schutz an,
und suchte dies durch ironische Worte zu bemänteln, die aber
von dem tollen Jauchzen auf der Bühne verschlungen wurden.

Plötzlich sah Bojesen sich gegenüber Luisina sitzen. „Nun,
da sind Sie ja wieder," redete sie ihn spöttisch an. „Was
wissen Sie Neues? Warum sind Sie so finster, nachdenklich, schwermütig? Wer sind Sie? Was wollen Sie?"

„Verzeihen Sie, daß ich Frage mit Frage beantworte:
warum würdigen Sie mich Ihrer Beachtung, Madame?"

„Das will ich Ihnen erklären. Mir ist, als spräche ich
in Ihrer Person zur ganzen sogenannten guten Gesellschaft.
Ich habe auch dazu gehört und kenne Blicke und Gesichter.
Aber so war es um mich bestellt, daß ich gezwungen war,
hier, wo sonst das Niedrigste und Schmutzigste zu treffen
ist, mich selbst zu suchen und zu finden. Was soll ein armes
Weib tun in eurem Kreis von schalen Vergnügungen, von

ekeln und zehnmal wiedergekäuten Genüssen? Was soll sie
tun, da sie erst anfängt, unter Menschen zu zählen, wenn
sie heiratet? Was kann sie dafür, wenn sie in einer Welt
lebt, wo jeder darauf stolz ist, wenn er ein wenig unglück=
lich ist? wo die Lebensfreude beim Verlust der bürgerlichen
Ehre anfängt? Sagen Sie selbst! reden Sie doch! Ach,
Sie haben ein Gesicht, dem ich eigentlich vertrauen könnte.
Glauben Sie mir, nicht die Not allein ist schuld an dem Fall
so vieler Frauen, sondern die Sehnsucht, ja, die Sehnsucht.“

Sie schwieg. Sie stützte den Kopf in die Hand und
sah lächelnd hinein in den Qualm. Der Glühende sprach
nur noch in Versen, Barbin blieb wie besessen auf das
Instrument ein und gab seinem Körper einen erschreckenden
Ruck, wenn er vom Fortissimo in ein effektvolles Piano
heruntersprang. Einige Paare tanzten, plötzlich wurden die
Gaslichter zu halber Höhe herabgedreht, Barbin hörte auf
zu spielen, die Tanzenden blieben stehen und flüsterten:
„Die Dämonen“.

Auf der Bühne erschienen in einem matten, grünen
Licht vier Männer mit grünen Gesichtern und düstergrünen
Gewändern, so enganschließend, daß sie wie nackt aus=
sahen, und begannen ein phantastisches, unheimliches Spiel.
Wie Fische im Wasser, so bewegten sie sich in der Luft;
ihre Füße schienen des festen Grundes nicht zu bedürfen,
ihre Glieder schienen an kein anatomisches Gesetz gebunden.
Bald schienen sie alle ein einziger Leib zu sein, der sich in
entsetzlichen Krümmungen wand, bald war der eine einem
leblosen Klumpen gleich, wurde von unsichtbaren Händen in

die Luft geschleudert und fiel krachend auf die Bretter zurück. Bald waren sie wie eine Meute von Hunden, denen
der Jäger aus der Ferne pfeift, bald glichen sie Würmern
und krochen auf unbegreifliche Art an den Kulissen empor.
Als Bojesen den Blick abwandte, sah er in geringer Ent-
fernung, im Dämmerlicht, Luisina stehen. Sie schien ihn
lange beobachtet zu haben. Nun winkte sie ihm zu und
wandte sich dann nach der Türe, als sie sah, daß er ihr
folgen würde. Sie hatte einen Pelzmantel umgeworfen und
ein blauseidenes Tuch um den Kopf geschlungen und ihre
großen Augen sahen mit einem ungewissen Glanz, doch voll
Entschlossenheit in eine weite Ferne.

„Man hat mir verraten, daß Sie der Lehrer Bojesen
sind," sagte sie, als sie auf der Straße waren; „ich habe
oft von Ihnen gehört, ich kenne Ihre pädagogischen Schriften
und bin froh, daß meine Sympathie nicht grundlos war.
Wundern Sie sich nicht über das, was ich jetzt vorhabe.
Ich brauche einen Zeugen, ein Urteil, eine Stimme, einen
Blick, der mich billigt, ein Ohr, das sich nicht böswillig
verschließt; denn noch Einmal heute will ich tun, was mein
Herz fordert, und sehen, ob ich das Tor zu eurer Welt für
ewig hinter mir zuschlagen muß."

Welch eine Nacht! dachte Bojesen. Es herrschte nicht
eigentlich Dunkelheit und auch nicht Helligkeit, es war eine
jener seltsamen Herbstnächte, in denen sich alles Leben der
Natur verinnerlicht zu haben scheint. Es fehlten auch jene
Stimmen, jenes unbestimmte Geräusch, das wie ein auf-
bewahrtes fernes Echo des Tages ist. Der Wind hatte sich

gelegt. Der Mond, eine unvollendete Scheibe, lag in einem
graugelb schimmernden Flaum von Wolken und sah ver=
quollen aus, wie Farbe auf feinem Fließpapier. Das Leben
war von den Straßen wie fortgeblasen. Die Häuser mit
den dunklen Fenstern und den weißen Gardinen sahen aus,
als ob sie schliefen; Bojesen konnte die Straße entlang
blicken bis an die Grenzen des Horizonts, und diese unbe=
wegte Linie hatte etwas Beruhigendes.

Luisina schritt rasch dahin, hastig atmend, offenbar noch
mit ihren Entschlüssen ringend. An einem vornehmen Haus
jenseits des Bahndammes machte sie endlich Halt, drückte
dreimal wie in verabredeten Pausen auf den elektrischen
Knopf und eilte dann die teppichbelegte Steintreppe empor.
Aus einer Türe kam ein junges Mädchen, dessen Gesicht
alsbald das größte Erstaunen ausdrückte. „Jeanette!" rief
sie aus. „Ist Nieberding zu Hause?" fragte Jeanette=
Luisina bebend. — „Nein, Eduard ist noch nicht da," ent=
gegnete das Mädchen bestürzt und schüchtern und blickte
furchtsam auf Bojesen, der nichts zu sagen, ja nicht einmal
sich zu bewegen wußte.

„Ach Cornely!" rief Jeanette und faßte mit beiden
Händen nach der dargebotenen Hand des Mädchens.

„Komm doch herein, Jeanette. Willst du auf Eduard
warten? Es ist alles so sonderbar, was du tust," sagte
Cornely mit einer leisen, kindlichen Stimme. Sie hatte
stets ein schwaches und undeutbares Lächeln auf den Lippen;
aber hätte man ein Tuch über den Mund gebreitet, so wäre
ein Ausdruck von Schwermut, mehr als Schwermut ge=

blieben. Sie machte den Eindruck eines Geschöpfs, das durch einen Zustand vollständig betäubt ist und sich nur bestrebt, die Gedanken geheim zu halten.

Bald saßen sie im Salon, bei mattem Licht, das durch gelbrote Seidenschirme schimmerte und in den Ecken zu verfließen oder zu der allgemeinen Nacht draußen zu streben schien.

Bojesen befand sich in einem Zustand fast zorniger Erwartung. Er konnte sich dem vibrierenden Wesen Jeanettes nicht entziehen. Er dachte wieder an sein eignes Weib, das, er wußte es, zu Hause in kurzen Zwischenräumen zur Treppe lief, mit der kleinen Lampe hinunterleuchtete, von jedem Schritt auf der Gasse aufgescheucht wurde wie ein Vögelchen und auf ihn wartete, wartete.

Als Jeanette den Mantel abwarf, weil es ihr zu heiß wurde, stand sie da im Theaterkostüm, sah ins Kaminfeuer und ihre Nasenflügel blähten sich gierig. Cornely stieß einen dumpfen Schrei aus und faltete die Hände.

„Wie lange willst du noch so bleiben, meine arme, kleine Cornely?" sagte Jeanette. „Soll ich recht behalten von damals her, als ich dich beim Pfänderspiel zur alten Jungfer machte?" Etwas Triumphierendes lag in ihrem Gesicht.

„Selbstüberwindung ist die größte Freiheit," erwiderte die Bleiche mit ihrem sanften Lächeln.

Die Haustüre wurde zugeworfen, schlürfende Schritte wurden laut, und Bojesen glaubte eine wallende Erregung in Jeanette mitzufühlen. Ein junger Mann trat ins Zimmer und blieb versteinert stehen, weiß wie Leinwand. Er war schlank, groß und bartlos, hatte dicke Lippen und eine dicke Nase, tiefliegende, etwas gerötete Augen und einen eigenen Zug von Adel und Feinheit im Gesicht. Das feinste waren seine Hände, sie waren lang= und zartlinig wie gotische Bögen. Cornely schlich geräuschlos davon.

„Du bist erstaunt, wie ich sehe," flüsterte Jeanette. „Dieser Herr, Herr Bojesen, du kennst ihn vielleicht, ein Freund von mir, hatte die Güte, mich zu begleiten. Er ist von allem unterrichtet. Ich will, daß er bleibt, und ich will, daß du so bist, als ob er nicht da wäre."

Eduard Nieberding senkte den Kopf. „Rede! Was willst du? Ich begreife nichts von allerem."

„Wie solltest du auch begreifen!" erwiderte Jeanette leidenschaftlich. „Du, der eher begreift, was auf dem Mond vorgeht, als in der Seele einer Frau! Du! Bist du es nicht, der das erfunden hat von der keuschen Liebe? Der diese eisigen Dinge von Resignation und kühler Anbetung und von der unsinnlichen Macht des Schönen oder wie du es nennst im Munde führt! Rede du! Rede! Hast du mich nicht irre gemacht an allem, was strahlt in der Welt und was warm ist?"

„Verschone mich, Jeanette! Wie töricht von dir! Warum in der Gegenwart eines Fremden? Was tust du!"

„Ich will es dir sagen. Hier ist ein Mann. Ich glaube, Bojesen, Sie sind ein Mann. Ich frage Sie nun, — und dazu sind Sie hier, daß Sie mir auf Ihr Gewissen ant= worten, ich frage Sie: kann ein Mann ein Weib lieben, wenn er sie bittet, gehe fort von mir, damit meine Liebe größer und mein Gefühl reiner wird? Der sie bittet, küsse mich nicht, denn sonst begehre ich dich und das würde meine Liebe verringern —? Ich will von dir träumen, so spricht er, ich will von dir träumen, aber ich will dich nicht besitzen, denn der Besitz macht arm ... Liebt ein solcher Mann?"

„Jeanette!"

„Was sagen Sie dazu, wenn ein Mann der Frau, die er zu lieben beteuert, den Rat gibt, einen andern Mann zu heiraten, nur damit sie ihm begehrenswerter erscheine? Reden Sie, Bojesen, reden Sie! Vielleicht finden Sie ein Wort der Erklärung oder der Entschuldigung, damit ich Ihnen danken kann."

Eine lange Pause entstand.

„Wenn ich nun reden muß, und wenn dies alles vorgefallen ist," sagte Bojesen langsam und betrachtete mit Trauer die schwammigen, nervösen Züge des jungen Mannes, „dann ist es gewiß erstaunlich, aber es liegt in der Zeit. Ja, es liegt in der Zeit. Mit welchem Wort Sie es nennen wollen, ist gleichgültig. Es ist all dies Mystische und Schwächliche, das über uns gekommen ist wie eine Krankheit, daß wir nicht mehr wissen, was Kraft oder Roheit oder wahrhafte Scham oder Unnatur ist. Sie sind Jude, Herr Nieberding, wie? Nun, Ihr Volk ist es, das uns dies Geschenk gemacht hat, Ihr arbeitsames, intelligentes, stets an Extremen bauendes Volk. Sie lieben nicht das Weib, sondern Sie lieben die Liebe, nicht die Selbstbetrachtung und Selbstvervollkommnung, sondern das Quälerische, Zerstörende, Er-

niedrigende, alles, was Sie zum Märtyrer macht. Es gibt
viele von Ihrer Art. Flagellanten, unsere Flagellanten, und
der Gott, vor dem sie sich geißeln, ist das wohlbekannte
Ich, diese Phrase von der Individualität, vor der jetzt alles
auf den Knien rutscht. Und wenn ich sage, die Juden sind
schuld, so ist es keine gedankenlose Anschuldigung. Nicht
jene alten Juden, die noch fromm sind, sie sind entweder
ehrwürdig oder komisch; nein, die sogenannten modernen
Juden, die vollgesogen sind mit dem ganzen Geist und der
Überkultur des Jahrhunderts, sie sind es, die mit ihrer
menschlichen Düsterkeit und geistigen Schärfe ein Pseudo-
christentum aufrichten mit Gefühlskasteiungen, fleckenloser
Liebe und dergleichen. Ich weiß es nur zu gut, es ist ein
altes Erbe Ihres Volks."

Nieberding erhob sich zitternd, trat auf Bojesen zu und
flüsterte: „Herr —!"

Bojesen hielt seinen Blick ruhig aus und schwieg.

„Ich habe ihn geliebt," sagte Jeanette leise und sah
gedankenvoll vor sich hin. „Weißt du, wozu ich nun geworden bin?" fragte sie laut und fest.

Nieberding, der jetzt am Fenster stand und unbeweglich
hinaussah, wandte sich um und sagte: „Jeanette, du hast
niemals eine Schätzung gehabt für das edle Gestein und
für seltene Menschen. Aber daß du zu solchen Mitteln
greifen mußt! Wie überflüssig und theatralisch! Seine
einleuchtenden Erläuterungen mag sich dieser Herr für den
Hörsaal sparen. Mag ich sein, was ich will, ein Flagel-
lant oder ein Bacchus, damit die Ausdrucksweise des Herrn

zu Ehren kommt, du hattest gegen meine Gefühle gewiffe Pflichten, mehr will ich nicht sagen. Ich trinke das Leben aus den Tiefen, wo andere Leute nur Finsterniß gewahren, ich finde Genüffe, wo andere nur Narrheiten sehen, — gut, laß mich so sein. Geh' jetzt fort und laß mich allein."

Jeanette hatte kein Auge von ihm gewandt. Nun ging sie hin, legte ihren Mund auf den seinen, und so blieben sie minutenlang. „Und nun leb wohl," sagte Jeanette, „wer weiß, wo wir uns wieder finden."

„Im Kot oder bei den Sternen," entgegnete Nieder= ding trübe lächelnd.

An der Treppe stand Cornely. „Was war es?" fragte sie haftig mit einem scheuen Seitenblick auf Bojesen.

Jeanette schüttelte den Kopf; ihre Augen standen voll Tränen, zugleich lächelte sie in einem wunderlichen, frauen= haften Trotz. „Du weißt alles, was geschehen ift, gute Cornely. Du ahnft es. Du weißt, was mein Vater ge= tan hat, daß er zahllose Familien um ihr Brot gebracht hat. Nun sollte ich eigentlich ehrlos sein. Aber ich habe mich losgeriffen von meinem Namen und von meiner Fa= milie, und was ihr Niedrigkeit nennt, nenne ich vielleicht Ehre, und was dir Selbftüberwindung ift, ift mir Feigheit und Furcht. Gute Nacht, Liebe."

Bojesen folgte ihr und ihm war, wie wenn er durch die Luft hinschwebte, wie wenn nichts mehr an der Erde wäre, was ihn festhalten könnte.

Es schneite. Große Flocken fielen hernieder. Ein fried= liches Fallen, ein lautloses Herabgleiten schimmernder Kri=

stalle. Plötzlich sagte Jeanette, indem sie ihre Schritte
hemmte: „Wissen Sie, woran ich denke? An die grünen
Dämonen vom siebenten Himmel. So ist die Welt, so
sind die Menschen; ein zielloses Hin= und Hergleiten, man
fürchtet, jeder könne den Hals brechen und jeder wird doch
wieder durch den andern getragen und beschützt. Und dann,
was ich nicht so recht ausdrücken kann: dies Spielen auf
die Wirkung oder so . . ."

„Ja, eigentlich ist das ganze Leben bloß ein Symbol,
und wir können nichts anderes tun, als alles, was uns zu=
stößt, symbolisch zu betrachten. Darum sind auch die Dichter
am größten, die das Leben möglichst vereinfachen."

Wieder entstand ein Schweigen. „Ach, die Dichter,"
sagte Jeanette dann nachdenklich und traurig. „Sehn Sie,
ich habe so viele kennen gelernt von den berühmten, denn
ich war mit meinem Vater in Berlin und mein Vater war
versessen auf die berühmten Leute. Da hab ich Dichter
kennen gelernt und manchen, bei dem mir vorher das Herz
geklopft hat. Aber wie schrecklich bin ich immer enttäuscht
worden! Ich habe mich immer gefragt: du lieber Gott,
wie konnten die Leute das oder das schreiben! In den
Büchern so große Gefühle, ein so kompliziertes Leben, und
als Menschen genau wie andere Menschen und so leicht
durchschaubar, so eitel, so abgemessen, so sparsam mit ihrem
Herzen, so vorsichtig mit ihren Worten. Ehrfurcht will ich
haben vor einem Dichter, ob er nun jung oder alt ist,
Ehrfurcht will ich haben."

Bojesen ging still dahin und lauschte mit glänzenden Augen.

„Sie wundern sich vielleicht über mich," fuhr sie fort und
schlug den Mantel fröstelnd zusammen. „Ich auch. Ich habe
stets geglaubt, wahnsinnig zu werden bei dem Gedanken an
das Gewöhnliche. Nur nicht gewöhnlich werden! nur nicht
irgendwo unten stecken bleiben! Nur nicht immer Anläufe
nehmen und dann beschämt zugestehen, daß man zu viel
gewollt hat. Nur fort, fort, von Ziel zu Ziel, selbst um
den Preis der Ruhe, der Ehre, der Gesundheit, des Lebens!
Auch ich will ein Symbol sein." Bojesen sah sie lächeln.
Er fragte, ob sie nicht seinen Arm nehmen wolle und wo
er sie hinführen solle.

Sie nahm den Arm. „Wohin? Ach, irgend wohin.
Sagen Sie, Bojesen, sind Sie nicht ein wenig Dichter?"

„Ich? Nein, ganz und gar nicht. Ich bin ein Mann
der Wissenschaft."

„Wie pedantisch! Kann man dabei nicht auch Dichter
sein? Ist nicht jeder ein Dichter, der eine Empfindung in
sich zur Gestalt machen kann?"

Sie waren an einer Allee, beschneite Bäume und be=
schneite Wege blickten ihnen entgegen. An einem zerstör=
ten Staket lagen Steine, Mörtelbehälter, Schaufeln, auf=
geschichtete Ziegel und dahinter stand ein unfertiger Bau
mit schwarzen Fensterhöhlen. Nur im Erdgeschoß brannte
ein Trockenofen und düstere Röte strahlte durch die Fenster=
scheiben, fiel auf die blätterlosen Sträucher und Bäume bis
über die Straße. Die beiden gingen an den Fenstern vor=
bei, schauten zufällig hinein und sahen vier Knaben um den
Glühofen kauern und mit den geröteten Gesichtern empor=

schauen zu einem jungen Menschen, der mit dem Rücken
gegen das Fenster stand und zu ihnen redete. „Agathon
Geyer!" flüsterte Bojesen erschrocken und auch Jeanette
war aufs höchste erstaunt. Bojesen hatte ihn sofort erkannt
an Gestalt und Bewegung. Als Agathon ein wenig seit=
wärts trat, konnten sie beide sein Profil sehen; gedanken=
voll und entschlossen sah er ins Feuer. Die Knaben schienen
Agathons Worte zu trinken, und es lag etwas Gläubiges
und Ergebenes in ihren Gesichtern; der Älteste, der etwa
sechzehn Jahr alt war, trug die Kappe der Waisenhaus=
zöglinge.

„Wir wollen gehen," sagte Bojesen leise, „es ist kalt."
Jeanette riß sich los und sagte im Weitergehen langsam:
„Es ist etwas Außerordentliches in ihm."

„Sie kennen ihn?" fragte Bojesen betroffen.

Jeanette nickte. Eine Viertelstunde darauf standen sie
wieder vor dem siebenten Himmel. Jeanette schaute hilf=
los umher und schien nachzusinnen.

In diesem Augenblick ging eine in einen dicken Pelz
vermummte Gestalt vorüber. Nur die Augen waren sicht=
bar, die boshaft funkelnd denen Bojesens begegneten. Bo=
jesen kannte diese Augen und wußte, was er von der Be=
gegnung zu halten habe. Er lächelte ergeben. Sie traten
ein. Barbin schlief auf dem Billard; die jungen Männer
in Trikot schliefen auf dem Podium, Liebespaare saßen
flüsternd oder stumpfsinnig in finstern Ecken, der Glühende
allein war noch wach. Er hockte an der Rampe mit weit
von sich gestreckten Beinen, die Stirn nachlässig in die ge=

rundete Hand gestützt, den Blick mit stillem Triumph in die Ferne sendend. Eine Schnapsflasche stand vor ihm auf dem Boden.

„Was sinnst du, Liebling der Götter?" fragte Jeanette, seine Schulter leicht mit den Fingern berührend, und jener deklamierte:

> „Wenn ich doch auf einem Felsen stünde,
> weit im Meer,
> und erlöst von meinen Träumen wär'!"

Dann zog er eine Mundharmonika aus der Tasche und begann ein Menuett zu spielen. Jeanette erhob sich, faßte den Rock mit den Fingerspitzen beider Hände und tanzte: lächelnd, berückend. Bojesen stand auf, ging hinab vom Podium in die Dämmerung des übrigen Raumes und stellte sich unter die Schläfer. In ihm erwachte eine heiße Leidenschaft und das Menuett, wie er es jetzt vernahm, fast wie hinter Mauern, hätte ihn beinahe aufschluchzen lassen. Er glaubte kaum, daß ihn mit solchen Gefühlen der Erdboden würde tragen können, so schwer war seine Seele von ihnen.

Er wandte zufällig den Kopf nach rückwärts und sah Jeanette hinter sich stehen. Sie blickte ihn verträumt und selbstvergessen an; ihre Augen waren jetzt von einem dunklen, undurchdringlichen Grün, und die roten Lippen gaben dem überaus bleichen Gesicht etwas von dem Wesen einer Fabelwelt. Langsam nahm sie ihn bei der Hand und zog ihn fort, hinaus in den finstern Gang und weiter

Zehntes Kapitel

Die strahlende Mittagssonne leuchtete, als Agathon von
der Höhe herabstieg ins Dorf. Zu beiden Seiten des
Wegs standen die Bäume im Schnee, spärlich behangen
mit braunroten Blättern. Weithin leuchtete die Schnee-
decke und bisweilen lag ein dunkles, mürbes Blatt gleich
einem großen Blutstropfen darauf. Als Agathon durchs
Dorf ging, grüßten ihn viele Leute mit scheuem Gruß.
Rasch hatte sich die Kunde verbreitet, daß Frau Jette durch
seine wunderbare Berührung gesundet war, und alle suchten
in seinem Gesicht, an seinem Wesen nach einem äußeren
Zeichen der inneren Kraft. Er fühlte sich Herr über diese
Kraft, gehoben und emporgetragen; alles was rein in ihm
war, hatte sich mit diesen Gefühlen vereinigt, und alles
Düstere und Kleinliche seiner Seele war abgestreift wie ver-
brauchtes Gewand. Er hatte ein altes Buch aufgefunden
und darin die Geschichte des Sabbatai Zewi entdeckt. Mit
durstigen Augen las er sie. Wie wußte er gut zu scheiden
unter dem Wahren und Erlogenen, dem Phantastischen und
Tiefsinnigen! Wie sah er durch die Person des falschen Propheten in die Seele der Menschen, die nicht dem beharrlichen
Ernst sich beugen, nicht der beweglichen Stimme des mit-
leidenden Beraters, sondern dem prunk- und goldstrotzenden
Worthelden, dem Halboffenbarer, dem, der mit ihrer Begeisterung spielt und dann achtlos über ihre Leichen schreitet.
Aber noch fehlte all diesen Dingen der tiefere Bezug auf
sein eigenes Tun, und er fand sich in der Welt mit einer

Binde vor den Augen, des gütigen Lösers harrend. Es war nichts von Prophetentum oder Prophetenwollen in ihm. Das reiche innere Leben verlieh seinen Zügen etwas Leuchtendes, doch er fand sich klein neben einem geträumten Bilde von sich selbst. Mehr als sonst waren seine Nächte belebt von schwülen Bildern: nackte Frauen, die ihn neckten, die ihn zu sich zogen, ihn umarmten, ihn verlachten. Wie oft sprang er auf vom Bett und trat ans Fenster, um durch die Kälte sein Blut zur Ruhe zu bringen. Wie oft schaute er bittend in den schwarzen Nachthimmel mit den klaren Wintersternen und erwartete, daß das Gewölbe sich zu einer freundlichen Vision öffne. Dann suchte er seine Gedanken abzulenken, dachte an die große Welt und an die Buntheit der Ereignisse in ihr, die nur wie ferner Marktlärm hereinklangen in das kleine Leben, das er lebte.

Es gab zwei Wesen im Hause, die ihn oft und viel beschäftigten. Das eine war Frau Hellmut, das andere Sema. Jene hatte das Schreckhafte, das sie anfangs für ihn gehabt, verloren. Doch ihre ganze Art hatte etwas von einem Irrlicht. Ruhelos, beständig redend, beständig geschäftig ging sie umher, obwohl schon lange nichts mehr für sie zu tun war, obwohl sie nicht bezahlt wurde und auch kein Geld dazu dagewesen wäre. Bevor sie nicht zu anderen Leuten gerufen wurde, lebte sie hier billig und „ein Maul mehr macht den Tisch nicht leer", sagte Gedalja. Oft saß sie dann wieder und sprach kein Wort; ihre Augen quollen unter den entzündeten Lidern hervor, sie lächelte in wahnsinniger Weise vor sich hin, nickte und atmete wie beglückt

tief auf. Agathon pflegte sie bei solchen Gelegenheiten genau
anzublicken, und es wollte ihm scheinen, als ob diese Frau
einmal sehr schön gewesen wäre: vielleicht nur einen Tag
lang schön, in der Seele und am Körper, um sich dann weg=
zuwerfen für eine vorüberrauschende Stunde. So dachte er
oft über die Menschen, indem er sie in der Vergangenheit
wirken, oder in einer bestimmten, von ihm selbst erfundenen
Situation handeln sah.

Mit Sema wußte er nichts anzufangen. Voll ängst=
licher Fürsorge achtete der Knabe auf alles, was Agathon
tat, suchte ihm jeden Wunsch von den Augen abzulesen,
schleppte einen Stuhl herbei, wenn Agathon stand, brachte
ihm den Löffel, der bei der Suppe fehlte, schlich in eine
Ecke, um zu weinen, wenn ihm jener etwas abschlug, und
als Gedalja und Frau Jette einmal in Agathons Abwesen=
heit ernstlich über seinen Lebensberuf Rat hielten, hörte
Sema zu und fing auf einmal an zu schluchzen. Es war
mehr als eifersüchtige Verliebtheit in ihm, es war Anbetung,
ein Sichverlieren und Sichauflösen, der Wunsch, nichts zu
sein vor dem vergötterten Freund.

Einmal wanderten beide von der Stadt nach Hause,
als sie einem der Waisenhauszöglinge begegneten, einem
etwas verwachsenen Knaben mit äußerst abgehärmtem Ge=
sicht. Er blieb eine Weile bei Sema und Agathon stehen,
betrug sich aber sehr einsilbig und schrak ein paarmal grund=
los zusammen. Später erzählte Sema, daß dieser Knabe
oft gezüchtigt werde, weil er die Gebete nicht auswendig
behalten könne; dabei erfuhr Agathon erst, daß Sema einige

Wochen im Waisenhaus zugebracht habe und daß es ihm
dort schlimm ergangen sei.

„Sind viele Knaben dort?" fragte Agathon.

„Vielleicht dreißig."

„Und sehen alle so unglücklich aus wie der, den du eben
gesprochen hast?"

„Fast alle."

„Werden sie denn hart bestraft?"

„Das nicht, aber sie müssen beständig beten und beten.
Im Winter sind die Zimmer kalt. Zu essen gibt es nicht
viel, die Lehrer sind lieblos und das Schrecklichste ist, daß
man schon um sechs Uhr früh aufstehen muß."

Agathon schwieg lange. Dann sagte er mit vertieftem
Ausdruck des Gesichts: „Man müßte mit den Knaben
sprechen. Man müßte ihnen gute Bücher geben. Man
müßte sie mit Hoffnung füllen. Worte sind mächtig. Man
müßte ihnen beweisen, wie herrlich das Leben ist. Kennst
du den Ältesten der Knaben?"

„Ja."

„Könntest du es möglich machen, daß er und vielleicht
ein zweiter in der Nacht mit uns kommen, wenn alle schlafen?"

„Ist das nicht gefährlich, Agathon?"

„Gefährlich? Gewiß. Alles ist gefährlich, wobei man
sich ein bißchen opfern muß. Bei Tag werden doch wahrscheinlich die Knaben überwacht?"

„Ja, sie müssen über jede Stunde Rechenschaft ablegen."

„Willst du mir also helfen?"

„Ja, Agathon."

„Ich weiß ein leeres Haus am Engelhardtspark, wo
seit einiger Zeit ein Trockenofen gebrannt wird. Dort wollen
wir uns treffen. Du müßtest die Knaben verständigen und
sie hinführen.“

„Ich tue, was du willst,“ sagte Sema, beugte sich
herab, suchte Agathons Hand und drückte sie an seine
Wange. Agathon erschrak.

Als sie durch das Dorf gingen, sah er seinen Vater im
Wirtshaus sitzen und mit Schmerz dachte er des üblen Ge=
redes, das über den Vater an sein Ohr gedrungen war.
Ja, man sprach Schlimmes über Elkan Geyer, nicht nur
wegen des verhafteten Enoch, nicht nur wegen des heid=
nischen Agathon; Elkan mußte eine unheimliche Schuld in
der Brust tragen, daß er halbe Tage lang in der Kneipe
hockte, sein Geschäft vernachlässigte, der Frau alle Sorgen
aufbürdete und dunkle Worte und Klagen verlauten ließ.

Zu Hause fand Agathon seine Mutter in gewaltiger Er=
regung. Keines Wortes mächtig, zeigte sie nach dem Garten
und er ging hinaus. Auf dem Nebengrundstück befand sich
die Estrichsche Ziegelei, die der neue Besitzer vergrößern
ließ. Es sollten Trockenschuppen gebaut werden, die Erde
wurde ausgegraben und die Arbeiter nahmen keine Rücksicht
auf den Geyerschen Garten, beschädigten den Zaun und
warfen Steine herüber. Frau Jette war schimpfend unter
sie gefahren, wurde aber verhöhnt und nun geschah, was
anfangs Achtlosigkeit gewesen, in böswilligem Trotz. Als
Agathon hinaustrat, schleuderte gerade ein junger Bursche
lachend einen Ziegelstein herüber. Ohne sich zu besinnen,

trat er durch eine Bresche des zerbrochenen Zaunes zu dem
jungen Menschen, und fragte: „Hast du eine Mutter daheim?"
Das Du und Agathons fester Blick verwirrte den andern,
der unter den Lärmendsten gewesen war. Er schlug die
Augen nieder und sagte nichts. „Rede nur", drängte ihn
Agathon, „gib Antwort"! Der Bursche lachte und wußte
nicht, wohin er den Blick wenden solle. Endlich schüttelte
er in unbestimmter Weise den Kopf. „Aber wenn du eine
hättest, würdest du sie beschimpfen lassen?" fragte Agathon
eindringlich; „nimm mal an, du hast daheim einen Garten,
und der Garten ist fast alles, was ihr habt, und es kommen
Leute, die sich ein Vergnügen daraus machen, den Garten
zu ruinieren, den Zaun umzureißen, die Beete mit Steinen
zu bewerfen, auf denen ihr im Sommer euer Gemüs' wachsen
laßt, ich glaube, du nähmst die erste beste Flinte und schössest
die Kerle zu Boden. Oder nicht? Sähst du vielleicht zu
und bedanktest dich? Und wenn es Juden wären, dächtest
du: es sind rechtgläubige Juden, man muß kuschen —?"
Der Bursche zeigte betreten die Zähne und spielte mit
einigen Zweigen des verdorrten Buschwerks. Die andern
hatten alles gehört und waren nach und nach still geworden.
Eine Stunde später waren die Steine aus dem Garten
verschwunden.

Frau Jette lehnte im Flur, als Agathon zurückkam
und blickte ihn starr an. Sie standen in einer dunklen Ecke
und ehe sich Agathon dessen versah, war die Mutter auf
einen Holzblock gesunken und schluchzte herzbrechend. Er
schwieg und blickte trüb herunter auf ihre kümmerliche Ge-

stalt; er fühlte wohl, was sie beweinte, und daß es sich nicht auf diesen Tag und nicht allein auf die letztvergangenen Tage bezog.

Gegen Abend, bei klarem Himmel und hindämmerndem Untergangsrot der Sonne ging Agathon fort. Als er in die Nähe von Frau Olifats Haus kam, sah er Stefan Gudstikker aus der Gartentüre kommen, hastig über die Straße eilen und mit schnellen Schritten in der Richtung der Ziegelei verschwinden. Agathon stutzte, und obwohl er sonst nicht unaufgefordert zu Monika kam, entschloß er sich heute doch dazu. Er klopfte an und auf ein leises Herein öffnete er die Tür und sah sie allein im Zimmer, am Fenster sitzen. Ihre Mutter und Schwester waren wie gewöhnlich um diese Zeit in der Stadt. Monika erwiderte freundlich Agathons Gruß und drückte seine Hand.

„Ist dir's nicht recht, daß ich gekommen bin?" fragte Agathon beklommen.

„Ich? nein, ich freue mich. Ich bin froh, dich zu sehen, Agathon."

„Wirklich?"

Monika nickte ernst, dann sah sie wieder in verlorener Träumerei auf die Felder. „Ich muß dir etwas vorlesen," sagte sie nach einer Weile. Sie zog ein Papier aus der Tasche, entfaltete es und las:

> „Wir küssen uns bei Kerzenlicht,
> sonst sehn wir uns vor Tränen nicht.
> Sonst ist uns gar zu still die Stund',
> zu schweigsam der beklommene Mund.

Wir küssen uns in finsterer Nacht,
weil sie die Zukunft schöner macht.
Wir sehn das goldne Haus am Meer
von Schätzen voll, von Sorgen leer.

Was spricht der Vogel Zeitvorbei?
Daß alles dies vergänglich sei?
Was spricht die Mutter Zweifelschwer?
Ein Schattenbild das Haus am Meer?

Der Vogel hat die Nacht vertrieben,
die Mutter ist bei uns geblieben.
Den blassen Traum an dunkler Wand
hat sie verblasen und verbrannt."

Es entstand eine lange Pause.

„Wie konntest du denn lesen," fragte Agathon endlich bedrückt, „da es doch schon dunkel ist?"

„Ich kenne es auswendig," flüsterte Monika, in sich versunken. „Es ist schön, es ist schöner als schön."

„Aber weßhalb nimmst du denn das Papier, wenn du es auswendig weißt? O wie rot wirst du, Monika! Du bist glühend rot." Agathons Stimme zitterte. „Monika!" rief er dann.

„Was?"

„Es ist ein unwahres Gedicht. Es ist schön, aber unwahr. Alles was darin steht ist schön, und nur, weil es schön ist, stehts da, aber es ist erlogen. Ich weiß, wer es gemacht hat. Aber er ist kein wahrhaftiger Mensch. Nur ein wahrhafter Mensch kann ein Kunstwerk machen. Ich meine nicht, daß er im Leben nicht lügen darf, aber mit seiner Seele darf er nicht spielen. Er aber spielt, Monika."

Monika hatte den Freund noch nie so erregt gesehen,
und es war auch, als ob ein anderer, ein offenbarender
Mund ihr das zugerufen hätte. Als er fort war, saß sie
im Finstern bis ihre Mutter kam.

Agathon traf Stefan Gudstiffer, wie schon einmal,
unter einem Laternchen am Ziegeleigebäude stehend. Nach
einigem Hin= und Herreden lud er Agathon ein, mit ihm
ins Haus zu kommen. Agathon folgte ihm. Der alte
Estrich, brummig und knurrig, wenn er liebenswürdig war,
beinahe komisch, erfüllte das Zimmer mit dem Rauch seiner
Pfeife und ging bald fort. Käthe erschien still, scheu und
gedrückt. Sie hatte bisweilen ein ergebenes Lächeln für
ihren Verlobten, jedes Stirnrunzeln von ihm beeinflußte sie,
jedem halben Wort sann sie nach. Gudstiffer strich ihr oft
über die Haare; er schien sich der grenzenlosen Macht über
das einfache Kind zu freuen; ja, er schien damit zu prahlen.
Oft wenn sie etwas sagte, lachte Gudstiffer und Agathon
dachte wie in einer Erleuchtung: er hat ihr den Glauben
geraubt; was hat er ihr dafür gegeben? nicht mehr als ein
Stück seiner eigenen Person. Jeder Tag lehrte Agathon
mit unabweisbarer Stimme das Leben wie es wirklich war,
wie es nicht aus einem göttlichen Wesen floß, sondern aus
dunklen, unterirdischen Quellen, vielgestaltig, mit Trübsand
vermischt, nur selten Gold im Grunde führend, selten im
geraden Strom, klar und kraftvoll rauschend.

Plötzlich schallte von draußen das ängstliche und fort=
gesetzte Miauen einer Katze herein. Alle lauschten. Gud=
stiffer und Agathon gingen hinaus.

Der Mond stand hoch und rein am Himmel. Der Schnee blitzte und funkelte weit umher. Auf den Feldern lag der Rauhreif, schimmernd wie Silberstaub. Vor dem Tor lag ein Kätzchen in seinem Blut. Gudstiffer kniete hin, streichelte das Tier zärtlich und redete ihm zu wie einem Kind. Dann gebärdete er sich wie rasend, drohte den Kerl zu erdrosseln, der diese Schandtat vollbracht und konnte sich kaum beruhigen. Agathon wollte ihn trösten, obwohl er etwas Gekünsteltes in diesem Zorn fühlte, als er einen Schatten gewahrte und Käthe neben sich sah. Sie hatte ein Tuch um den Kopf, ihre Lippen, deren Rot durch eine scharfe und runde Linie von der blassen Haut abgegrenzt war, waren ein wenig geöffnet. „Ist das Kätzchen tot?" fragte sie.

Gudstiffer nickte.

„Wer hat es getan? Vielleicht der Vater, er stellt immer den Katzen nach."

„Dein Vater, sagst du!" fuhr Gudstiffer auf. „Weißt du, daß es mir jetzt zu bunt wird? Weißt dus nicht? Ja, es wird mir zu bunt. Ich hab euch auch satt, dich und deine ganze Familie."

Wieder fühlte Agathon das Künstliche des Wutausbruches und fragte sich vergeblich nach Gründen.

„Stefan," flüsterte Käthe und legte zitternd ihre beiden Hände um seinen Arm, „Stefan!"

Es entstand eine peinliche Pause. „Es ist kalt, Herzchen", erwiderte Gudstiffer endlich und streichelte tröstend ihre Hand. „Geh nur und leg dich schlafen. Du wirst ja krank!"

Als er heimging, hatte Agathon eine seltsame Sinnes=
täuschung. Aus einem dunklen Torweg trat Käthe Estrich
auf ihn zu und hob flehend die Hände. Als er weiterging
und sich die Erscheinung vor seinen Blicken in den Winter=
nebel auflöste, dachte er mit hilfsbereitem Herzen an sie.
Wie groß war sein Erstaunen und sein Schrecken, als er
sie auf einmal wirklich sah! Raschen Schrittes kam sie und
lächelte matt, als sie vor ihm stehen blieb. Sie wolle zu
Stefan, sagte sie.

„Was wollen Sie denn bei ihm?“

„Ich weiß nicht. Ich will ihn nur sehen. Wenn ich
noch einmal in sein Gesicht sehe, weiß ich alles.“

„Was? Was denn?“ Agathon erbebte vor Mitgefühl.

„Ach, — nichts.“

In diesem Augenblick ging viel vor in Agathons
Seele. Er sah dieses zarte Geschöpf vor sich, wie sie in
jeder Stunde mehr hinwelkte. Er sah die kleinen, mond-
lichtübergossenen Häuser, die dunkle Unendlichkeit des Nacht=
himmels, zage Sterne, glänzende Fensterscheiben, — dies
alles im Gegensatz zu der wunderlichen Unruhe der
Menschen, ihrer Lust an der Lüge, ihrer Furcht vor dem
Kampf, und zum erstenmal sprach heute die Natur ein
unüberhörbares Wort zu ihm, und er konnte die gärende
Inbrunst seiner Seele nicht mehr mißverstehen. Da stand
nun dies stille, wortkarge Geschöpf vor ihm mit dem
treuherzigen Blick, dem hilflosen Zucken um die Lippen
und sie sah ihn ratlos an, als Agathon wie erleuchtet
lächelte.

„Sie sind immer so traurig, Fräulein Käthe," sagte er.
Sie nickte

„Sie müssen sich einmal recht von Herzen freuen."

„Aber wie kann ich das," erwiderte sie seufzend.

„Nur einmal, eine Stunde lang, sollen Sie froh wer=
den! Vertrauen Sie mir!"

„Sie sind so merkwürdig, Agathon. Man muß Ihnen
vertrauen, auch wenn man nicht will."

„Und Sie wollen tun, was ich verlange?"

„Was verlangen Sie denn?"

„In unserem Hof steht ein Schlitten. Da sollen Sie
sich hineinsetzen. Ich fahre Sie."

„Jetzt? Um Gotteswillen, jetzt! Ich kann nicht. Meine
Mutter läßt mich nicht fort."

„Ihrer Mutter dürfen Sie alles gestehen, wenn wir
zurückkommen. Ich ziehe meine Schlittschuhe an und wir
fahren bis zum See bei Weinzierlein."

„Bis zum See? Nein Agathon, das ist zu weit."

„Jetzt dürfen Sie nicht kleinlich und furchtsam sein.
Ich hab' auch noch ein dickeres Tuch für Sie und einen
Mantel meiner Mutter."

Käthe zögerte noch immer, aber Agathons Blick und
Wesen, in dem etwas Triumphierendes und Flammendes
lag, überredeten sie unwiderstehlich.

Eine Viertelstunde später flog der Schlitten auf der
Landstraße dahin und Agathon auf Stahlschuhen hinterher.
Rechts lag der Wald, dann lag er links; das Mondlicht
wohnte in ihm, die braunen Blätter glänzten silbern, die

Birkenrinde strahlte wie Gold, der Schnee lag wie ein faltenloses Gewand und der Himmel wölbte sich in mattem, kalten Licht.

„Sehen Sie die Nebelelfen?" fragte Agathon.

„Ja. Und Irrlichter zeigen den Weg."

„Ist Ihnen warm?"

„Ja."

„Das ist gut. Das nächste Mal nehmen wir Mirjam mit."

„Wer ist Mirjam?"

„Meine Schwester."

„Sonderbarer Name."

„Er ist hebräisch und heißt: die Widerspenstige."

„Ist sie widerspenstig?"

„Ganz und gar nicht."

Dies wurde in vollstem Lauf, auf klirrender Schneebahn hin= und hergerufen. Endlich kam der See. Zauberhaft! Glattgefroren die weite Fläche; Schimmer auf Schimmer, golden, silbern; Millionen blitzender Funken; und Agathon flog hin wie ein Pfeil!

Vom Ufer erhob sich eine Gnomenschar, lachend, echoend und tanzte mit weiten Sprüngen um das Gefährt. Käthe schlug voll Entzücken die Hände zusammen, denn die Landschaft war zum Zauberreich geworden. Man sah Lichter wie in einem Saal; bisweilen tönte es aus der Ferne wie Gesang von Mädchenstimmen, bisweilen wie Glockenklang; Ritter und Knappen und edle Damen stiegen aus der Tiefe zum Tanz gekleidet: hier war einst eine mächtige Burg ver-

funken. Käthes Blut floß rasch und stürmisch. Sie erinnerte
sich nicht, je so glücklich gewesen zu sein, sie war wie be=
rauscht und Agathon lächelte sie an, seltsam, träumerisch.
Wie ein Sturm fuhr die Sehnsucht in seine Brust, ein
ganzes Land, ein ganzes Volk so zum Glücke zu verwandeln,
selber hinzufliegen in freudig=schauernder Bewegung, in der
Hand die flammende Fackel einer neuen Zeit. . .

Aber Käthe erinnerte daran, daß es zehn Uhr sein müsse,
und der Schlitten mußte umkehren.

Elftes Kapitel

In heiterer Stimmung verließ Bojesen seine Wohnung und der neblige Dezembermorgen trübte nicht die Klarheit seines Innern. Da begegnete ihm der Postbote und händigte ihm ein Schreiben ein. Er riß den Brief auf und las:

Kommen Sie nicht wieder. Lassen Sie mir die Freiheit ganz, die ich einmal erwählt habe. Ich könnte ja fordern, aber ich bitte nur. Fragen Sie nicht, warum. Haben Sie nie bemerkt, daß, wenn zwei Schicksale sich verketten, der Weg doppelt so schmal wird? Das Leben ist zu klein und kann nicht durch einen großen Sinn regiert werden. Können Sie sich denken, daß man nicht mehr an all die schönen Worte glaubt, von Freiheit, Liebe, Seele und so weiter, sondern nur an das taube, blinde Ungefähr —? Der eine sucht sein Schicksal, den andern findet es. Kommen Sie nicht wieder!

Bojesen war nicht genug Frauenkenner, um die matte Energie des gequälten Schreibens zu durchschauen. Er nahm sich den Brief zu Herzen, kehrte hastig in seine Wohnung zurück, setzte sich an den Schreibtisch, kaute einige Zeit beklommen am Federhalter und begann:

Ich dachte eine starke Frau zu finden und fand eine schwache. Oder wie ist es? Was soll ich davon denken? Bedeutet das die Schrankenlosigkeit der Leidenschaft, von der du geträumt hast? Ist es die gewöhnliche, banale Romantreue? Sind die Flügel schon zerbrochen, ehe man sich über das Dach des nächsten Philisterhauses erhoben hat? Das Schicksal ist ungewöhnlich mit uns verfahren, und wir müssen uns ungewöhnlich an ihm revanchieren. Ich sehe dich noch in deiner Glut, in deinem Lächeln, in deiner Hinreißendheit. Und nun?

So weit war er gekommen, als sich eine Hand auf seine Schulter legte. Zurückschauend gewahrte er seine Gattin und zuckte zusammen. „Erich, du schreibst an eine Frau," sagte sie langsam und betont.

Sie war leichenblaß und hatte mit der Hand krampfhaft die Stuhllehne gefaßt.

In einem solchen Fall erfindet ein Mann entweder eine zärtliche Lüge oder er wird brutal. Bojesen lachte, schlug das angefangene Schreiben zusammen und zerfetzte es. Dann setzte er seinen Hut auf, um zu gehen.

„Erich, ich kenne sie nicht, diese Frau, aber sie wird dich zu Grund richten. Ich will mich nicht vor dich hinstellen mit Verzweiflungsausbrüchen. Ich bin dir nicht gut genug zur Offenheit, obwohl ich zu vielen Dingen nicht zu gut war, wie das schon so geht."

„Aber du phantasierst ja, du träumst," rief Bojesen, erschrocken und gespannt.

„Wir liegen immer noch Bett an Bett und auch du träumst."

„Was soll das heißen?"

„Ich kann oft nachts nicht schlafen, und ich höre und sehe deine Träume. Die Ampel bescheint dein Gesicht und mit diesem Gesicht bist du dann bei ihr, verstehst du?"

Bojesen nagte an seinen Lippen. Er ging und war beschämt. Er kaufte Zigarren und begann zu rauchen, was
er sonst des Vormittags nie zu tun pflegte. In den düsteren
Korridoren des Schulgebäudes traf er die Herren, die, das
akademische Viertel benutzend, gravitätisch oder tiefsinnig
umherstolzierten, die Hand auf dem Rücken oder zwischen
dem zweiten und dritten Knopf der Rockbrust.

Bojesen sah die finsteren Mienen seiner Kollegen nicht,
oder gab vor, sie nicht zu sehen. Doch fühlte er wohl, daß
etwas in der Luft lag. Nach Ablauf der Stunde kam der
Pedell und bat ihn zum Rektor. Bojesen lächelte, entließ
seine Schüler, schritt bedächtig die Stufen hinan und stand
alsbald vor dem Herrscher des Schulreiches und fünf der
ältesten Herren, die seine Garde bildeten.

„Herr Bojesen," begann der Rektor feierlich mit einer
fast unmerklichen Mischung von Sarkasmus und Schaden=
freude, „Sie sind uns als Kollege lieb gewesen und als
Lehrer wertvoll. Wir konnten uns täglich von der strengen
Tatkraft überzeugen, mit der Sie Ihr Pensum durchführten.
Wir glaubten, in Ihnen dereinst eine stolze Säule unserer
Anstalt zu besitzen, einen verehrten und geachteten Mit=
bürger, einen tadellosen Erzieher. Vaterlandsliebe, ein-
wandsfreier, sittlicher Wandel, Religiosität, das sind Tugenden, die die Brust eines Beraters der Jugend mehr schmücken
als königliche Orden. Wir müssen bekennen, daß wir uns
in Ihnen getäuscht haben."

Ein undefinierbares Murmeln der Garde folgte dieser
Ansprache.

„Was wollen Sie damit sagen, Herr Rektor?" ent=
gegnete Bojesen ruhig.

„Damit soll gesagt sein, daß Sie, wie unsere gewissen=
haften Nachforschungen zweifellos ergeben haben, in bezug
auf Ihre moralische Führung nicht geeignet sind, einen
günstigen Einfluß auf die Schüler zu üben, Herr Bojesen,
— kurz, daß Sie sich auf Abwegen befinden. Als Mensch
kommt es mir lediglich zu, Sie zu warnen, Sie kraft meines
Alters aus tiefstem Herzen zu warnen. Als Vorstand dieses
Instituts dagegen ist es meine Pflicht, Sie zu bitten, von
Ihrer Lehrtätigkeit Abstand nehmen zu wollen, bis wir die
Sachlage an das Ministerium berichtet und weiteren Be=
scheid empfangen haben."

Bojesens Wangen und Stirn röteten sich und seine
Hand zitterte. Doch der Rektor richtete sich straff empor
und fuhr fort:

„Verteidigen Sie sich nicht. Suchen Sie uns nicht zu
überzeugen, wovon es auch sei. Wir waren vorsichtig in
bezug auf unsere Schritte. Sie verkehren in einer ver=
rufenen Spelunke mit verrufenen Subjekten und verrufenen
Frauenzimmern. Es ist schändlich und für mich als Haupt
einer Anstalt, an deren Ruf kein Flecken haftet, deren päda=
gogischer Ruhm weit über die Grenzen unseres engeren
Vaterlandes gedrungen ist, ich sage, es ist beschämend für
mich, einen solchen Vorfall konstatieren zu müssen. Ihr un=
verzeihlicher Fehltritt fällt um so schwerer ins Gewicht, als
Sie verehelicht sind und trotzdem nicht Ehrgefühl genug be=
saßen, Ihren Hang zu zügeln. Aber nicht einmal das allein

war maßgebend für mich. Nur aus wenigen Andeutungen,
die sich scharf in den Geist jugendlicher Zuhörer graben
können, das werden Sie selbst gut genug wissen, ist er=
wiesen, daß Sie es im Unterricht nicht verschmähten, skep=
tische Worte fallen zu lassen, die die Religiosität der Schüler
gefährden konnten, und daß Sie so auf dem verbrecherischen
Wege sind, die scheußliche Zeitkrankheit des Atheismus und der
Pietätlosigkeit mitverbreiten zu helfen. Wir wissen, daß Sie
sich mit dem dimittierten Schüler Agathon Geyer auch nach
seinem Vergehen noch liebevoll befaßt haben, und jetzt wird
mir auch vieles von der unerhörten Tat dieses irregeleiteten
Jünglings klar. Ich hoffe, Sie bereuen und werden ein
besserer Mensch. Für die unschuldigen Blüten, die man
Ihnen anvertraut hat, ist ein anderer Gärtner von nöten.
Und jetzt bitte ich Sie, uns zu verlassen. Oder haben Sie
noch etwas einzuwenden? Ich mache Sie aufmerksam, daß
unsere Zeit kurz bemessen ist."

Bojesen rührte sich nicht. Seine Augen schauten un=
verwandt ins Weite, als suchten sie sich mit den kommen=
den Stunden der Entbehrung und der Brotlosigkeit schon
jetzt vertraut zu machen. Um seine Lippen spielte ein halb
mitleidiges, halb trauriges Lächeln. Der Rektor blickte ratlos
die fünf Gardeherren der Reihe nach an, die dann in der=
selben Reihenfolge schweigend die Köpfe schüttelten. Endlich
sagte Bojesen: „Meine Verbrechen sind Verbrechen. Für
Sie müssen es solche sein, natürlich. Ich kann also nichts
dagegen einwenden. Aber was die ‚unschuldigen Blüten‘
betrifft, darüber möchte ich noch ein paar Worte sagen.

Das was ich anstrebte, war, die Schüler von selbst zum
Denken zu bringen, aus Andeutungen und aus Anschauungen ein Gesetz zu konstruieren. Ich habe ihnen aus der
Wissenschaft immer ein schmackhaftes Stück Brot gemacht,
nicht ein Pensum für das Gedächtnis. Aber was· Sie,
meine Herren, unternehmen, ist aussichtslos. Sie machen
aus der Schule eine Verdummungsanstalt, und kein munter
fließendes Wasser wird aus diesem Sumpf herauskommen.
Alle bleiben unglückselige Marionetten, oder wie Sie es
nennen, faule Schüler. Aber faul sind nur Ihre Einrich-
tungen. Wer dem Geist der Jugend etwas nahe bringen
will, muß es mit dem Herzen tun, nicht mit dem Vocabu-
larium. Ich möchte sagen, er muß ein wenig spielen dabei,
Sie müßten beinahe ein wenig Künstler sein. Hat mein
verehrter Kollege, — verzeihen Sie: Exkollege, Lehrer der
Geschichte, jemals daran gedacht, den Schüler mit den
großen, menschlichen Dingen der Geschichte vertraut zu
machen? jemals den Geist des grandiosen Zusammenhangs
zu erklären versucht? jemals ein farbenreiches Bild daraus
gemacht, und das wäre von höherem, sittlichem Wert als
hunderttausend Jahreszahlen und Dynastiennamen. Und
was Religiosität betrifft, Herr Rektor, so haben Sie keine
Angst um mich. Beide zeigen sich nicht im Götzendienst.
Was Sie mit diesen schönen Worten meinen, ist Duckmäuserei und Frömmelei. Vielleicht kommt die Zeit selbst
für Sie noch, der Sie graue Haare haben, wo Sie mit
Kummer an das denken werden, was ich Ihnen eben gesagt habe. Ich empfehle mich den Herren."

Er eilte hinaus und ließ die sechs würdigen Schul-
männer in unbeschreiblicher Verblüffung zurück. „Gehen
Sie hinunter, Schachno, und verhindern Sie, daß er mit
den Schülern spricht," sagte der Rektor erregt.

Daran dachte Bojesen nicht. Er hatte bereits das
Schulhaus verlassen und ging bis die Häuser zu Ende
waren, bis die Ebene vor ihm lag. Und wie er weiter und
immer weiter ging, vergaß er auch mehr und mehr seinen
persönlichen Schmerz, und das Drückende und Gedrücktsein,
das in ihm war, löste sich auf in allgemeine Wehmut um
etwas unbestimmtes Verlorenes, in eine wie hingehauchte
Trauer um vergebliches Ringen. Er empfand jene Müdigkeit zu denken, die zu vagen, aber tröstlichen Bildern führt,
bis an die Pforte der Melancholie, wo sie sich mit liebevoller
Innigkeit an alle Gegenstände der Natur hängt und auch
dem zufälligen Flug eines Vogels eine tiefe, vorbedeutungs-
volle Wichtigkeit verleiht.

Still und neblig, wie erfroren, lag da oder dort ein
Dorf. Gleich einer Wand von Schleiern erhob sich bisweilen ein Gehölz. Der Himmel war unbeweglich; keine
einzelne Wolke war zu sehen, nur eine schwerhingezogene
Decke. Dornenhecken standen am Weg und vermehrten das
Grüblerische, Insichgekehrte dieser Landschaft. Raben flogen
lautlos über die Äcker, setzten sich majestätisch auf schwarze
Erdschollen, die aus dem Schnee ragten und guckten furchtlos mit schlauen und boshaften Augen auf den Wanderer.

Als es dunkelte, kam er zurück in die Stadt, und es
war ihm, als ob er ein Jahr lang fortgewesen wäre. In

langsamem Gleichmut als wäre es die Folge eines weit
zurückliegenden Entschlusses, wanderte er nach der Richtung
von Jeanettens Wohnung und fand sie zu Hause.

Sie war nicht erstaunt, ihn zu sehen und reichte ihm
ruhig die Hand.

„Man weiß natürlich schon in der ganzen Stadt, wo
ich bin und was ich treibe,“ sagte sie im Lauf des Ge=
sprächs verächtlich. „Die Herren der Gesellschaft werden
zum ‚siebenten Himmel‘ kommen, und ich werde die Sen=
sation sein, der Stadtklatsch. Das ist mir widerlich. Wenn
ich mit meinen Vorübungen fertig bin, geh ich nach Paris.
Ich brauche anderes Leben. Es wird auch ein anderer Tod
sein, wenn es so kommt.“ Sie lachte.

„Fort gehst du? Und was für Vorbereitungen meinst
du?“

„Tanz! Die menschlichen Leidenschaften im Tanz. Der
Tanz soll wieder Kunst werden. Ich denke zum Beispiel
an einen Tanz der Liebe. Alles ist Feuer, hinneigende und
verborgene Glut. Jede Linie andächtig und verzückt und
schließlich die unterdrückte Erregtheit. Dann der Haß.
Offene Glut, wildes Gebärdenspiel, wildes Spiel aller Li=
nien. Dann viele andere. Ich denk' es mir wundervoll.
Eure andern Künste haben abgewirtschaftet. Sie beruhen
auf der Eitelkeit. Es gibt nur noch Wissenschaft und Tanz
in der Zukunft.“

Bojesen sah hilflos vor sich hin. Redensarten, dachte er.

Jeanette begann jetzt wieder zu tanzen: auf den Zehen,
den Körper in wellenhaften Bewegungen vor= und zurück=

liegend und mit schwärmerischem Gesicht und weitgeöffneten
Augen in den Spiegel schauend. Dann holte sie Wein,
dessen Purpur in den dunklen Gläsern und in der begin=
nenden Dämmerung schwarz erschien.

Währenddem öffnete sich die Tür und Bojesen sah
einen alten, sehr gebückten Mann mit einem Hausierkasten
sich mühselig hereinschleppen. Es war Gedalja, den Jea=
nette vor einiger Zeit auf der Straße getroffen hatte und
der nun fast täglich zu ihr kam. Er setzte keuchend den
Kasten am Ofen nieder und trocknete sich die Stirn mit
dem Rockärmel. Bojesen schaute Jeanette an, begriff und
wollte gehen. Aber sie befahl ihm durch einen Blick, zu
bleiben und zündete die Lampe an. „Hast du was verkauft,
Großvaterle?" fragte sie, die Hand in die des Alten legend.

Gedalja verneinte. „Se welln nix haben. Se sind alle
versehen. Se welln bloß ihren Spaß haben mit em alten
Jüden. Ich will nit klagen, Enkelin, nit klagen. Aber was
for Gesichter wer ich sehn, wenn ich sterb'? Wer wird
reden zu mir in die lange Nächte? Hast de schon gesehn
en alten Mann über neunzig, wo hat kein Haus un kein
Hof und kein Bett? Bin ich nit gewesen e Vieh, daß ich
nit gewesen bin e Wucherer un e Betrüger? Wo soll ich
haben en neuen Rock, wenn der wird sein zu Fetzen? Wo
sin meine Kinder, daß se sitzen zu meine Füße und lauschen
meine Worte? O Enkelin, es is gut, zu nehmen e Schwert
und zu zerreißen sein eignes Herz."

Bojesen blickte nicht vom Boden empor. Gedalja be=
gann wieder: „Ich waaß nit, was de hast getan un was

de haſt vor im Leben, Jeanette. Aber ich ſeh d'rs an an
deine Stirn und deine Augen, daß de willſt hoch 'naus,
daß de haſt überſpannte Gedanken vom Leben un von die
Menſchen. Es gibt im Jüdiſchen e Sprichwort un haaßt:
wenn Schabbes=Nachme afn Mittwoch fallt, kriegt die
Schmue Vernunft. So is es mit deine Pläne. Schabbes=
Nachme fallt alleweil afn Schabbes, natürlicherweis. Sei
vernünftig vorher! Sei immer bei dir un hab gut acht auf
deine Handlungen. Schlaf nit ein in der Nacht, wenn de
nit haſt ausgelöſcht 's Licht; nor die Toren ſcheuen den
Schlaf beim Finſtern. Bleib' e gute Jüdin, wenn de aach
nit glaubſt, denn wir ſin e großes Volk mit bedeutende
Gelehrte. Merk d'r was ich hab' geſagt. Haſte vielleicht
was z'eſſen? Hab Hunger. Bin in ganzen Tag rumge-
loffen, bis nach Burgfarrnbach nüber.“

Vojeſen, dem es ſchwer ums Herz war, ſchickte ſich zum
Aufbruch an. Jeanette begleitete ihn liebenswürdig hinaus,
ſagte aber nichts. Er haßte dieſe Liebenswürdigkeit an ihr,
die undurchdringlich war wie ein Panzer.

Er irrte lange Zeit durch die Straßen, aß gegen ſieben
Uhr irgendwo zu Nacht, ſetzte ſeine ruhelose Wanderung
fort und kam endlich wieder vor Jeanettens Wohnung an,
wo immer noch die Fenſter erleuchtet waren. Am gegen-
überliegenden Haus ſah er einen jungen Mann im Schnee
ſtehen. Er glaubte, dieſe blaſſen, unbeſtimmten Züge zu erkennen, ging hinüber und ſtand vor Niederding, der den
Blick nicht von Jeanettens Fenſtern wandte. Vojeſen lächelte
ironiſch. Der andere gewahrte ihn, und eine Zeitlang ſtan-

den sie Auge in Auge, ohne eine Bewegung. „Wie lange
stehen Sie schon?" fragte endlich Bojesen mit schlecht ver=
hehltem Spott. Aber Nieberding überraschte ihn, indem er
ihm die Hand bot und sagte: „Weshalb wollen Sie mich
verhöhnen? Was würden Sie sagen, wenn ich bissige Reden
führte, weil ich Sie etwa am Grab Ihres Vaters sähe?
Ich stehe am Grab meiner Liebe. Es ist mehr als eine
Phrase." Er schob seinen Arm unter den Bojesens und
zog ihn mit sich fort.

„Aber sind Sie jetzt nicht glücklich?" fragte Bojesen
noch immer sarkastisch.

„Glücklich? weil ich leide? Allerdings in gewissem
Sinn."

„Sie sind Arzt?"

„Verzeihen Sie, — ein Wort: kommen Sie eben
von ihr?"

„Nein."

„Ob ich Arzt bin? Nein. Ich war es."

„Ein schöner Beruf."

„J—Ja!"

„Aber er macht hart, grausam."

„Im Gegenteil. Aber Sie spotten immer noch."

„Im Gegenteil —?"

„Er hebt uns. Macht weich, bereichert die Gefühle."

„Das sind Worte. Es gibt solche und solche Ärzte."

„Allerdings."

Darauf schwiegen sie. „Verzeihen Sie," sagte Nieber=
ding, „darf ich Sie zu einem Abendessen einladen?"

„Danke, ich habe schon gegessen.“

„Aber dann kommen Sie auf ein Glas Wein zu mir.“

„Wenn es Ihnen nicht unbequem ist —.“ Nieberdings offene Herzlichkeit und seine kindlich=schüchterne Art, zu fragen, beschämten Bojesen ein wenig. Bald saßen sie in Nieberdings kleinem Salon, wo ein behagliches Feuer brannte. Bojesen sah hier Jeanettens Schatten weilen und empfand eine nagende Unruhe. Cornely kam mit ihrem rätselhaften Lächeln und für Bojesen war es seltsam zu sehen, wie sie den Bruder verehrungsvoll küßte und wieder ging.

Nach einem schier endlosen Schweigen fragte Nieber= ding hastig: „Was halten Sie von Jeanette Löwengard?“

Bojesen schwieg und zuckte die Achseln. „Sie ist ein feines Tier,“ sagte er endlich leise mit einem lauernden Zucken der Mundwinkel.

Nieberding blickte verletzt auf. Aber im Nu unterwarf er sich Bojesen wieder.

„Und Sie,“ fuhr Bojesen fort, „welche Art von Frauen lieben Sie eigentlich? Sagen Sie nicht, daß es Jeanette sei, das steht Ihnen fern. Sie lieben die schlanken, über= zarten Formen, Sie lieben Frauen, die größer sind als Sie, die präraphaelitischen Gestalten, hab' ich nicht recht?“

Nieberding blickte furchtsam sein Gegenüber an. Er wagte nicht zu widersprechen. Bojesens weit aufgerissene Augen schienen etwas anderes zu sagen, als was er jetzt sprach. Sein Mund war ein wenig geöffnet, und seine Haltung glich der einer Katze. Er war wie verwandelt.

Nach einer Weile begann Eduard Nieberding: „Sie
haben neulich beliebt, mich als den Typus des modernen
Verfallsjuden hinzustellen. So war es doch, nicht? Ich
habe viel darüber nachgedacht. Wenn etwas von Ihren
Anschauungen begründet ist, ist es dies: wir wirklich modernen Juden haben aufgehört, Juden zu sein. Wir sind
in unserer Seele Christen geworden. Nicht Christen nach
der Form, sondern nach dem Geist."

Bojesen nickte halb verächtlich, halb bekümmert. „Das
ist es ja," sagte er. „Das ist es, was uns ins Unglück
stürzen wird. Ja, Sie werden das Christentum aufbauen!
Wir sollen wieder Mumien werden, da wir angefangen
haben, die Fenster zu öffnen und die Moderluft zu vertreiben. Sind wir nicht ein krankes Geschlecht bis ins
Mark? Sehen Sie mich an, was ich bin! Heute bin ich
neunundzwanzig! Was werde ich mit vierzig sein! Das
geistige Christentum! Und wie belieben Sie das andere zu
nennen, das unsere säftereiche Rasse aufgelöst und vernichtet
hat binnen sechzehnhundert oder weniger Jahren. Was ist
schuld, wenn wir den natürlichsten Vorgang des Lebens zu
einem Akt der Lüsternheit machen? Wenn wir in den
Schulen Maschinen züchten, statt Menschen? Wenn tausende von großen Weibern auf der Gasse und in Speziali-
tätentheatern lungern und eine anämische Herde tummelt
sich im Salon? Wenn wir nicht hinauskommen über die
niedrigen Begriffe von Ehre und Nächstenliebe, wenn unsere Dichter Hysterie für Tragik nehmen? Sie, moderner
Jude, sind daran schuld mit Ihrem Mystizismus und Ihrem

asketischen Verlangen, der Sie im Schnee stehen und Ihre
Geliebte nur seelisch begehren, der Sie das frevelhafte Wort
von der Selbstüberwindung neuprägen. Ja, ja! richten
Sie nur das Christentum wieder auf! Hauen Sie nur die
Renaissance, von der große Menschen geträumt haben, in
Stücke, bevor sie geboren ist! Nur zu!"

„Mit all dem sagen Sie eigentlich nichts Neues," er=
widerte Nieberding traurig und mit gesenkter Stimme.
„Aber das ist ja gleich, wenn Sie es fühlen. Ist es denn
so schlimm? Wieviel Poesie und Verklärung hat uns nur
allein die katholische Kirche gegeben."

„Lassen Sie uns hier nicht von Poesie reden. Lassen
wir die Poesie beiseite, samt der Verklärung, ich bitte Sie.
Das sind triste Dinge, zu deren Verteidigung die Poesie
der katholischen Kirche nötig ist. Und reden Sie niemals per
‚uns‘, wenn Sie so etwas sagen, das ist ein wenig komisch.
Sie sind ein Emigrant, und es gibt kein Bindeglied zwischen
Ihnen und uns. Beachten Sie die Zeichen der Zeit. Rekru=
tieren Sie sich, seien Sie nicht blind."

„Warum denn? warum?" rief Nieberding und sprang
mit verzweifelter Gebärde empor. „Haben wir denn noch
nicht genug bezahlt? mit Leib und Leben und Seele und
Freiheit bezahlt? Ist es denn unmöglich, euch zu befriedigen?
Seit Jahrhunderten dienen wir euch, unsere Besten haben
so viel Gutes gewirkt, daß ihr es heute noch nicht einmal
ermessen könnt, wir lieben eure Sprache, wir haben unser
Blut für euer Vaterland vergossen, keine Werbung war
uns zu demütigend, im stillen saßen wir und harrten auf

das Licht der Erlösung und als ihr uns das schenktet, wofür ein eingesperrt gewesener Hund euch nicht einmal die
Finger lecken würde, da dankten wir euch durch einen un-
gemessenen Überschwall von Kräften und Talenten, — und
trotz alledem, wenn heute ein beschnittener Kerl bankrott
macht, so wendet sich euer unverborgener Haß nicht gegen
ihn, sondern gegen uns und die verlogenste von allen ver-
logenen Phrasen muß aufmarschieren, um euch einen Schein
von Grund und Recht zu geben: ihr sprecht von Rassen-
haß und Rassenkluft, wo es besser wäre, von dem Neid
und dem Geifer des Stumpfsinns zu reden, und als ob
nicht ein Pommer und ein Franke von verschiedenerem Blut
und Geist wären als ein Jude und ein sogenannter Germane. Rekrutieren sollen wir uns? Was heißt das? Sollen
wir ein Land kaufen und einen Staat gründen? Das hieße
uns vernichten. Wir sind stark als Einzelne, das ist eben
das Geniale an uns, wenn Sie das kühne Wort verzeihen
wollen; als Nation wären wir das Gespött der ganzen
Welt. Wir sind stark als Helfer, als Diener des Geistes,
wir sind groß als Priester, aber wir sind nicht ein Volk,
das zu politischen Taten aufgelegt ist."

Bojesen blickte überrascht in das Gesicht des jungen
Mannes, das durch die Erregung beinahe schön war. „Sie
haben Recht," erwiderte er ernst. „Und doch kann nicht
geleugnet werden, daß wir viel schneller dem Abgrund zu-
rollen, seit die Juden emanzipiert sind, wie das prächtige
Wort nun einmal heißt. Ich kenne so viele gebildete Juden,
wirkliche Menschen, Künstler oder Männer der Wissenschaft

16*

oder auch Kaufleute, aber ich muß sagen, so sympathisch und
lieb mir die meisten sind, sie haben alle einen seelischen
Defekt, einen sittlichen Krankheitsstoff, der ihre andersblütige
Umgebung alsbald ansteckt. Worin das besteht, ist mir ein
Rätsel. Aber sie sind es, die mich immer am schmerzlichsten
empfinden lassen, daß wir im Begriff sind, eine Nation von
Säufern, Strebern und Phlegmatikern zu werden. Ihr seid
eben Dämmerungskinder, Propheten der Dämmerung, manchmal vielleicht der Morgendämmerung, diesmal aber sicher
der Abenddämmerung. Tragt ihr nicht einen großen Teil
der Schuld, wenn unsre Reichen und Vornehmen Geist und
Ohren mit Musik verstopfen? Niemals war ein blödsinniger
Musikkultus zu solchen Ehren gelangt. Es mutet mich so
kindisch an, wenn in Paris die Gräfin Rothschild ihre
Hündin mit dem Hund eines Marquis oder Lords öffentlich und feierlich verlobt und unter großem Gepränge Hoch-
zeit halten läßt. In Rom war das alles seinerzeit viel
großartiger. Wir können nicht einmal eine anständige De-
kadenze inszenieren. Unsere gute Gesellschaft ist ausschließ-
lich auf das Vertreiben der Langeweile angewiesen und die
Kunst hat keine Lebensnotwendigkeit, sondern sie verrichtet
Hofnarrendienste oder gefällt sich in volksfremder Unnah-
barkeit oder wird zum weltflüchtigen Traum. Betrachten
Sie nur einmal eine Erscheinung wie Richard Wagner.
Wie aufgedonnert, wie asketisch, wie mönchisch, wie schmerz-
trunken, wie jüdisch! Daher auch sein rasender Haß gegen
das Judentum.‟

Eine Zeitlang war es still im Zimmer. Beide schauten

finſter ſinnend in ihre Gläſer. Dann begann Bojeſer von
neuem:

„Und doch! und doch! Ich weiß nicht, welcher Dämon
mir dieſen Gedanken eingegeben hat: es iſt mir, als müſſe
gerade aus den Juden noch einmal ein großer Prophet auf=
ſtehen, der alles wieder zuſammenleimt. Es iſt ſelten, aber
bisweilen trifft man einen Juden, der das herrlichſte Menſchen=
exemplar iſt, was man finden kann. Alle reinen Glieder der
Raſſe ſcheinen ſich vereinigt zu haben, ihn hervorzubringen,
ihn mit allen köſtlichen Eigenſchaften auszuſtatten, die die
Nation je beſeſſen hat: Kraft und Tiefe, ſittliche Größe und
Freiheit, kurz, alles und alles, ausgenommen vielleicht den
Humor. In ſeinem Kopf ſitzen ein paar Augen voll Mild=
heit und Güte, man möchte ſagen Frommheit in einem
neuen Sinn, feurig und doch wieder ſchüchtern, phantaſie=
voll und nach keiner Seite hin borniert, — kurz, wunder=
voll.“

Nieberding ſpielte mit einer Aſchenſchale, die in Form
einer Ampel an einem Traggeſtell hing. Er drehte das matt=
braune Gefäß um die eigene Achſe, wobei die Kettchen
klapperten. „Es iſt ſonderbar,“ ſagte er, „wie alles, auch
das Bedeutende und Wichtige, gering erſcheint, wenn man
es mit dem eigentlichen Sinn des Lebens vergleicht.“

„Ja aber was iſt der eigentliche Sinn? Hoffentlich
antworten Sie nicht wie der gelehrte Mann, den ich ein=
mal fragte, was er ſelbſt für einen Zweck habe, da er die
Welt ſchrecklich vernünftig fand. Ich bin eine Verdichtungs=
maſchine, ſagte er pathetiſch.“

„Ach, ich meine nur alles zusammengenommen gegen das Unendliche betrachtet. Symbol, Symbol, alles nur Symbol. Kennen Sie dieses Experiment der Fakire: sie bezeichnen einen Kreis im Zimmer, dessen Peripherie niemand überschreiten darf. Dann schauen sie, es ist helllichter Tag, fest auf eine Kerze und plötzlich, der Fakir selbst steht am andern Ende des Zimmers, plötzlich brennt die Kerze, ohne daß jemand daran gerührt. Nun ist aber das Seltsame, sowie einer die vorgeschriebene Kreislinie überschreitet, ist das Licht für ihn verschwunden. Das enthält für mich ein Stück Lösung des ganzen Lebensrätsels.“

„Ich muß gehn,“ sagte Bojesen, „es ist spät.“

„Wieviel Uhr ist es?“

„Zwölf.“

„Schon! Darf ich Sie begleiten?“

Sie gingen. Kalt und klar war die Nacht, bis an die fernsten Grenzen lichtlos und still. Nieberding murmelte:

„Mühsam ist der Pfad und lang,
kein geschmückter Priester schreit
ein versöhnliches Gebenedeit,
wenn dein Fuß im Finstern vorwärts drang.“

„Von wem ist das?“ fragte Bojesen.

„Von Gudstiffer. Er hat ein Buch sehr schöner Verse veröffentlicht. Ich muß ihn aufsuchen, muß mit ihm sprechen. Ein großes Talent.“

„Kein Charakter, doch ein Genie,“ sagte Bojesen bitter

„Was meinen Sie damit?“

„Nun, dieses große Talent, — ich kenne es genau und schon lange. Eine Intrigantenseele, ein verwickelter Lügenkomplex. Was soll man dazu sagen. Die Kunst eines solchen Menschen ist vergänglich, selbst wenn sie für den Augenblick noch so sehr blendet."

Sie gingen vorbei an Bojesens Wohnung und wanderten weiter in die Stadt hinein. Ihr Schweigen war nicht das von vertrauten Menschen, sondern ein beunruhigtes und mißtrauisches. Selten waren noch Fenster erleuchtet. Der Turm einer Kirche erhob sich plötzlich auf einem Platz und dies gab der ganzen Umgebung einen solchen Ausdruck stummer Majestät, daß Bojesen glaubte, mit verschärften Ohren könne man die Orgel klingen hören. Auf der Königsstraße blieben sie vor einem kleinen Wirtshaus stehen. Durch die grünverhängten Fenster drang die Fistelstimme einer Soubrette, die ein laszives Lied mit entschiedener Betonung zum besten gab. Die Stimme war so, daß man die Haltung des Körpers darnach beurteilen konnte; ja, man glaubte, die falsch lächelnden Lippen und die gezierten Gesten zu sehen. Wütendes Händeklatschen belohnte die Leistung, und der Klavierspieler gab einen Tusch. Da sah Bojesen, wie sich Niederding an den Kopf schlug, auflachte und wieder auflachte und dann davonstürzte. Bojesen sah ihm kopfschüttelnd nach und setzte seinen Weg allein fort.

Auf einmal sah er eine Schar von zehn bis zwölf Knaben auf der Straße stehen, sich lautlos um einen Mittelpunkt scharen, sich lautlos ordnen und dann ebenso geheimnisvoll die Straße hinaufmarschieren. Sie trugen die schwarze

Mütze der Waisenhauszöglinge bis auf zwei, die an der Spitze gingen. In dem einen erkannte Bojesen sofort Agathon Geyer.

Bojesen, zu erstaunt, um nach Gründen zu raten, beschloß, dem Zug zu folgen. Er empfand eine unerklärliche Scheu, die ihn hinderte, Agathon kurzweg anzureden. Die Wanderung ging über die schlechten und winkeligen Gassen des Altstadtviertels und über den Schießanger und Bojesen wurde so begierig, zu erfahren, was all dies bedeute, daß er seine Vorsicht vergaß und sich den Knaben zu sehr näherte. Einige standen still und wandten sich ihm zu. Agathon kam, stutzte, erkannte ihn, ließ den Kopf sinken und schwieg. Der Himmel schien von einem weit entfernten Licht innerlich erleuchtet und Bojesen konnte jeden Zug in Agathons Gesicht erkennen.

„Tun Sie es nicht! Folgen Sie uns nicht!" sagte Agathon endlich flehend.

„Was geschieht hier, Agathon?" fragte Bojesen, und er war seltsam bewegt, aus einem Grund, der ihm später zu denken gab. Er war matt und feig geworden diesem jungen Menschen gegenüber.

„Nichts Unrechtes, Herr Bojesen," entgegnete Agathon, heftete den Blick fest in den des Lehrers und lächelte so, daß Bojesen ihm die Hand hinstreckte. Er machte sich auf den Rückweg, ohne sich ein einziges Mal umzudrehen. „Wie romantisch," murmelte er und suchte sich im Innern über Agathon zu stellen; aber sein Herz war beklommen.

Am andern Tag, als er über die Wiesen spazieren ging, sah er Agathon von ferne. Er hatte nicht das Verlangen, ihn anzureden; er empfand ein Vertrauen zu ihm, das ihm Neugierde als etwas Verächtliches erscheinen ließ. Agathon ging langsam, mit in sich gekehrtem Blick; seine Kleider waren etwas beschmutzt. Noch nie hatte Vojesen den Ausdruck einer solch gespannten Erwartung, eines fast atemlosen Lauschens in einem Gesicht erblickt. Am Eingang des Nadelwäldchens entschwand er seinen Blicken.

Gegen drei Uhr kam Agathon ins Dorf zurück. Er begegnete Frau Olisat, die aus ihrem Haus kam. Sie bemerkte seinen Gruß nicht. Auf ihrem Gesicht lag etwas so finster Drohendes neben einer bangen Ratlosigkeit, ja Verzweiflung, daß Agathon ihr erschreckt nachsah, dann eilends ins Haus ging und am Wohnzimmer pochte. Das kleine Mädchen öffnete, legte den Zeigefinger auf die Lippen und deutete dann wortlos auf das Sofa, wo Menika lag. Agathon schlich auf den Fußspitzen hin. Sie schien zu schlafen. Ihre Wangen glühten. Durch die geschlossenen Lider und die langen Wimpern schimmerte es wie von aufbewahrten Tränen. Der Körper lag in einer gequälten Lage, der Kopf und die Beine nach rückwärts gebogen. Die Finger waren in den Stoff des Polsters eingekrampft, die Lippen waren in leiser Bewegung. Agathon ging es wie ein Stich von der Stirn bis zum Knie. Nicht nur Angst und Schrecken waren es, sondern er hatte plötzlich die unwiderstehliche Begierde, diese unhörbar flüsternden Lippen zu küssen. Die wogende Brust des Mädchens, die leidenschaftliche Glut, in

der sie lag, hilflos einer Wucht von Träumen überliefert,
der schwach geöffnete Mund mit den begehrlich blitzenden
Zähnen, — das ließ Agathon schaudern, und er verdeckte
die Augen mit der Hand. Aber noch deutlicher sah er so
das Bild, und er seufzte schwer, streichelte flüchtig, wie
huschend, das glatte Haar der kleinen Esther und verließ das
Zimmer. Alles Klare, Gute, Getröstete seines Innern war
wie verblasen. Er ging heim, es dunkelte schon, und er
war so erregt, daß er wie blind umhertappte. Das Haus
war wie ausgestorben; doch als er in den Flur trat, um in
seine Kammer zu gehen, stand wieder wie damals die Magd
unter ihrer Türe. Wieder wie damals stand sie breit und
gleichsam wartend vor dem düstern Kerzenschein. Ein trotziges
und sinnliches Lächeln umspielte ihre dicken Lippen und Agathon starrte sie furchtsam an, wie ein Schicksal, dem er nicht
entrinnen konnte. Sie sprach ihn an, aber er hörte es nicht;
sie tätschelte seine Hand, und er fühlte es nicht. Sie nahm
sein Gesicht mit grober Zärtlichkeit zwischen Daumen und
Zeigefinger ihrer Linken und lachte; er war wie versteinert.
Begierde, Trotz und Scham wollten fast seine Brust sprengen.
Endlich machte er sich keuchend los und stürzte mit drei
Sätzen die morsche Treppe hinab.

Die Finsternis des Hofes empfing ihn, — es wurde
ihm zu eng. Er eilte hinaus, bis in die Felder und über
den Kirchhof und wußte nicht, wieviel Zeit verronnen war,
als er wieder vor Frau Olifats Haus stand und hinauf-
schaute. Da öffnete sich die Gartentür; Monika war es.
Sie blickte hinauf und hinunter, und als sie Agathon ge-

wahrte, erschrak sie, kam schnell auf ihn zu, stockte, machte
wieder ein paar Schritte, stockte wieder und fiel endlich nieder,
umklammerte fest Agathons Knie und begann klagend und
kummervoll zu schluchzen.

Agathon wurde bis in die Lippen bleich. „Was ist denn
nur!" stammelte er. Aber sie antwortete nicht, er sah ihre
Schultern zucken, und ihr Weinen wurde immer verstörter
und fassungsloser. Es schien aus einer Tiefe zu kommen,
wohin sonst nicht leicht ein menschlicher Schmerz gelangt.
Agathon wollte sie emporziehen, doch sie wehrte ihm heftig,
fast zornig. Endlich und ganz unerwartet war sie still ge=
worden, hielt die Schläfe mit beiden Händen und sah zu
ihm auf mit einem gebrochenen Blick, in dem etwas Böses
und Schuldiges war und der von einer Andern zu kommen
schien als jener Monika, die Agathon bisher gekannt. Er
wagte nichts zu sagen.

„Ach, Agathon," flüsterte endlich Monika mit einer
weitentfernten Stimme, „ich hab dich erwartet, so lange, so
lange. Denke nicht schlecht von mir, tu's nicht. Höre mich
an, wenn du kannst und verstoß mich nicht. Es hat Gott
gewollt, daß ich hier so werden sollte, wie ich bin. O Aga=
thon! Agathon!" Und sie blickte mit dem Ausdruck tierischer
Verzweiflung in sein Gesicht. Da stieg in Agathon eine
Angst vor ihr auf, wie sie in einer finstern Landschaft kommen
mag, wenn uns vor einem unsichtbaren Begleiter graut. Er
machte sich los von ihr; aus irgend einem Grunde erschien
sie ihm niedrig, er drückte ihr unentschlossen die Hand und
sagte beklommen gute Nacht. Kaum war er fort, so be=

reute er tief, was er getan, doch die Stimme des Lämelchen Erdmann schreckte ihn empor aus seinem Brüten. Lämelchen Erdmann stand vor dem Wirtshaus, focht mit den Armen durch die Luft und schrie Agathon zu, den er im Schein des Laternenlichts erkannte:

„He! Agathon! schnell! Dein Vater! Dein Vater!"

Zwölftes Kapitel

In dem dumpferhellten Vorflur der Schenke standen mit aufgerissenen Augen ein paar jüdische Händler, die um diese Zeit zu einem Glas Bier zu gehen pflegten, außerdem zwei Bauern: Jochen Gensfleisch und Jochen Wässerlein, dann Lämelchen Erdmann, der Gendarm Pavlovsky, wie immer schnaufend und wild um sich blickend, als wünsche er einen Widersetzlichen zu zermalmen und der Wirt selbst mit dem Gesicht eines alten Komödianten.

Gegen neun Uhr war Lämelchen Erdmann in die Schenke gekommen und die beiden Bauern hatten ihren Spaß mit ihm zu treiben und ihn zu zwingen versucht, die gelbe Katze des Wirts beim Schwanz zu fassen und empor=zuheben.

Lämelchen blickte, bebend am ganzen Körper, um sich. Alle wußten, daß er einen namenlosen Abscheu vor Katzen hatte. Er wich jeder Katze in weitem Bogen aus und wenn die Katzen des Nachts vor seinem Hause schrien, verstopfte er sich die Ohren und lag dennoch voll fiebernder Furcht in seinem Bett.

Die jüdischen Händler, die schwatzend an einem Tisch beisammen saßen, wagten dem bedrängten Alten nicht bei=zustehen; sie runzelten die Stirn und sahen halb furchtsam, halb entrüstet hinüber. Der Wirt suchte sich ins Mittel zu legen, aber jetzt kamen der Doktor, der Schmied und der Apotheker herein und lachten, als sie sahen, daß Jochen Wässerlein die Katze nahm und sie wie einen Pelz Lämelchen

Erdmann um den Nacken legte und wie der Unglückliche
dann dastand mit einem Gesicht, das nicht mehr Angst,
nicht mehr Schrecken ausdrückte, sondern etwas, das jenseits
aller menschlichen Empfindungen lag. Das Kätzchen, das
nicht scheu war, blieb faul sitzen, blinzelte, schloß die Augen
und fuhr behaglich fort zu schnurren.

Plötzlich wurde die Tür aufgerissen und Elkan Geyer
taumelte herein. Kopf, Gesicht, Hände und Kleider waren
mit Kot besudelt, was um so sonderbarer war, als draußen
überall Schnee lag und alles im Umkreis gefroren war.
Seine Haare hingen steif, in drei oder vier Strähne verteilt, auf die Augenbrauen herab, den Hut schien er verloren
zu haben. Sein Gesicht war weiß wie Kalk, eingefallen
und verzerrt, in seinen Augen flackerte ein unstetes und beängstigendes Feuer, sein Mund war nicht geschlossen. Er
machte eine weitausholende Gebärde wie ein Betrunkener,
stützte sich mit beiden Händen auf eine Stuhllehne und sein
Kopf sank tief zwischen seine Schultern.

„Allmächtiger Gott, was hast du denn, Elkan?" raunte
ihm einer der Händler zu. „Biste schiffer?"

„Ich weiß gar nicht, was mit mir ist," sagte Elkan
langsam, legte die Hand über die Augen und sah dann alle,
die sich um ihn herumgestellt hatten, mit leerem Ausdruck
an. „Ich war beim Surich Sperling in der Nacht," murmelte er, dicht an den Apotheker herantretend. „Und wie
alles still war, rief er nach mir, daß ich an sein Bett kommen
sollte, und er fing an, im Zimmer Gesichter zu sehen, die
von Hause kamen."

„Ruf mir meinen Sohn!" schrie er auf einmal, streckte beide Hände vor sich aus und drehte sich ganz um sich selbst. Er fiel hin wie ein Stock, sein Hinterkopf stieß mit einem dumpfen Krach an das Tischeck und alle wandten sich schaudernd ab. Der Wirt schrie nach Wasser. Pavlovsky kam, Lämelchen lief fort und traf Agathon zufällig auf der Straße, der Doktor drängte die müßigen Zuschauer in den Flur und ging dann selbst ratlos hinaus, da der Unglückliche sich von niemand berühren ließ.

Als Agathon zu seinem Vater trat, nahm ihn der mit beiden Händen beim Kopf, zog ihn zu sich herunter und flüsterte: „Agathon, ich will dir was sagen, aber sei still in die Ewigkeit. Ich habe Sürich Sperling durch mein Wünschen in den Tod gebracht. Ich bin herumgegangen wie ein Geschlagener vor dem Herrn und hab's auf meinem Herzen lasten gefühlt, daß ich sterben muß, weil mein schuldiges Herz befleckt ist. Sag nichts, bin ich tot, so hab ich gebüßt und der jüdische Name braucht nicht verunreinigt zu werden. Ich wollte mir das Leben nehmen und hab mich hinuntergestürzt in den Steinbruch, daß es aussehen sollte wie ein Unglück. Aber die Decke vom gefrorenen Wasser ist durchbrochen und da hab ich mich ins Dorf geschleppt. Was schaust du so? Ich atme schwer und rede schwer. Hol jüdische Männer, daß sie mich heimtragen."

Während Agathon hinter dem Handwagen herschritt, womit der Vater nach Haus gefahren wurde, während er angstvoll nach einer Aufklärung suchte, die ihm seine Vernunft verweigerte, stieg seine innere Erregung mehr und

mehr. Allmählich kam ein Nachdenken über ihn, so wie es
selten einem Menschen vergönnt ist, in sich die Dinge der
Welt zu sehen. Er war plötzlich nicht mehr jung; Einsicht
und Inspiration überflügelten seine Jahre. Er hatte etwas
begangen, wofür ein anderer sühnte und litt. Er jedoch
hatte sich gereinigt und erhoben gefühlt dadurch; es war ihm
danach geschehen, als hätte man seine Hände entfesselt zu
freiem Gebrauch. Er war sehend geworden und alles um
ihn herum, Menschen und Dinge und Fügungen, hatten
einen Bund geschlossen, ihn zu schützen. Er hatte sich keiner
irdischen Macht unterworfen gefühlt, doch auch keiner göttlichen. Eine Stimme in ihm, die aber fremd war und ihn
schaudern ließ, so oft er sie vernahm, rief ihn hinaus, rief
ihn fort von den Seinen und er ahnte, zu welchem Krieg
sie ihn befehligte.

Daheim sah er bestürzte und erschrockene Gesichter. Die
Kartoffeln standen unberührt und erkaltet auf dem Tisch.
Die Petroleumlampe war ausgelöscht worden, und die Talg-
kerze stand auf dem Kommode-Eck in einem mit Grünspan
überzogenen Leuchter. Mirjam saß auf der Bank und hielt
den Kopf in den Händen.

Vor seines Vaters Bett in der Kammer stehend, rief
Agathon den bleich, mit geschlossenen Augen Daliegenden
an. Elkan öffnete die Lider mit einem entsetzten Starrblick.
Tiefe Furchen liefen auf beiden Seiten seines Gesichts bis
zu den Mundwinkeln herab und erinnerten an die übertriebenen Falten eines grotesken Schnitzwerks.

Agathon stieß mit einer ungeschickten Bewegung an das

wackelige Tischchen vor dem Bett, der Leuchter fiel um und
es war finster. Unwillkürlich atmete er auf, als ob er ge=
wünscht hätte, es möge finster sein. Doch erblickte er an
der Wand, die nur durch einen Bretterverschlag gebildet
wurde und einen ursprünglich größeren Raum in zwei er=
bärmliche Löcher teilte, ein glühendes Schimmern, und als
er näher trat, sah er im andern Gemach seine Mutter sitzen,
die den Oberkörper über den Tisch gelegt hatte. Das Ge=
sicht war verdeckt durch die verschränkten Arme. Vor ihr
saß der Gast von damals mit seinem Asketengesicht, den
dünnen Lippen, den kaltfunkelnden Augen, den hageren
Mönchsfingern. Finster starrte er vor sich hin, als ob er
in ein Grab schaute. Und er schaute in ein Grab. Er selbst
hatte es gegraben mit seinesgleichen um darin alles zu ver=
scharren, was frei und schön ist. Desungeachtet betete er
die Worte der Schrift: Sochrenu lachajim melech chofes
bachajim; gedenke unser, o Herr, zum Leben, der du Wohl=
gefallen hast am Leben.

„Vater!" flüsterte Agathon leidenschaftlich. „Vater,
hör mich an.'

„Licht, Licht!" erwiderte Elkan dumpf.

„Hör mich erst, Vater. Es ist nicht wahr, daß du
Sürich Sperling getötet hast. Ich hab's getan."

„Nein, Agathon, du willst eine Wohltat an mir ver=
richten, aber es ist umsonst.'

„Weißt du denn noch, wie es war?"

„Sobald er nur ins Haus kam, hab ich ihm das Böseste
gewünscht, was man einem Menschen zudenken kann. Ich

bin auf den Knien vor ihm gelegen und hab geschluchzt wie
ein Kind, aber er hat kein Erbarmen mit mir und meinen
Kindern gehabt. Wie ein Narr bin ich nach Geld gelaufen
und ging über Land und dachte mir, wenn er doch tot wäre.
Und immer war der Gedanke in mir, bis der Tag kam, wo
er dich ins Wasser stieß, und in der Nacht darauf lag ich
da und mein glühender Wunsch war wie ein Engel mit
feurigem Schwert, wie auf einer Feuerkugel schwebte er
aus meiner Brust heraus und ging hin und öffnete das
Tor und mein Auge begleitete seine Rachegestalt und sah,
wie er ans Bett des Elenden trat und das finstere Herz
durchbohrte und ich lag da und jubelte. Später freilich
bäumte sich meine Seele dagegen auf und das ganze Leben
war mir ein schwarzes Gewand."

Atemlos staunend hatte Agathon gelauscht: all das war
sein Erlebnis, sein Gesicht, nur hatte ihn das Schicksal
dann nicht verworfen, sondern erhöht.

„Es war ein Traum, Vater," sagte er mit seltsamer
Freudigkeit und jene hinreißende Inspiration kam wieder
über ihn. „Ich war es, ich hab es getan, mein Engel
schwebte hinüber, meine Rache hat ihn getötet. Ich bin
kein Jude mehr und auch kein Christ mehr und meine Tat
ist über dich gekommen, weil du ein Jude bist und ich von
deinem Blut. Weil dein Haus, deine Wände, deine Kleider, deine Messer und dein Gebet es nicht dulden dürfen,
und sie mußten alles das an dich heften, wovon ich frei
war und frei sein mußte. Denn ich weiß, was bevorsteht,
Vater, und meine Hände sind schon ausgestreckt für das

Werk. Mir ist, als ob mit Sürich Sperling die ganze
christliche Religion gestorben wäre, oder vielleicht nur der
böse Geist in diesem Volk, durch den es hassen mußte und
Blut vergießen und wußte nicht warum und war selber gequält dadurch. Nimm dein Leben wieder, trag es froher,
preß es an die Brust, glaube mir, daß du schuldlos bist!"

Elkan Geyer hatte sich erschrocken aufgerichtet und ihm
war, als sähe er seines Sohnes Gesicht in der Dunkelheit
leuchten. Dann ächzte er plötzlich schwach auf und verlor
das Bewußtsein. Agathon rief nach Licht.

In ruhigem Fall sank der Schnee, bisweilen glitzernd
und gleißend im Lichtstrom eines Fensters, als Agathon am
späten Abend noch umherwanderte. Er begegnete Stefan
Gudstikker in der Nähe der Ziegelei und wich ihm aus. Er
hatte keine Sympathien mehr für Gudstikker, der zu den
Menschen gehörte, die bei ihren Versicherungen stets die
Hand auf das Herz legen. Auch hatte er die Gewohnheit,
wenn er mit einem Menschen in Streit gelegen, dem andern einen langen Brief zu schreiben, voll von advokatischen
Wendungen und rätselhaften Andeutungen auf Ewiges, Zu-
künftiges und Unveränderliches, — Lügenworte, Verlegen-
heitsworte. Er liebte die eigene Melancholie, prahlte gern
vor Unkundigen, verriet die Pläne zu seinen Arbeiten jedermann in überschwenglichen Schilderungen und Prophezeiungen, schimpfte über alles Große und Anerkannte, sofern
es von Lebenden ausging, erhorchte aber dabei stets des
Zuhörers Meinung vorher, der er entweder, wenn es sein
Vorteil heischte, beipflichtete, oder sie in einem hinterlistigen

Feldzug besiegte. All das wußte Agathon, wenn er auch neben diesem Neid, dieser Verbitterung und Großmanns= sucht einen hohen Zug gewahrte, durch den Gudstikker fähig war, das wirklich Große zu verstehen und sich ihm hinzu= geben.

Als Agathon am Haus der Frau Olifat vorbeiging, sah er einen helleren Lichtschimmer als sonst aus den Fenstern strahlen. Er stieg auf einen an der Straße liegenden Quaderstein und erblickte ein Bild voll Frieden. Monika saß am Klavier in einem alten, blauen Kleid, das die Arme entblößt ließ, und sie spielte in einer schweren, langsamen, trägen Art, das Gesicht nach oben gewendet, wie wenn sie einer oft gehörten und nun vergessenen Melodie nachhinge. Ihre sonst so geschwätzige Mutter schien stumm und sah aus, als ob sie ihr ganzes Leben an sich vorbeiziehen ließe. Aga= thon wandte sich ab und blickte in die finstere Landschaft. Er war bewegt. Ziellos ging er weiter, — zur Höhe. In der Luft hing eine Fülle feinen Schneestaubs. Bald kamen die Tannen und eine furchtbare Finsternis brütete zwischen ihnen. Fern im Norden sah er den Lichtschein über Nürn= berg. Als er dann wieder umkehrte, gewahrte er den Kirch= turm des Dorfes wie eine drohende Nachtgestalt.

Wieder ging Agathon vor das Olifatsche Haus, wieder starrte er nachdenklich zu den Fenstern empor und entschloß sich endlich, trotzdem es schon elf Uhr geschlagen hatte, hinaufzugehen.

Frau Olifat, eine unansehnliche Dame, die beständig etwas einfältig lächelte und von ihrer großen Vergangen=

heit zu erzählen liebte, lag auf dem Sofa und las. Monika spielte mit ihrer kleinen Schwester Ball. Sie saß auf
einem Schemel, fing den Ball auf oder warf ihn fort,
beides mit gleichgültiger Gebärde und ohne die Richtung
ihres in der Ferne weilenden Blickes zu ändern.

Agathon setzte sich zu ihr auf einen zweiten Schemel,
stützte den Kopf in die Hand und den Arm aufs Knie und
betrachtete Monikas Hände, die weiß und fein waren, mit
schlanken Fingern und blassen Nägeln. An der Linken trug
sie einen spiralförmig gewundenen Ring, der nur locker saß,
und den sie bei jeder Bewegung mechanisch zurückschob.
Jede Bewegung selbst schien nur mechanisch, oft sanken die
Hände matt in den Schoß und blieben müßig liegen, selbst
wenn der Ball schon durch die Luft flog; dann legte sie den
Kopf zur Seite und ließ ihn an sich vorbeisausen. „Esther
muß jetzt zu Bett, il est tard," rief Frau Olifat, aber die
Mädchen achteten nicht darauf und begannen ein anderes
Spiel. Monika setzte sich auf die Erde und legte zwanzig
Spielkarten rund um sich herum. Nun sollte Esther mit
verbundenen Augen die Herz=Dame suchen. Ein seltsames
Spiel, um so mehr, als Monika dabei fortwährend lächelte
und gespannt auf die Karten sah; ihr Lächeln hatte etwas
von dem einer Wahnsinnigen.

„Warum bist du so eifrig beim Spiel, Monika?" fragte
Agathon, eigentümlich bewegt.

Sie richtete ihre Augen trotzig und verwundert auf ihn.
Dann sagte sie: „Wenn du die Dame erwischst, darfst du
mich schlagen, Esther."

Sie legte sich mit dem ganzen Körper auf die Dielen, streckte die Arme über sich hinaus und schloß die Augen.

Als Agathon sich verabschiedete, folgte ihm Monika mit einem kleinen Lämpchen in den Flur. Doch ein starker Zugwind schlug ihnen entgegen und löschte das Licht aus. Eine kurze Zeitlang standen sie unschlüssig im Dunkeln, noch geblendet vom Licht des Zimmers, dann konnten sie einander sehen und fanden, daß es gar nicht finster sei. Indes Agathon an der Treppe gute Nacht sagen wollte, lehnte sich Monika weit über die Brüstung und er sah ihre wilden Augen leuchten. Er streckte beide Hände nach ihr aus und wußte nicht, wie er sie plötzlich ganz in den Armen hielt und seine Lippen behutsam und voll Innigkeit auf ihre beiden Augen drückte. Sie lag wie eine leblose Masse an seiner Brust, und obwohl sie weder weinte noch sprach, zuckten ihre Lippen unaufhörlich.

Dann stand Agathon vor dem Gartentor und träumte, sah über das weite, nachtdunkle, schneeblaue Land, und fühlte gleichsam in seinen Augen, wie sehr er dies Land liebte, das ihm Heimat war.

Als er am nächsten Morgen, es war der erste Weihnachtstag, an Estrichs Zaun vorbeikam, hörte er grimmiges Schelten im Hause. Er lauschte. Es war die wetternde, böse Stimme des Alten. Er traf dann Gudstiffer, der ihm mit großer Erzählerfreude den Grund des Streites berichtete. Der Bruder des Alten sei ein heruntergekommener Mensch, der nichts mehr besitze, als ein ererbtes Patrizierhaus in Nürnberg, das er nicht verkaufen dürfe. Er sei ein höchst

sonderbarer Kumpan, Alchymist, suche schon seit zwanzig
Jahren den Stein der Weisen und habe dabei ein großes
Vermögen verschwendet. Nun sei er zum Bruder betteln
gekommen. Merkwürdig sei dabei nur, daß Käthe an diesem
verrückten Onkel Goldmacher mit überschwenglicher Zärt=
lichkeit hänge. Onkel Baldewin komme bei ihr gleich neben
der Bibel. „Wie glücklich sich doch manches trifft in der
Welt," schloß er in philosophischer Art seine Ausführungen,
„daß solch ein närrischer Karpfen auch noch Baldewin heißen
muß. Zu dumm!" Er schüttelte sich vor Lachen, schaute
auf seine Uhr, die er dann ans Ohr legte und eilte davon.

Daheim angelangt, sah Agathon einen Postboten, der
für den Feiertagsgang von Frau Jette ein Trinkgeld erbat.
Er hatte die Zeugenvorladung für die Verhandlung gegen
Enoch Pohl gebracht. Frau Jette vermochte kaum ihren
Namen unter den Empfangszettel zu setzen. Elkan Geyer
würde Zeugnis ablegen — im Himmel. Er lag in Krämpfen
und Fieberträumen und Frau Jette hatte niemand, der ihr
beistehen konnte. Die Magd hatte sie gestern schon fort=
geschickt, sie konnte das fremde Maul nicht mehr füttern,
sie, die jeden Pfennig bewachen mußte.

Gegen die Mittagszeit entstand ein Schreien und Durch=
einanderreden vor den Fenstern. Agathon blickte hinaus.
Die Rosenaus Mädchen verkündeten mit roten Gesichtern
irgend einen aufregenden Vorfall. Agathon hätte es kaum
beachtet, da die beiden zum Zeitvertreib alles zur Katastrophe
aufbauschten, aber als Isidor ihm winkte, hinauszukommen,
folgte er und erfuhr, daß sich eine von den vertriebenen,

russischen Judenfamilien auf der Altenberger Landstraße be-
finde und vor Elend und Hunger nicht weiter könne.

Die Unglücksstätte war nur eine Viertelstunde vom
Dorf entfernt, und als Agathon dort war, bot sich ihm ein
schrecklicher Anblick. Ein Mann, oder nur noch der Schatten
eines Mannes, lag auf der Erde, und seine erloschenen Blicke
irrten stier durch die Luft. Die Frau, ein Weib von etwa
dreißig Jahren, das vielleicht noch vor Wochen schön gewesen war, jetzt aber das Aussehen einer Greisin hatte,
kniete vor ihm und wimmerte wie ein geschlagener Hund.
Ihre Finger schienen erfroren. Sie trug in Tüchern ein
Kind auf dem Rücken, ein zweites, noch Säugling, lag im
Schnee, ein Knabe von nicht mehr als sechs Jahren stand
zusammengekrümmt, mit verweintem, schmierigen Gesicht
neben ihr, klammerte sich, schlotternd vor Frost, an ihren
Rock und richtete zuweilen in fremdländischen Lauten eine
verzweifelte Frage an seine Mutter.

Agathon, nicht geneigt zu träumen, unterbrach das
Fragen und Gaffen der andern, schickte Mirjam, die mit-
gelaufen war, zurück um einen Wagen zu holen, und da
sich die Rosenaus zur Beherbergung der Unglücklichen er-
boten, waren seine Dienste bald überflüssig. Erst in der
Nacht, die nun folgte, kamen die Gedanken. Er empfand
eine eherne Zusammengehörigkeit mit seinem Volk, und
doch haßte er dies Volk, — jetzt mehr als je. Er haßte
die Frommen und haßte die, die sich des religiösen Gewands
entäußert hatten und wie Trümmer eines großen Baues
verloren auf dem Ozean des Lebens trieben, verachtet oder

mächtig, doch auf jeden Fall Schmarotzer auf einem frem-
den Stamm. Inmitten fremden Lebens ein fremdes Volk,
voll gezwungener Fröhlichkeit, in einem unsichtbaren Ghetto.
Der alte Herrlichkeitsgedanke ist verrauscht und mit den
Spuren zweitausendjährigen Elends am Leibe spielen sie die
Herren und bedecken ihre Wunden, ihre Unzulänglichkeit,
die Schmach der Unterdrückung mit einem Mantel von
Gold. Und er haßte auch die andern, diese ungroßmütigen
Gastgeber mit ihrem Munde voll Lügen und Phrasen und
falschen Versicherungen, mit ihren trügerischen Gesetzen
und scheinheiligen Göttern. Und er haßte die Zeit, die sinn-
los hinrollende, atemlose Zeit, die Hoffnung gibt, um sie
nur mit dem Tode einzulösen und die Glieder mit Krankheit schlägt, wenn der Geist den Körper überwinden will.

Gleichwohl erfüllte ihn die ungeheuerste Sehnsucht
nach dem Leben irgendwo da draußen und er beschloß, aus-
zugehen wie einst David, der sich ein Königreich gewann.
Halb im Traum gewann sein Vorsatz Kraft und Unumstöß-
lichkeit.

Am andern Vormittag packte er ein schmales Bündel
und reichte seiner Mutter die Hand zum Abschied. Frau
Jette war so erschrocken, daß sie sich nicht fassen konnte.
Sie konnte den Entschluß des Sohnes nicht mißbilligen,
nur fragte sie, weshalb er gerade jetzt fort wolle, da der
Vater auf den Tod krank sei.

Agathon schüttelte den Kopf. Zwischen ihm und seinem
Vater durfte kein Band mehr sein. Gewaltsam und uner-
bittlich drängte es ihn fort, und er ließ sich durch nichts

beſtimmen, zu ſagen, wohin er ſich wenden würde. Er nahm
auch die paar Groſchen, die ihm die Mutter bot, nicht an,
ſondern verſicherte lächelnd, daß er kein Geld brauche. Er
ſteckte ein Dutzend Äpfel in das Bündel, Käſe und Brot,
küßte die Mutter und die Geſchwiſter und ging in den
kalten Wintertag hinein.

Dreizehntes Kapitel

An Bojesen konnte man jenen leise fortschreitenden Ver=
fall gewahren, der sich in einer mehr und mehr glän=
zenden Rocknaht offenbart; in jener Vernachlässigung des
Äußeren, die sich bis zum Trotz steigert; in der Verringe=
rung des Trinkgeldes für Kellner und Oberkellner: in der
beflisseneren Art, vornehme, wenn auch sonst gehaßte Per=
sonen zu grüßen; in der erkünstelten Ruhe, womit man in
den Läden nach dem Preis der Waren fragt, — kurz, in
all jenen Dingen, die so tief gehen, wie sie unbedeutend
scheinen und mehr verwunden, als das offene Geständnis
der Not. Die Behaglichkeit gesicherter Zustände ist dann
das einzig Wünschens= und Ersehnenswerte, und wenn es
zu Hause kalt ist, träumt man von einem offenen Kamin=
feuer mit fallenden Glutkohlen, so wie man sonst die Ge=
danken in alle Tiefen der Metaphysik sandte.

Er war verlassen, und er überredete sich, daß er in
seiner Verlassenheit glücklich sei. Eine befremdliche Ruhe=
losigkeit war über ihn gekommen, die ihn von Rast zu Rast
und von Arbeit zu Arbeit trieb; aber die Rast war ohne
Frieden und die Arbeit ohne Frucht. Die Häuser, die ein=
gefrorenen Parkanlagen vor seinem Haus, die vorbeisausen=
den Züge der Eisenbahn, Menschen, Hunde und Steine,
alles hatte sich verändert, hatte in seinen Augen etwas
Flüssiges erhalten und schien durch die unlösbare Kette der
Teilnahmlosigkeit, die alles und alle umfangen hielt, ver=
ächtlich. Oft wenn der Sturm bei Nacht um die Mauern

fuhr, daß es schien, als koche die Atmosphäre, kam sich
Bojesen als ein unermeßlich einsames Wesen vor im weiten
Universum, das sich im Zustand des Wartens befand auf
irgend einen magischen Befehl jener Dame, die die Lebens-
fäden so kühn und unberechenbar ineinandersticht. Wie leer
erfand sich schließlich die Wissenschaft vor seinem Nachdenken. Selbst die Lampe auf seinem Tisch, die Stühle,
die Bücher im Regal, — sie hatten etwas Wesenloses
für ihn.

Um Geld zu verdienen, suchte er Stunden zu geben.
Es gelang ihm, die zwei Söhne des Witwers Samuel
Binsheim zum Privatunterricht zu bekommen. Dieser Herr
Binsheim setzte einen eigenen Ehrgeiz darein, mit Bojesen
gelehrte Gespräche zu führen. Er überfiel ihn also oft auf
der Straße und versicherte ihm stets von neuem, daß er
ein Materialist sei, ein Freidenker, Freigeist, ein Atheist und
machte ihn mit seinem Plan bekannt, einen Atheistenverein
zu gründen. Er sah darin die höchste Vollkommenheit des
Geistes; jeder Atheist war im Voraus sein Freund, er suchte
Disziplin in die Atheisten zu bringen und wollte sie orga-
nisieren.

Herr Binsheim war es auch, der ihm erzählte, Stefan
Gudstikker habe ein Buch veröffentlicht, worin die Leiden
eines tragisch endenden Schulknaben so meisterhaft geschil-
dert seien, daß das Werk in kurzer Zeit das größte Auf-
sehen erregt habe. Bojesen bat Herrn Binsheim um das
Buch, doch als er es lesen wollte, fand sich, daß Herr
Binsheim die Blattränder dazu benutzt hatte, um seine

Feder in kritischen Anmerkungen schwelgen zu lassen. Daher
konnte sich Bojesen lange Zeit nicht zur Lektüre entschließen,
denn ihm war, als solle er sich in ein Bett legen, das noch
warm war vom Schlaf eines Fremden. Schließlich las er
es doch und fand viel Gewandtheit der Darstellung in dem
Buch, viele blendende Einzelheiten; er fand viel Wollen,
das nicht zur Kraft entwickelt war und jenes wunderbare
Spiel mit Natürlichkeit, jene leicht überspannte Romantik
der Gefühle, die sich um einfache Wirkungen herumlügt,
weil sie des Einfachen nicht fähig ist.

Oft wenn Bojesen nach Hause gekommen war und sich
in seinem Zimmer eingeschlossen hatte, wurde vor der Türe
ein schwaches Knistern hörbar. Dies Knistern stammte von
einem Kleide, und die dies Kleid trug, war Fanny Bojesen.
Fanny Bojesen schlich über die sich krümmenden Dielen
dahin, schreckte bei jedem Laut zusammen und legte ihr Ohr
an die Türe des Gemachs, hinter dem sich der einsame
Mann verschanzt hatte vor dem Leben und vor der Liebe.
Sie wurde nicht müde, zu lauern und zu lauschen, und
nicht einmal ein Seufzen von drinnen belohnte ihre Qual.
Oft nach solch fruchtlosem Spionieren setzte sie sich in ihrem
Zimmer an den Tisch und schrieb, schrieb, schrieb ... die
lange, klagende Epistel des unglücklichen Weibes, und am
folgenden Morgen verbrannte sie was sie geschrieben. Wenn
Bojesen ausging, versteckte sie sich; wenn er kam, versteckte
sie sich; aber nie war ihr Gehör feiner und wachsamer gewesen für jedes Geräusch, das auf sein Kommen oder Gehen
deutete; wenn sie sich zufällig begegneten, wußte sie ihr

Gesicht von Gleichgültigkeit förmlich strotzen zu lassen, und
war sie dann allein, so weinte sie stundenlang. Als später
das Dienstmädchen abgeschafft wurde, war es an ihr, ihm
die nicht allzu reichlichen Mahlzeiten zu servieren. Keine
Regung ihres Innern war dann auf ihrem Antlitz zu gewahren,
kein Erblassen, kein Zittern ihrer Hand zu sehen. Trotzdem
schluckte Bojesen in dieser Zeit manche Träne ahnungslos
mit hinunter, die ohne sein Wissen die Speisen gewürzt hatte.

Er ergab sich jetzt den stillen Studien, die an der
Grenze der Wissenschaft liegen und den Ausblick gestatten
auf ein unermeßliches Reich von Hypothesen, auf die schranken-
lose Nutznießung phantastischer Probleme. Es schien ihm
oft, als ob sein Verstand dabei in die Brüche gehen müsse,
aber dies gefährliche Tappen im Reich unumstößlicher Gesetze entzog ihn der Welt und seinen eigenen Sorgen, und
wenn er spät, spät in der Nacht in irgend einer ungeheuer-
lichen Formel den Boden neuer Entdeckungen zu sehen
glaubte, konnte er in eine erhitzte Wonne geraten, wie ein
Wirt über das Bier, das er selbst gebraut und konnte vergessen, wie nahe ihm die Forderung praktischer und lohnen-
der Arbeit gerückt sei.

Eines Tages, der Schnee war im Schmelzen und laue
Winde kamen, fühlte er sich gänzlich abgespannt, fühlte er
sich alt. Es war ein wunderlich wissender Zustand, durch
den er über sich selbst hinausspähen konnte und zugleich das
Gefühl von Wichtigkeit verlor, das die Quelle nützlicher
Leistungen ist. Da wurde ein Brief in sein Zimmer
geworfen, der den Poststempel Paris trug und so lautete:

„Eines Wortes bist du noch wert. Ich erfülle deine Bitte: hier hast du ein Lebenszeichen. Ich kann es dir mit Recht senden, denn ich lebe hier. Hier hört man das Herz der Menschheit schlagen. Hier bin ich, die ich stets gewesen bin, nur unentdeckt gewesen bin, hier trinkst du dich wahnsinnig am immergefüllten Becher. Tausende purzeln, Hunderte steigen, Tausende jubeln und sterben zugleich. Aber es ist vielleicht nicht das Echte; nicht Nektar, sondern Haschich. Nichts für deinesgleichen! Nichts für gute Charaktere, für euch Perlen am alternden Hals Europas. Ich komme vielleicht zurück, weil es mich reizt, euch dort ein wenig toll zu machen. Ich habe erst hier von einem König gehört, der bei euch leben soll, — ein Heliogabal, jammervoll mißkannt, ein Sohn der Sonne. Und nun leb wohl, Erich, löse dich aus dem Niedrigen, das dich umfängt und denke ohne Groll an deine Jeanette."

Bojesen warf den Brief in eine Ecke, hob ihn jedoch wieder auf, legte ihn mit feierlichen Gebärden zusammen und zerriß ihn dann in lauter kleine Stückchen. In diesem Augenblick kam ihm alles, was er trieb, so erbärmlich vor, und alles, was er wußte, so oberflächlich, daß er in einer schmerzlichen Apathie die Augen schloß. Dann nahm er eine Feder zur Hand und schrieb auf das nächste Stück Papier: Wissenschaft.

> Es war ein Mann, ich weiß nicht, wie er hieß,
> Den das Geschick im tiefen Schoß der Erde
> Vor langer Zeit zum Leben kommen ließ,
> Und Finsternis war Mutter, die ihn nährte.

Doch er vermochte nicht zu reimen; auch fühlte er, daß sein Gedanke dabei die Klarheit verlor. Deßhalb fuhr er in Prosa fort: Schweigen erfüllte sein Leben und nichts störte die Ruhe um ihn her, als ein beständiges dumpfes Summen und Dröhnen über ihm. Der Unterirdische setzte jedoch alle Geisteskräfte daran, den Grund des ewigen, drohenden, geheimnisvollen Dröhnens zu erforschen. Er glaubte nicht an ein Wunder; er teilte auch den Glauben von dem göttlichen Ursprung des Dröhnens nicht, wie er in überlieferten Dokumenten las, sondern forschte, erfand Meßapparate und andere Instrumente, stellte Gesetze und Regeln auf, berechnete die Stärke des Dröhnens und die Zeit, die verging, bis der Schall an sein Ohr kam und viele andere Dinge mehr, die ihn zu gigantischen Spekulationen führten. Und nach langer, langer Zeit begann er zu graben, emporzugraben, und je mehr er grub, je vernehmlicher wurde das Dröhnen, bis endlich die letzte Schicht Erde fiel und der Sohn der Finsternis geblendet in die Höhe starrte, — ins Licht! Da kehrte er zurück in seinen unterirdischen Wohnsitz und war beglückt, als er sah, daß das Licht die Ursache des Dröhnens war. Doch wie andere Dinge hätte er sehen können, wenn er noch hundert Meter höher gekrochen wäre! Wie hätte das Surren und Brausen von tausend irdischen Dampfmaschinen sein einsamkeitgewöhntes Ohr betäubt! Wie wäre er entsetzt gewesen von dem endlosen Krieg, der über ihm tobte, von den Schicksalen, die in das Stampfen der Motore verwoben waren! Dabei hatte er vielleicht nicht einmal das wirkliche

Licht erblickt, sondern nur das künstliche einer Maschinen-
halle.

Enttäuscht und gelangweilt legte Bojesen das beschrie-
bene Blatt Papier in eine Schublade. Jetzt erst empfand
er den nagenden Schmerz, den ihm jener Brief zugefügt
hatte. Jeanettens Bild stieg herauf. Nun wußte er auch
sein ruheloses Forschen zu deuten, und er blickte im Zimmer
umher, als ob er sich vor den Möbeln schäme, daß er sie
je getäuscht und hintergangen durch sein nächtliches Wachen.
Er sah Jeanette unbeweglich stehen, wohin er auch blicken
mochte, er sah sie in einem dunkelgrünen Kleid, das rote
Haar gelöst, in den Augen eine schwermütige Ruhe, die er
in Wirklichkeit nie bei ihr bemerkt. Er ging im Zimmer
umher und dachte an nichts anderes, als wie er sie wieder
gewinnen könne, und der törichteste Ausweg erschien ihm
schließlich als der beste. Er schickte sich an, zu Baron
Löwengard zu gehen. Sein wahnsinniges Verlangen redete
ihm ein, daß Jeanettes Vater vielleicht Macht über sie
besaß, oder daß es mit dessen Hilfe gelingen könne, Jeanette
durch eine List zur Rückkehr zu bewegen. Er wußte kaum,
was er tat.

Eine Viertelstunde später trat er ins Löwengardsche
Haus. Noch immer trugen die Karyatiden geduldig die
Last des Balkons, noch immer besann sich Merkur auf dem
Dache, ob er fliegen solle oder nicht. Außerdem tropfte
das Schneewasser von den Rinnen und Brüstungen, so daß
die Riesen zu schwitzen schienen, und eine ahnungsvolle
Sonne vergoldete die Fassade. Auch im Innern des Hauses

hatte sich nichts verändert. Die alte Pracht bestand noch; nicht, als ob der Besitzer dieser Reichtümer kürzlich zu Fall gekommen wäre und Hunderte in Not gerissen hätte, sondern als ob irgend ein hochgeborener Gast die Ursache der vornehmen Stille sei.

Bojesen wurde angemeldet und vorgelassen. Mit zusammengepreßten Lippen stand er vor dem Kaufmann, der ihn einige Zeit unbekümmert musterte, ehe er sich entschloß, ihm einen Sitz anzubieten.

„Ich komme wegen Ihrer Tochter," sagte Bojesen mit stockender Stimme.

Das Gesicht des Bankiers veränderte sich im Nu. Er richtete sich straff empor, schob seine Hand in die Rockbrust und sein Gesicht wurde steinern, als er antwortete: „Meine Tochter hat mit der Firma Löwengard nichts zu tun. Wenn dies also der Zweck Ihrer Anwesenheit ist, muß ich bedauern. Wenn meine Tochter in Not ist, hat die Firma keinen Grund, diesem Umstand Aufmerksamkeit zu schenken."

„Ihre Tochter ist nicht in Not," entgegnete Bojesen stirnrunzelnd. „Ich wollte nur fragen, ob Sie nicht Auskunft über ihren gegenwärtigen Aufenthalt wünschen oder ob Sie sie vielleicht zurückrufen wollen. In diesem Fall wäre ich bereit—"

„Verehrter Herr, ich sagte Ihnen schon, daß meine Tochter mit den Angelegenheiten der Firma nichts zu schaffen hat. Sie ist tot für das Haus Löwengard. Ich sehe deshalb keinen Anlaß, dies Gespräch fortzusetzen."

Das war ein deutlicher Wink; aber Bojesen blieb ruhig sitzen und folgte mit finsterem Blick dem Auf- und Abgehen

des Bankiers, der die Hände auf dem Rücken hielt und mit
den Fingern ein Geräusch machte, wie wenn man den
Pfropfen aus einer Flasche reißt. „Vatergefühle und der=
gleichen kennen Sie wohl nicht?“ sagte er, empfand jedoch
zugleich das Selbstsüchtige seiner Bitterkeit und errötete
flüchtig.

„Vatergefühle setzen Tochtergefühle voraus,“ erwiderte
der Bankier kalt.

„Und Sohnesgefühle!“ fügte Bojesen verächtlich hinzu,
indem er an Gedaljas Schicksal dachte.

„Herr!“ rief der Bankier, feig werdend. Seine tückischen
Augen blickten unsicher nach der Türe.

Als Bojesen ging, war die Sonne im Sinken und er=
goß Ströme purpurroten Lichts auf die tauenden Schnee=
flächen. Der Himmel, einem Teppich gleich, war mit selt=
sam regulären Wolkenmustern besät, und in der Tiefe des
westlichen Horizonts stand ein Rest der Sonne als glühendes
Segment und war bald verschwunden, eine gleichmäßig=
brennende Röte hinter sich lassend. Bojesen schritt vorbei
an den Schreibzimmern der Firma Löwengard, wo seit
einigen Tagen wieder gearbeitet wurde, und sah durch die
mit grünen Gittern versehenen Fenster. Pult an Pult;
Kommis neben Kommis: bleiche, langnasige Menschen mit
trüben Augen, mit Augengläsern, mit beschäftigten, sorgen=
vollen Mienen, freudlose Rechenmaschinen. Staub!

Die Landschaft breitete sich flach und trostlos aus, nicht
anziehender geworden durch die blendenden Abendgluten.
Eisenbahnremisen, ein abgebrochener Zaun, durcheinander=

laufende Schienen, rötlich schimmernd im Widerschein des
westlichen Feuers, einzelne Güterwagen, eine Lokomotive,
stumm und kalt, ein Lastwagen, Bahnwärter= und Signal=
häuschen, Telegraphenstangen, Güterhallen und weit drüben
ein schüchternes Etwas von Wald, mit letztem Schnee be=
hangen, und das erste oder vielleicht vorjährige blasse Grün
einer Wiese. Und all das weckte in Bojesen auf wunder=
bare Art Erinnerungen an die Kindheit, ließ Bilder der
Heimat in ihm wachsen, und er hatte Heimweh.

Gleichwohl sehnte er sich nach Gesellschaft, und da er
nicht weit von Nieberdings Villa entfernt war, wandte er
sich dorthin. Er schritt an den feuchten Hängen hin, zwischen
Gesträuchern; zur Rechten war die Mauer des Kirchhofs,
tief unten schimmerte das Wasser des Flusses und drüben
lag das ebene Tal, das vom Horizont verschlungen wurde.

Er fand das Tor der Villa offen, schritt die Treppe
hinauf und pochte, da er niemand sah, an die nächste Tür
und als niemand antwortete, ging er hinein. Das Zimmer
war leer: er ging weiter, öffnete eine zweite Tür und stand
betroffen still

An einem Sessel kniete, ganz zusammengeschrumpft und
gekauert, Cornely Nieberding und richtete sich erst auf, als
sich Bojesen verlegen räusperte. Sie warf mit einem
energischen Schütteln das Haar zurück und rief angstvoll:
„Was ist? Ist er tot?"

Als Bojesen sie erschreckt anstarrte, trat sie auf ihn zu,
bot ihm schüchtern die Hand und flehte: „Helfen Sie mir!
Seit zwei Tagen ist Eduard nicht nach Hause gekommen,

hat keine Nachricht hinterlassen, keine Zeile geschrieben. Ich
habe meine Leute auf die Polizei und zu allen Bekannten
geschickt, helfen Sie mir!"

Bojesen sah gespannt in ihr blasses Gesicht, das unauf=
hörlichen Zuckungen unterworfen war und durch Schlaflosig=
keit und Sorgen gealtert erschien. Als sie sich so schweigend
betrachtet sah, ließ sie den Kopf sinken und ihre Ohren wur=
den glühend rot, während Stirn und Wangen bleich blieben.

Bojesen suchte nach Worten.

„Er ist ja mein Stiefbruder," sagte Cornely mit einer
krankhaften Versunkenheit und lächelte so schuldbewußt, daß
es Bojesen wie ein Stich traf.

„Er wird zurückkehren, Fräulein," tröstete er mit gesell=
schaftlicher Liebenswürdigkeit. „Vielleicht beschäftigt ihn ein
kleines Abenteuer." Doch sogleich empfand er das Unge=
hörige seiner Worte, denn Cornely schaute ihn erschreckt und
fremd an. Um den Fehler wieder gut zu machen und da
ihr Schmerz etwas so Wühlendes und Gepreßtes hatte, daß
er fast ungeduldig wurde, ihr beizustehen, fragte er, wodurch
er ihr helfen könne.

Sie dankte ihm durch einen Händedruck und teilte ihm
mit (zögernd, als ob sie durch das Versprechen des Schwei=
gens gebunden sei), daß Niederding seit einigen Wochen mit
einem gewissen Baldewin Estrich in Nürnberg viel verkehre;
es sei ihr nicht bekannt, wo der Mann wohne, aber sie träfen
sich stets in dem Kaffeehaus an der Frauenkirche. Wenn
Bojesen sich ihr freundlich erweisen wolle, möge er nach
Nürnberg fahren und dort Erkundigungen einziehen.

Ohne viel Worte zu machen, entfernte sich Bojesen, war eine halbe Stunde darauf in Nürnberg und fragte in dem angegebenen Kaffeehaus nach Nieberding, — umsonst. Darauf nannte er den Namen Baldewin Estrich, den er von Cornely vernommen, und dieser Name war den Leuten bekannt; es wurde Umschau gehalten und man schien erstaunt, den Herrn gerade heute zu vermissen, der seit Jahr und Tag um diese Stunde hier zu finden war.

Als Bojesen durch die winklig-schiefen Gassen wieder zum Bahnhof eilte, — denn die Wohnung jenes Estrich hatte er nicht zu erfragen vermocht, — stutzte er plötzlich beim Anblick einer rasch vorübereilenden Frau, blieb dann wie angewurzelt stehen und lehnte sich an einen Laternenpfahl. Er hatte Jeanettes Züge zu erkennen geglaubt. Er war sich der Täuschung bewußt und doch zitterte er an Armen und Beinen.

Spät am Abend kam er wieder in Nieberdings Haus und erfuhr von Cornely, daß ihr Bruder gekommen sei. Sie dankte ihm mit scheuer Herzlichkeit, führte ihn aber nicht ins Zimmer und sagte, Eduard sei krank und unbegreiflich erregt.

Wieder schloß sich Bojesen tagelang mit seinen Büchern ein, brütete, grübelte, träumte; draußen herrschten Frühjahrsstürme. Es pfiff und jauchzte und heulte und wühlte um die Mauern wie bei einem Wrack, das hilflos auf Felsenboden sitzt. Es sang und brummte und brodelte in den Lüften, und der ganze Himmel mit Wolken glich einer hurtig fahrenden Maschinerie, indes der Mond in der

Nacht schreckhaft und fahl von Wolkenloch zu Wolkenloch
stürzte.

An einem solchen Abend ging Bojesen aus. Er fühlte
sich erschüttert im Sturm und sein Herz wurde weit. Er
sah Blitze leuchten im Osten und hörte den entfernten Donner
eines Februargewitters. Als er in die Gegend des Marktes
kam, hörte er eine Stimme hinter sich, die den Wind laut
übertönte. Er glaubte diese Stimme zu kennen, verzögerte
seinen Schritt und lauschte.

„No sag' selber, hab' ich geschlafen sitter ach Täg?
Haste geschlossen gesehn meine Augen? Bin ich gewesen in
schlechter Gesellschaft, daß se mer gemacht hat e schlechtes
Gewissen? Haste schon emel son Sturmwind derlebt?
Hu — uch! wirbel wirbel bl bll bll —!"

Bojesen war so entsetzt, daß er keinen Schritt mehr
machen konnte.

„Holla! aach e Mann, den ich kenn!" rief Gedalja und
lachte unbändig. „Komm mit, Mann, komm mitle! Ich,
— ich kenn die Welt, ich kenn' se in= un auswendig kenn'
ich se, oben un unten kenn' ich se, hinten un vorn kenn'
ich se."

Bojesen wich zurück und packte die Frau, die den Greis
begleitete, fest beim Arm. Es war Frau Hellmut. „Ist
er betrunken?" flüsterte er ihr zu.

Sie schüttelte den Kopf. „Mein Sema hat ihn gebracht, so wie er ist."

„Und warum führen Sie ihn denn herum?"

„Er ist uns fortgerannt. He, halt! halt!" Und sie

rannte dem alten Mann, in die Hände schlagend, nach,
während er in der Mitte der Straße umhertanzte. Der
Mond beschien ihn kalt und unheimlich. Bojesen empfand
einen kühlen Schauder.

Auf einmal wurde der Greis still und ließ sich führen
wie ein Kind. Bojesen ging an Frau Hellmuts Seite, die
sich in seiner Gesellschaft unbehaglich fühlte und ihm zwei-
felnde Seitenblicke zuwarf.

„Ich kenne ihn," sagte Bojesen. „Es erschreckt mich
sehr, das alles."

„Wer sind Sie denn?"

„Bojesen."

„So? Der Lehrer?"

„Gewesen, ja."

Als sie vor Frau Hellmuts Wohnung angelangt waren,
ging Bojesen mit hinauf. Nach kurzer Weile kam auch
Sema. Gedalja hockte auf einem Schemel, äffte den Wind
und lachte.

„Jeanetterl, kumm her! kumm her, Jeanetterl! Ich muß
d'r was sagn!" flüsterte er kaum hörbar. „Ich hab' d'rs
ja gleich g'sagt. Geld will ich kaans. Ich pfeif d'r af dei
Geld." Plötzlich fuhr er wie toll auf und stieß Sema, der
ihn beruhigen wollte, mit voller Kraft weit von sich, daß
der Knabe gegen den Ofen taumelte. „Dei Geld? Na!
Dei Geld? Da klebt Schweiß draa un Blut, lieber Sohn!
Es rollt — tief! Komm herla, Eisenhäarla! Chomez-
fresserla! Chuzpeponim! Ach, was haste gemacht mit en
alten Mann!"

„Warum bringen Sie ihn nicht fort?" fragte Bojesen
erschüttert.

„Morgen früh kommt er in die Anstalt, Herr Bojesen."
Bei dem Namen blickte Sema hastig empor und schaute
Bojesen an. Dann stand er auf, trat zu Bojesen und fragte
flehend: „Wo ist Agathon?"

Bojesen war erstaunt. Er schüttelte den Kopf, nahm
Semas Hand und streichelte sie. Eine Zeitlang war es
still. Bojesen war versunken in den Anblick des langsam
einschlummernden Greises, dessen Rücken steif an die Wand
gepreßt war. Sema saß vor Gedalja auf der Erde.

Als Bojesen die finsteren Treppen hinabsteigen wollte,
eilte ihm Sema nach. „Herr Bojesen," rief er leise, „die
Schüler!" In abgerissenen Worten, atemlos, von dem Be-
streben beseelt, ein Unglück abzuwenden, erzählte er, daß
viele Schüler der obersten Klasse morgen Nacht den Rektor
überfallen wollten, wenn er vom Wirtshaus heimging; es
sei eine Verschwörung, sie wollten sich auch verkleiden; einer
habe einen Aufruf geschrieben, worin die Rückkehr Bojesens
gefordert sei, auch hätte eine Geldsammlung stattgefunden,
um Bojesen ein Ehrengeschenk überreichen zu können. Er,
Sema, sei von all dem durch einen guten Freund unterrichtet und er fürchte, daß es den Schülern schlecht ergehen
werde.

Bojesen sah nachdenklich ins Finstere. Er legte seine
Hand beschwichtigend auf Semas Haupt, drückte ihm dann
schweigend die Hand und ging, während ihm der Knabe
hilflos nachschaute. Nebenan wohnte ein Firmenmaler,

der in nächtlichen Mußestunden klassische Monologe einübte,
und Sema hörte ihn brüllen, während er bang in die
Nacht sah.

Indes wurde Bojesen nicht müde, gegen den Sturm
anzukämpfen. Er ging über die Felder; die Landschaft schien
zu wogen wie aufgewühlte See, der Fluß stürzte rauschend
einher und war bis zum Rand angeschwollen. Bojesen
empfand ein Grauen davor, heimzukehren und sann darüber
nach, wo er den Rest der Nacht verbringen solle. Er kehrte
um und stand alsbald unschlüssig vor dem Eingang zum
siebenten Himmel. Während er noch überlegte, kam der
Glühende heraus, begrüßte ihn und fragte, ob Bojesen
nichts von den sonderbaren Ereignissen gehört habe, die sich
heute Abend in Nürnberg abgespielt. Ein halbwahnsinniger
Mensch, ein Goldmacher, habe das Volk aufgewiegelt, ein
junger Mensch habe die Lorenzerkirche in Brand gesteckt und
die ganze Stadt sei wie von Sinnen. Er gehe jetzt, um
sich die Geschichte anzuschauen.

Bojesen vernahm das alles wie im Traum. Schließ=
lich verging die Nacht und verbrauste mit ihrem Sturm;
eine Nacht für alle und dann den Tod in den Wellen sterben,
dachte er. War es nicht auch ein Traum gewesen, daß einst
ein weißer Arm schmeichlerisch seinen Hals umschlungen
hatte? oder war dies vor langen Jahren geschehen, in einer
entlegenen Zeit der Geschichte?

Am Morgen verließ er früh das Haus. Die Straßen
waren vom Sturm reingeleckt. Ob er geschlafen oder nicht
geschlafen, wußte er nicht. Einem Entschluß folgend, den

er schon gestern bis in die Einzelheiten gefaßt und erwogen und der ihn jetzt von selber vorwärts trieb, ging er ins Schulhaus, um die Schüler zur Vernunft zu bringen und von törichten Streichen abzuhalten, die ihm und ihnen schaden mußten. Er tat es widerwillig, denn er hatte sich gesagt: laß diese Jugend einmal sich empören.

Es schlug acht Uhr, als Bojesen die Klasse betrat. Sobald die Knaben ihn gewahrten, entstand ein feierliches Schweigen. Plötzlich kam ein junger Mensch mit offenem, liebenswürdigem Gesicht, das ein wenig an die Züge Agathons erinnerte, auf Bojesen zu und reichte ihm die Hand. Dann erhoben sich auf einmal alle in sorgloser Erregung, in mühsam verhaltenem Jubel, mit erstickten Ausrufen, stürmten auf den verstoßenen Lehrer ein, drückten und schüttelten seine Hände, sahen mit leuchtenden Augen zu ihm auf und die Boshaften, die Dummen und Launischen verloren alles, was sie abstoßend machte. Bojesen, in seiner Ergriffenheit, vermochte anfangs nicht zu reden; doch bald bemerkten sie seine Absicht und schwiegen bereitwillig still. Er sagte ihnen, was er sagen wollte: ernst, verständlich und verständig, und sie schienen beschämt. In ihren Blicken war das offene Versprechen des Gehorsams zu lesen.

In diesem Augenblick wurde die Türe aufgerissen und der Rektor trat ein. Bei dem Anblick, der sich ihm bot, ging eine förmliche Versteinerung mit ihm vor. Er lallte, und seine Brille fiel von der Stirn auf die Nase. Er ließ einen eisigen Blick auf Bojesen fallen und einen finster-drohenden auf die Schüler, die trotzig stehen blieben. Bojesen

wollte nichts zu einer theatralischen Auseinandersetzung bei-
tragen. Er fühlte sich zu froh und zu bewegt. Er entfernte sich mit einer sarkastischen Verbeugung gegen den
Rektor.

Stunden vergingen für Bojesen in einer Reihe luftiger
und beglückender Visionen: von einer neuen Zeit; von dem
Wachsen verborgener Keime, von denen die Welt ein paradies-
haftes Blühen erwarten konnte. Doch als der Abend kam,
wurde es wieder dunkel in ihm. Er ging über den Kohl-
markt nach der Wohnung, die Jeanette innegehabt und die
noch leer stand. Die alte Dame, die hier wohnte, ließ
Bojesen ungehindert eintreten. Durch ihr Lächeln leuchtete
ein menschliches Verstehen, als sie ihn allein ließ in Jeanettens Zimmer.

So blieb er, warf sich auf einen Sessel und ließ den ge-
fürchteten Schatten kommen. Er dachte, daß er sie küssen könne,
doch sie ging hastig, ohne zu sehen oder zu hören, an ihm
vorbei. Dann kamen andere, — geschwätzige Gestalten.
Alle hatten etwas zu erzählen, wobei sie auf den Zehen
leicht dahinhuschten, sich ein Tuch umnahmen, es wieder
liegen ließen und sie sahen aus, als hätten sie dreißig Tage
lang unter der Erde gelegen.

Es war sehr spät, als er ging. Die Gassen waren leer
und still. Er wußte nicht, wie er heim gelangte. In seiner
Wohnung war alles finster. Lange stand er auf dem Korridor
in quälerischem Besinnen, dann begab er sich vorsichtig und
leise in das Zimmer, wo Fanny seit Wochen allein schlief,
zündete eine Kerze an und setzte sich auf den Rand ihres

Bettes. Er sah sie friedlich schlummern und nahm ihre rundliche Hand. Die Kerze warf tiefe Schatten auf eine Seite ihres Gesichts. Plötzlich erwachte sie. Sie fuhr jäh empor und schrie auf, streckte die Hände aus und schlug sie dann vor das Gesicht. Bojesen hielt den Blick auf die Dielen geheftet und atmete tief auf.

Vierzehntes Kapitel

Im kleinen Schustergäßchen in Nürnberg, welches vom großen Schustergäßchen aus zur Burg führt, stand ein altes, düsteres Haus. Selten wurde zur Tageszeit das Tor von schwerem Eichenholz geöffnet, selten waren die vor Staub und Bejahrtheit blinden Fenster abends er= leuchtet.

Das Haus war von Baldewin Estrich bewohnt, und zwar nicht in allen seinen Räumen, sondern Herr Estrich hauste vornehmlich in einer großen, mit Steinen gepflasterten Küche, die ein Fenster nach dem einsamen Hof hatte mit seinen Holzgalerien und wunderlichen Säulen und Schnitz= werken. Hier verbrachte Baldewin Estrich seine Tage und einen großen Teil der Nächte, um zu experimentieren, zu analysieren, in Retorten dickliche Flüssigkeiten zu kochen, auf seltsamfarbenen Flammen noch seltsamere Körper bis zur Weißglut zu erhitzen, und was er auf diese Art suchte und erfinden wollte, war nichts mehr und nichts weniger als die Kunst des „Goldmachens".

Doch nicht aus gemeiner Habsucht oder nur aus dem Drang, reich zu sein, frönte Baldewin Estrich dieser Leiden= schaft. Auch war er weit davon entfernt, der Wissenschaft einen Dienst leisten zu wollen. Ja, er war sogar davon überzeugt, daß sein Weg von dem der Wissenschaft weitab lag, und daß er selbst ein Gespött der Fachgelehrten bilden müsse, als ein Mensch aus vergangenen Jahrhunderten, wo Wunder und Traktätchen, Zauberei und Hexenkunst

die Brücke zwischen Sehnsucht und Besitz schlagen sollten.
Auch war er nicht betört durch jene uralten Bücher der
schwarzen Kunst, jene dunklen und verschwommenen Nach=
richten über rätselhafte Magier und über den verlorenen
Schlüssel zu dem großen Geheimnis. Er war mit der
Wissenschaft der Zeit gegangen, eifrig und unermüdet, hatte
in ihre verstecktesten Winkel geschaut, ihre zahllosen Doku=
mente durchstöbert, war an ihr verzweifelt und in dieser
Verzweiflung zusammengebrochen wie ein Kind. Denn
was sie ihm bot, war nicht das, was er darin suchte: ein
Mittel, die Menschheit glücklicher zu machen. Dann be=
gann er aus eigenem Antrieb hinauszubauen über das Vor=
handene, stellte ungeheuerliche und gefährliche Experimente
an, um den chemischen Urstoff zu finden, jenes vage Etwas,
Äther oder sonstwie genannt, an das er mit allen Sinnen
glaubte, weil ihm das Element, sei es nun Gold oder
Eisen, Schwefel oder Chlor, nicht mehr ein untrennbares
Eins bedeutete. Freilich wollte er mit der Praktik nichts
gemein haben, und so baute er weiter, kühn und mutig,
wie ein Mann, der in der Wüste wohnt und dort Städte
gründet für die späten Geschlechter, die da wohnen werden,
wenn das Meer von Sand fruchtbares Erdreich geworden
sein wird. Durch nichts glaubte er die Menschen sicherer
glücklich zu machen, als durch Gold; er glaubte ihnen den
Frieden zu bringen, wenn er die heißeste Begierde stillen
konnte, die sie erfüllte, oder vielmehr, wenn er ihnen so
viel des Begehrten gab, daß sie der Überfluß gleichgültig
machte. Die Überzeugung durchdrang mit Glut sein ganzes

Innere, gab seinen Augen einen prophetischen Glanz und
seinem Wesen das Gepräge der Versunkenheit. Nur
wenigen war er bekannt als der Auffinder aller Höhlen des
Elends in der Stadt; er wußte Bescheid in jenen an-
rüchigen Kneipen, in denen der Verbrecher Unterschlupf
findet, in jenen Herbergen, wo der reisende Bettler sein
Nachtquartier hat, in den Schlupfwinkeln unter Brücken-
bögen, in den abgelegenen Gassen der Vorstadt, in den
Remisen der Eisenbahn, an Kirchenmauern, in Kellern und
übelberufenen Höfen, — kurz, an jenen Orten, wo sich das
menschliche Elend beständig oder vorübergehend ein trauriges
Asyl sichert, und es war, als ob er sich durch den Anblick
von Schmutz und Verkommenheit in seinem Vorsatz und
Eifer stärken wolle.

Er lebte ganz allein. Das weite düstere Haus, das
ihm selbst nicht einmal in allen Winkeln bekannt war, sah
nur zwei Besucher von Zeit zu Zeit: seine Nichte Käthe
und Frau Gudstiffer. Diese kam nur, um den Kopf zu
schütteln, und alles, was Estrich tat oder sagte, unbegreiflich zu finden; Käthe lauschte begeistert den dürftigen Reden
des Oheims und gab ihm zu erkennen, daß sie an ihn und
sein Werk glaube.

Im Laufe von neunundzwanzig Jahren hatte er sein
ganzes Vermögen an seine Träume gesetzt. Nun war er
arm und litt darunter tief. Er konnte einen, wie er
glaubte, letzten und entscheidenden Versuch nicht ausführen,
weil ihm das Kapital zur Anschaffung eines seltenen und
teuren Apparates fehlte. Alles, was er an barem auf-

bringen konnte, betrug nicht mehr als zweitausend Mark.
Er wandte sich an seinen Bruder, im voraus überzeugt
von der Fruchtlosigkeit dieses Schrittes, denn dieser Mann,
der ihn verachtete und verspottete, würde eher eine Hand
hingegeben haben, als Geld zu solchen Zwecken. Da trug es
sich zu, daß Baldewin Estrich mit Nieberding bekannt wurde.

Es war in der Nacht ziemlich weit draußen in der
Vorstadt. Schmerzlich grübelnd, gleichgültig gegen Menschen
und Dinge, schritt Estrich seines Weges, als mehrere durch=
dringende Schreie hörbar wurden. Am hohen Bahndamm
zog ein offenbar betrunkener Kerl ein Frauenzimmer an den
Haaren nach sich. Sie lag auf der Erde und so schleifte
er sie weiter wie ein Bündel Holz und erwiderte jeden ihrer
Schreie mit einem Schlag seines dicken Spazierstocks. Fast
in demselben Augenblick, als Estrich dies gewahrte, sprang
ein Mann hinzu, stellte sich erregt vor den Burschen und
forderte ihn auf, das Frauenzimmer los zu lassen, worauf
ihm jener eine Flut von Beschimpfungen zubrüllte. Nieber=
ding (dies war der junge Mann) wiederholte seine etwas
pathetische Aufforderung. Der Bursche schlug ihn mit dem
Ende seines Prügels vor die Brust, daß er zurücktaumelte.
Jetzt mischte sich Estrich darein. Sein grauer Bart, eine
gewisse Feierlichkeit seines Wesens und der Zorn, der seine
Stimme vibrieren ließ, mochten Eindruck auf den Burschen
machen, denn er befahl der Dirne, aufzustehen und sie
gingen weiter, er fluchend, sie heulend.

Nieberding und Estrich blieben die ganze Nacht zu=
sammen. Nieberding lauschte gierig den Ideen des Greises.

Seine an Idealen so armen und ihrer so bedürftigen Sinne berauschten sich an der willkürlichen Umwertung der Materie, an dem alten und nun wieder neu gewordenen Glauben vom Urstoff. Die mittelalterlich-romantische Welt der Versuchsküche, das überzeugte und überzeugende Wesen des alten Mannes, der wie ein Magier sich inmitten seines Reiches bewegte, um beim leisesten Wunsch die Geister der Luft zu bannen, daß sie den leblosen Stoff durchdrangen und beseelten, all dies machte Nieberding zum Spielball einer aufregenden Vision. Und dann kam er Tag für Tag, blieb oft eine Nacht und einmal sogar zwei Nächte hindurch in dem düstern Bau, wo er in einem riesengroßen, halbvermoderten Patrizierzimmer übernachtete. Und nach zehn Tagen kam er und brachte Baldewin Estrich fünftausend Mark zum Ankauf eines elektrischen Apparats. Mit feierlichem Schweigen nahm der Greis das Geld, dann bat er den jungen Mann, ihn allein zu lassen.

Baldewin Estrich saß wie im Fieber vor seinem Versuchstisch, die fünf braunen Banknoten neben der Hand. Er konnte die ersehnten Apparate anschaffen und die Mischung, die jetzt im Tongefäß vor ihm stand, mußte ihm zeigen, ob sein Leben ein phantastisches Irrwandeln oder ein Schicksalspfad war. Sein Arm zitterte, als er die Hand vor die Augen legte; gleich Feuerkugeln perlte es hin vor den verfinsterten Blicken. Tiefes Schweigen herrschte in dem verödeten Haus. Die Galerien des Hofes versanken in die Dämmerung und eine blitzende Scheibe sah bisweilen aus dem Grund der Wandelgänge. Ein Kater, Estrichs einziger

Gefährte während der langen, schweigenden Nächte, saß
schnurrend an der heißen Glut des Kamins.

Plötzlich schreckte der Alte auf, machte Licht, — eine
hektische Röte war auf seine Wangen getreten, — nahm
das Tongefäß, betrachtete die weiß=schillernde Mischung,
entzündete ein Drumondsches Kalklicht, hielt den Topf da=
rüber und schüttete eine Säure in die kochende Masse, bis
übelriechender Qualm den Raum erfüllte und den Chemiker
in einer Wolfe verhüllte. Dann nahm er eine pulverisierte
Masse von violetter Färbung und schüttete eine Messerspitze
voll in das Gefäß, das er hermetisch verschloß. Hierauf
verlöschte er die Flamme, stellte den Topf ins Wasser, um
ihn einem plötzlichen Erkaltungsprozeß auszusetzen und schritt
unruhig, mit zusammengepreßten Lippen auf und ab. Als
er nach einer Viertelstunde das Gefäß zertrümmerte und
den erstarrten Inhalt prüfte, fand er ihn unverändert, außer
daß die Farbe statt des reinen Weiß in bräunliches Gelb
spielte. Mutlos ließ er die Arme sinken. Schließlich ist die
ungeheure Hitze, die ich durch den elektrischen Apparat er=
zeugen will, gar nicht nötig, dachte er. Aber auch so sah er
kein Ziel mehr. All die Säuren und Basen, Metalle und
Metalloide nahmen für ihn das Wesen von persönlichen
Feinden an, mit einer ausdauernden Bösartigkeit begabt.
Er zündete die Lampe an und sah in ihrem Schein das
Zimmer noch erfüllt von dem unerträglichen Dunst. Er
nahm ein Fläschchen vom Sims, das eine blauschwarze Flüssig=
keit enthielt, die beim Licht herrliche Reflexe warf. Er öffnete
das Glas, ging zum offenen Kohlenfeuer (immer noch hielt

er fast krampfhaft das erkaltete Metall in der Hand) und
wollte einige Tropfen auf die hochrot glühenden Kohlen
gießen, um den schlechten Geruch zu vertreiben, als die
Masse samt dem Glas seiner bebenden Hand entsank; auf
den Kohlen zersprang das Glas und erschrocken bebte Estrich
zurück, ging ans Fenster, öffnete es, und die milde Luft des
Februarabends floß herein und streifte seine heiße Stirn.
In tiefen Gedanken saß er am Fenster, fast zwei Stunden
lang. Dann stand er schwerfällig und leise stöhnend auf
um die Lampe zu füllen, die heruntergebrannt war. Seine
Blicke hefteten sich auf die halbverglommenen Kohlen im
Kamin und unter den schwarzgewordenen oder noch düster-
roten Stücken erblickte er einen großen, schwach glänzenden
Gegenstand. Und je mehr er hinschaute, je mehr nahm der
Glanz dieses Gegenstands zu. Seiner Wahrnehmung miß-
trauisch gesinnt, hörte er nicht auf, starr in den Kamin zu
blicken, bis ihn plötzliche Ungeduld und Erwartung näher
treten ließen. Er zündete eine Kerze an, holte das gleißende
Stück mit dem Feuerhaken heraus, nahm es in die Hand,
schrie laut und durchdringend auf, so daß es in allen Teilen
des Hauses widerhallte und sank vor Schwäche auf die
Knie . . .

Gold!

Er hielt Gold in den Händen.

Es konnte ihn nicht täuschen in Form und Farbe. Er
wog es in der Hand, und es war schwer. Er hielt es
zitternd, mit überquellenden Augen zum Licht und sein Glanz
schien den ganzen Raum zu füllen.

Gold!

Die Sehnsucht des Mittelalters war gestillt. Der Traum des modernen Forschers in Erfüllung gegangen durch die Hand eines Blinden, der nun auf dem Thron der Welt saß und die Menschheit seinen Knecht nannte. Der jeglichen Hunger enden, jeden Durst befriedigen konnte; für den es nichts Unerreichbares mehr gab im Reich der Träume. Welcher Zufall hatte es ihm geschenkt, das edle Geheimnis? Ein langsam glühender Kohlenhaufen, eine harmlose Tinktur, — bedeuteten sie mehr als ein Leben der Einsamkeit und des Nachdenkens?

Baldewin Estrich sank zusammen und weinte. Dann hielt es ihn nicht länger in dem öden Haus. Er nahm Hut und Mantel und stürzte fort. Schon war er durch viele Gassen geeilt, als er innehielt, die Hand an die Stirn legte, zurückkehrte, die eiserne Truhe aufschloß und alles, was er noch an barem Geld besaß, in Gold und in Banknoten, zu sich steckte. Damit eilte er den Stadtteilen des Elends zu, den Herbergen für Handwerksburschen, den dachlosen Nachtquartieren im Norden. Und keine Stunde war verstrichen, als er zurückkehrte, — nicht allein. Eine Armee schreiender Männer und Frauen waren um ihn und hinter ihm, verkommene Gestalten, die den Tod auf den Wangen trugen oder das Verbrechen auf der Stirn, Gesellen in Lumpen, barfuß, mit bloßer Brust, keifende Weiber aller Lebensalter und aller Abstufungen des Lasters, Kinder mit den frühblassen Wangen der Not, — und diese entfesselte Schar schwoll und schwoll. Wo Baldewin Estrich die ersten

aufgetrieben hatte, wußte er nicht, denn er handelte in einer
Trunkenheit, die nach Taten verlangte. Er hatte Gold,
Gold unter sie verteilt, immer mehr, und die Kunde davon eilte wie ein Lauffeuer von Straße zu Straße, so daß
der Haufen zuletzt die ganze Breitegasse ausfüllte. In den
Häusern wurden die Fenster aufgerissen, und lachende oder
furchtsame Menschen schauten herab; die Polizei erschien in
den Nebengassen und schickte sich an, das Militär zu alar-
mieren, aber das Ungestüm des Pöbels stieg ums hundert-
fache und war durch nichts mehr zu ersticken.

Am weißen Turm tauchte eine Abteilung des Reiter-
regiments mit blankgezogenen Säbeln auf, aber eher hätte
sie eine Felsenmauer durchbrechen können als die dicht-
gestaute Volksmenge, die Kopf an Kopf stand, über die es
hinwogte von Schreien und Zurufen und Hilferufen und
Anfeuerungen und heiseren Lauten der Begierde. Alle drängten nach oben, wo Baldewin Estrich totenbleich in einem
engen Kreis finsterer Burschen stand, die ihm näher und
näher rückten, tobsüchtig gemacht durch den Geruch des
Goldes. Mit den wildesten Drohungen drangen sie auf den
Greis ein, der kein Glied zu rühren vermochte. Es war, als
könne er nicht glauben, was um ihn her vorging. Ihm war,
als seien es fürchterliche Traumbilder, diese von den scheuß-
lichsten Trieben bewegte Masse, die um ihn wogte, ihn
haßerfüllt anstierte, den kleinen Kreis um ihn verengerte
und verengerte, als ob sie ihn erdrücken und ersticken wollte,
die nach Geld schrie und heulte, nach Geld und nach
sonst nichts. Ein stürmischer und geheimnisvoller Schmerz

erfüllte seine Brust, und er erschien sich wie ins große
Meer verschlagen, schiffbrüchig, dem Tod geweiht. Da
nahm er sämtliche Banknoten in seiner Tasche mit einer
leidenschaftlich verächtlichen Bewegung und schleuderte sie
fort, hinein in das brodelnde Meer, den ausgestreckten
Händen, den funkelnden Augen entgegen. Wahnsinnige
Schreie erschallten, er fühlte sich fortgerissen wie in einem
Strudel, dahingeschleudert, dorthingeschleudert, fühlte Stoß
auf Stoß an seiner Brust, sah hundert Arme hoffnungslos
ausgestreckt, und wieder andre, die mehr Geld wollten, mehr,
da schwanden ihm die Sinne. Er erhielt einen schrecklichen
Schlag an die Stirn, sank hin, wurde mit Füßen getreten,
fühlte Blut an sich herabströmen, und doch schlossen sich
seine Augen nicht, als wolle seine Seele gewaltsam wach
bleiben und alles sehend erdulden.

Und der Strom, der nun einmal in Bewegung geraten war, wälzte sich weiter. Diejenigen, die Gold erhalten hatten, waren noch unersättlicher, als die andern.
Ihr Geist befand sich in Raserei, und diese Raserei war
ansteckend. Viele zertrümmerten die Fensterscheiben der
Bürgerhäuser, Steine flogen in die Stockwerke hinauf; die
Weiber benutzten ihre Schuhe als Wurfgeschosse. Die Rufe:
Blut! Rache! Tod! Nieder! donnerten oder kreischten durch
die Luft. Die Verkaufsläden wurden eingeschlagen und mit
dem Schrei: nieder die Juden! erstürmten entfesselte Scharen
die verschlossenen Räume, demolierten Tische, Fenster, Ver-
kaufsgegenstände und manche reizten zu Brandlegung und
Plünderung. An vielen Punkten gelang es dem Militär

durchzudringen; einzelne Schüsse wurden abgefeuert, denen
höhnisches Gebrüll folgte.

Während dieser Vorgänge war ein eigentümlich schwüler
Wind durch die Gassen gefahren; erschreckend schwarze
Wolken waren heraufgezogen und hatten sich im Norden
getürmt, indes ihnen gegenüber ein Stück reinen Himmels
lag, auf dem der klare Mond schwamm. Dann zuckten
Blitze aus dieser Wolkenwand, deren beängstigendes Dunkel
die Firste der Häuser seltsam bleich erscheinen ließ, leiser
Donner rollte über die Dächer hin, allmählich anschwellend;
die Blitze wurden fahler, zackiger, breiter, schneidender und
tiefer, der Donner weniger schwerfällig, und das Februar-
gewitter hatte sich drohend angesammelt, ohne daß in dem
Tumult irgend jemand darauf geachtet hätte.

Die Soldaten begannen erregte Massen von Männern
und Weibern vor sich her zu treiben. Ein vor Haß wü-
tender Haufe von Männern stellte sich gegen eine ganze
Kompagnie; die Leute an den Fenstern stießen Angstrufe
aus; Steine flogen unter die Soldaten, aufgestellte Messer,
Glasscherben von eingedrückten Fenstern, ja ganze Holz-
klötze, bis endlich der Kommandant der Abteilung zum An-
griff überging. Alles wandte sich zur Flucht; ein panischer
Schrecken verbreitete sich; nur noch verzerrte Gesichter waren
zu erblicken; die Weiber stürzten hin und waren vor Entsetzen gelähmt, die Männer nahmen Kinder unter den Arm
und eilten davon wie gejagt. Aus den ferner liegenden
Straßen kamen Zuschauer herbei und, mitergriffen von dem
furchtbaren Schauspiel schrien sie so laut sie konnten, er-

griffen nach dieser oder jener Seite hin Partei, folgten ent=
flammt den immer noch tätlich vorgehenden Soldaten, wur=
den jedoch von der nachkommenden Reiterkolonne in die
Seitenstraßen vertrieben. Währenddem floh der geängstigte
Volkshaufen in immer größerer Verwirrung und gelangte
auf den Lorenzerplatz, wo die Türen der Kirche weit offen
standen. Aus dem Innern, wie aus einer dunklen Höhle
schimmerte das glührote ewige Licht, und die von den
Soldaten wie Hühner vorwärts getriebene Menge flüch=
tete sich in die Kirche, drängte sich unter heiseren Schreien
hinein, zum Teil mit emporgehobenen Händen, als ob sie
beten wollten, was jedoch nur deshalb geschah, weil das
unbeschreibliche Gedränge sie dazu nötigte. Zornige Rufe
erschallten aus dem seitab sich schiebenden Publikum; Poli=
zisten und Gendarmen versuchten umsonst sich Bahn zu
machen. Die Soldaten schienen wie trunken von blödsinniger
Kampf= und Verfolgungsbegier und hörten die Befehle ihrer
Vorgesetzten nicht mehr. Die ersten Reihen wollten eben durch
das Tor des Domes eindringen, als eine Gestalt vor ihnen
in Wahrheit förmlich aufwuchs. Die Soldaten blieben stehen.
Sie sahen finster staunend in das Gesicht dieses Menschen.

Es war Agathon.

Wie eine Mauer stand er da.

Auf einmal fuhr ein entsetzlicher Blitz herab, der den
ganzen Himmel in Stücke zu zerreißen schien. Ein fürch=
terlicher Schlag folgte. Und darauf Totenstille. Plötzlich
erschallte von draußen aus einer engen Nebengasse ein lang=
gezogener Schrei. Mehrere Schreie folgten. Die Leute an

den Fenstern deuteten angstvoll in die Höhe und wandten
die Blicke von dem Schauspiel auf der Gasse ab. Zugleich
mit dem Blitz waren die elektrischen Bogenlampen an der
Straßenkreuzung erloschen, so daß einen Augenblick lang
eine drückende Dämmerung den Platz füllte, die durch den
Wind auf= und abbewegt zu werden schien. Dann fiel eine
schmale Feuergarbe aus der Höhe herab, ähnlich dem Auf=
flackern eines Strohfeuers, nur dunkler, purpurner, und zu=
gleich wurde das Wächterhorn auf dem Henkerturm hör=
bar; die Menschen fingen an zu heulen, mit den Händen
zu deuten, liefen dahin, dorthin, die Offiziere schrien, die
Pferde der ausgerückten Eskadron begannen scheu zu wer=
den. Eine grauenhafte Verwirrung entstand. Im Innern
der Kirche hatte sich ein Knäuel von Menschen um den
Altar gedrängt und starrte empor. Der Blitz war durch
die Kirche gefahren und mehrere leblose Körper lagen auf
den Steinfließen ausgestreckt. Das mystische Halbdunkel
des Raumes begann allmählich einer satten Helligkeit zu
weichen mit unruhigen, gespenstisch flackernden Schatten.
Dabei blieben die bemalten Glasfenster dunkel, hinter ihnen
lag graue Nacht, denn die Brandflut kam aus der Höhe.
Viele zwängten sich mit Schreien und Rufen herein, riefen
nach der Feuerwehr; dazu tönte schauerlich die Glocke vom
brennenden Turm; es schien, daß der Glöckner, der keinen
Ausweg sah, dessen Weg nach unten in Flammen stand,
es schien, daß er mit der Anstrengung der Todesangst am
Glockenstrang riß, während rote und trübe Flammen, Rauch
und Funken um ihn emporschlugen.

Agathon stand totenbleich. Er streckte die Hände empor und von den mageren Armen glitt der Rockärmel zurück. Die am Altar gestanden, scharten sich bang um ihn, und jetzt kamen drohende oder warnende Stimmen, die Zurück und Hinaus riefen, auch hörte man das Gerassel der auffahrenden Spritzen, während die Glocke im Turm rasend wurde und lauter hell gellende Hilfeschreie von sich gab. Agathon blickte in das versteinerte Gesicht eines der Leblosen unter ihm und der Kampf der vergangenen Wochen wurde ihm in diesem Augenblick leuchtend gegenwärtig. Wie er in Winkeln und Verstecken die Nächte hingebracht; wie er einsam auf den Landstraßen geirrt, trank= und speiselos; wie er die stürmischen Tage an sich hatte vorbeisausen lassen; wie trotzdem mit unbezähmbarer Kraft seine Liebe zum Leben gewachsen war; wie seine Vergangenheit stimmenlos versunken war, ein Nichts; wie sein Auge schärfer wurde für die Zeit und für die Menschen; wie er überall Gedrücktheit und Unfrohheit gewahrte, Unoffenheit, Duckmäuserei, geheime Empörungslust. Und je einsamer er ward da draußen, je feuriger wurden seine Phantasien von einer gewaltsamen Wandlung, und er dachte, daß nicht nur das Alte stürzen müsse, damit das Neue komme, sondern daß es gestürzt werden müsse. Er dachte, daß die Städte zerstört, niedergerissen werden, verlassen werden müßten, damit der Mensch wieder sich selbst finde. Er schwelgte in glühenden Träumen, sein jugendlicher Geist saugte sich fest an den Brüsten des Lebens. Und wie er sich Herr über die Kräfte der Natur fühlte, empfand er auch Macht

über die Menschen. Er dachte, als er jetzt eine bebende
Menge sich um ihn drängen sah, daran, wie die Kinder aus
den Dörfern ihm gefolgt, als wären sie durch einen Zauber=
ruf angelockt, wie ihm die Bauern Essen und Trank ge=
geben, ohne daß er darum gebeten. So, voll von sich selbst,
berührte er mit der Hand den Körper eines der vom Blitz
Hingestreckten, während die Kommandorufe der Feuerwehr=
leute erschallten, das Militär dem Zudrang Neugieriger
Einhalt tat, das Dach eines benachbarten Hauses vom
Feuer ergriffen wurde, die Glocke des Turmes schwächer,
gleichsam hinsterbend erschallte, die Dämmerung in der Kirche
einer hellen Brunst wich und ein junger Priester in die
Flammen stürzte, die auf den Altar herabgefallen waren,
um das Allerheiligste zu retten. In diesem Moment be=
wegte der leblos Daliegende die Hand; Agathon, selbst be=
stürzt, wich zurück, Rufe wurden laut, die Kirche müsse ge=
räumt werden. Gebrause und Zischen der Spritzen erschallte;
da stieg Agathon auf eine Bank und gellte hinaus in den
Raum mit einer Stimme, als ob es gälte, über den ganzen
Erdkreis hinzuschreien:

„Laßt sie brennen, die Kirche!“

Er sah viele Gesichter unter sich verzerrt und lauernd
zu ihm aufblicken, elende, sorgenvolle Stirnen, Munde mit
kriechendem, fast flehentlichem Ausdruck, sogar Kinder, deren
kranke Glieder er zu empfinden glaubte, und es war, als
könne er durch das ganze Elend der Welt hindurchblicken,
den verknoteten Knäuel des Daseins entwirren und er schrie
noch einmal: „Laßt sie brennen, die Kirche!“ Er hatte das

Gefühl, als schauten alle Menschen sterbend nach ihm, und er dünkte sich wie der Vater eines neuen, freien, Gott=losen Geschlechts. Der fanatische Priester stürzte auf ihn zu und wollte ihn herunterreißen; seine fahlen Wangen zitterten vor Bier, aber die Menge schützte Agathon. Die Gefahr nahm zu; Agathon riß eine brennende Leiste vom Altar, hielt sie hoch wie eine Fackel und wandte sich dem Tore zu, gefolgt und umringt von einem erregten Schwarm.

Die Glocke hatte aufgehört zu läuten.

Fünfzehntes Kapitel

Agathon verschwand bald unter der Menge. Obwohl viele ihm nachstürzten, obwohl ein Offizier mit dem Säbel nach ihm deutete und ein berittener Gendarm das Pferd nach ihm lenkte, verlor er sich in fernere Gassen und war in Sicherheit. Sinnend ging er weiter, den Blick ins Unbestimmte geheftet, wie von einem Räderwerk fortbewegt, durch Gassen, die er nicht kannte, die leer waren, in denen die Schritte hallten, an Häusern vorbei, die zu zucken schienen, sich zu besinnen schienen, ob sie ihm den Weg versperren sollten. Der Himmel war licht geworden; flimmerlose Sterne waren angeheftet wie Perlen, die Milchstraße war wie der Rauch aus einem Bäckerschlot, die Bäume der Alleen standen wie Lanzen am Weg, erleuchtete Fenster im Weiten waren wie große Blutstropfen, durch die ganze Natur ging es wie ein Recken, Sichaufrichten. Dann lag die Stadt im Rücken, ein vielverzacktes Schattenbild, ein Knäuel Unglück, schwarz, ungeheuerlich starr, still, greifbar deutlich, in der Mitte ein glühender Fleck, eine beginnende Säule: der Brand, der im Verlöschen war, da oder dort ein Loch, da oder dort ein Fabrikschlot wie ein riesenhafter Finger. Dann nahm ihn der Wald auf; groß, dicht, leer von allen Geräuschen der Welt, eine drückende, zentnerschwere Finsternis. Hier atmete Agathon auf. Er legte sich aufs Geradewohl hin; obwohl es kühl und feucht war, verfiel er sofort in einen bleiernen Schlaf, schlief weiter, als der Tag graute, weiter als es Abend wurde und wieder-

um Nacht und tat erst die Augen auf, als ein klares, kleines
Stück Mond im Herabsinken begriffen war. Er preßte die
Hände gegen die Schläfen und meinte, vierzehn Jahre lang
geschlafen zu haben, fühlte sich freier, mutiger, reicher an
Hilfskräften, an Vertrauen, an Überzeugung. Er starrte
eine Weile hinein in den Wald, empfand dann Hunger, er=
hob sich, erblickte bald das freie Feld, sah den Schmausen=
buk unweit im bläulichen Nachtdunst und die Burg sich er=
heben über der Stadt.

Er hatte kein Geld, um in einer Schenke etwas zu sich
nehmen zu können. Er hatte auch bisher kein Geld ge=
habt. Die Leute hatten ihm gegeben, mehr als er gebraucht,
um satt zu werden. Sie wurden durch seine Person und
sein Wesen in hohem Grade für ihn eingenommen. Er
hatte eine außerordentliche Milde, zu lächeln. Er war
schön und groß. Auch der einfachste Mann konnte seine
tiefen Leidenschaften, sein mächtiges Herz, seinen überlegenen
Mut, die Wildheit seiner Wünsche ahnen. Nie grübelte er,
sondern träumte nur. Sein Blick hatte etwas von dem un=
bestimmten Blick eines Pferdes edler Rasse.

Er kam in die Stadt zurück. Wieder leere Gassen,
dunkle Fenster und eine kaum wahrnehmbare Traurigkeit
gleich seinem Reif über allem. Säulen mit Plakaten, ver=
schlafene Schutzleute, hallende Stundenschläge, hallende
Schritte. Eine Stadt ohne König, ohne Wille, ohne Kraft,
ohne Leben, dachte Agathon, und er fühlte sich einsam. Er
dachte an die Menschen hinter all den Fenstern, an die Art
ihres Schlafes, ihrer Träume, an die Stärke ihrer Todes=

furcht, an ihre Krankheiten, ihre Sorgen. Er kam in eine
breite Straße außerhalb des Weichbildes, wo in einem Erdgeschoß drei Fenster erleuchtet waren. Gegenüber befand
sich eine Allee, und am Wege war eine Bank. Agathon
setzte sich, müde vom Schlaf, hungrig, durstig und doch er-
wartungsvoll, als ob er jetzt in ein neues Leben träte nach
dem vierzehnjährigen Schlaf. Der gelbe Vorhang des einen
erleuchteten Fensters färbte sich mit Bildern, schwankend und
gleitend, die dahinglitten wie Wolken am blauen Himmel.
Nebenan hinter dem Busch rieselte das Wasser eines
Brunnens vertraulich und leise. Plötzlich erschien unter den
unwirklichen, hingeträumten Bildern des Vorhanges ein
Schatten, dann wurde der Vorhang aufgezogen, das Fenster
geöffnet, und eine weibliche Gestalt trat in seinen Rahmen.
Dann knirschte das Tor, die Gartentüre kreischte und ein
sehr schlanker Herr, fest umhüllt mit dem Mantel, schritt
über die Straße. Agathon hatte sofort die Gestalt am
Fenster erkannt.

Die Luft war lau und unbewegt. Sie verkündete den
Frühling. Sie schien aufzusteigen aus dem Erdboden wie
ein warmer Brodem, umwand Baum und Stein, kroch an
Häusermauern empor bis zum Mond. Agathon ging hinüber gegen das Fenster, das bei seinem Nahen geschlossen
wurde, — langsamer als es geöffnet worden war. In
diesem Augenblick fühlte er sich verlassen. Das Schließen
des Fensters glich für ihn einer höhnischen Zurückweisung.
Er blickte an seinen Kleidern herab, sie waren in schlechtem
Stand; seine Stiefel waren zerrissen

Er ging weiter und die Nacht erschien ihm tot, so daß
selbst das Bellen der Hunde nicht mehr in ihr widerhallte.
Nach einer Stunde kam er wieder an dasselbe vornehme
Haus, vor dasselbe Fenster, und wieder war das Fenster
geöffnet und Jeanette lehnte weit heraus, den Kopf auf
beide Hände gestützt, spähte hinein ins Finstere, war unbe=
weglich, und ihr Gesicht erschien bleicher als die bleiche
Mauer des Hauses. Agathon blieb stehen und grüßte hin=
auf. Sie fuhr zusammen, veränderte ihre sphinxhafte Hal=
tung und stieß einen Schrei aus. Dann schlug sie die
Hände zusammen und rief Agathons Namen.

Einige Minuten später war er im Zimmer. Sie selbst
hatte ihm geöffnet und saß nun vor ihm, während er stand,
seine Blicke in einen Spiegel geheftet hielt und über sein
eigenes Gesicht erstaunt war. Jeanette blickte ihn forschend,
überrascht, beinahe unterwürfig an.

„Wie geht es dir, Agathon!“ fragte sie. „Was hast
du getrieben? Großer Gott, wie siehst du aus! Wo kommst
du her? Was hast du erlebt? Erzähle doch!“

Und Agathon erzählte. Er erzählte von sich und seinem
Zigeunerleben und von dem Brand der Kirche so kühl und
so gleichmütig, als ob er ein paar Seiten aus einer alten
Chronik vorläse. Gerade dadurch vielleicht machte es auf
Jeanette einen erschütternden Eindruck. Sie sah ihn an,
ihre Augen flammten, ihr Antlitz wurde reiner und stiller
Als er fertig war, klagte er über Hunger und sie brachte
ihm zu essen und zu trinken. Plötzlich erblaßte Agathon
unter der Glut ihrer Blicke und ließ das Glas wieder

sinken, das er an die Lippen führen wollte. Dies schien
sie aufzurütteln. Sie lachte und erzählte von ihrem Leben
in Paris; erzählte, daß sie in die Residenz gehen würde,
weil der König sie zu sehen wünsche; daß sie inzwischen zu
Ruf und Ruhm gekommen sei; erzählte Episoden, schien begeistert von dem heiteren, bunten Leben, das sie führte, das
sich ihr täglich in neuen vergnüglichen Bissen darbot. Es
war zuletzt, als ob sie phantasiere, so geriet sie in Hitze
über das freudig Schäumende, Wohlschmeckende dieses Daseins. Dann ging sie plötzlich zum Klavier und begann zu
spielen, leicht, duftig, aber auch leichtfertig, endigte mit Miß-
tönen, die klangen, als ob sich jemand auf die Tasten werfe,
schlug krachend den Deckel zu und lachte mit ihrem knirschen-
den Lachen, nachdem sie sich auf dem Sessel umgedreht
hatte. Plötzlich erschien sie wie eine abgehetzte Läuferin.
Ihr Kopf war nach hinten gebeugt, ihre Lippen ein wenig
geöffnet, die Adern des Halses klopften stürmisch, so lehnte
sie gegen das mattglänzende Ebenholz des Klaviers, die
Ellbogen nach rückwärts gestemmt und sah in die Höhe.
„Bist du müd?" wandte sie sich zu Agathon. „Wenn du
müd bist, kannst du in dein Zimmer gehen." Sie schaute
ihm fremd und befangen ins Gesicht. Agathon mußte aufstehen. Sein Herz wurde weit und weiter, hatte nicht
Raum mehr.

„Ich liebe nämlich die Nacht," sagte Jeanette. „So
sitzt man da und denkt aller seiner Sünden. Liebst du nicht
deine Sünden, Agathon?" Wieder traf ihn ein Blick, der
gleichsam aus ihrer geöffneten und flammenden Seele zu

kommen schien. „Weißt du, ich möchte dumm sein,“ fuhr
sie fort. „So dumm, daß ich nicht wüßte, wie man lügt;
so dumm, daß ich Respekt vor den Männern hätte, so dumm,
daß ich fromm wäre. Dann würde ich beten. Ich würde
beten . . . na, das ist gleich. Nun will ich tanzen. Setz'
dich dort in die Ecke. So.“

Sie tanzte, indem sie leise dazu sang oder vielmehr
summte. Sie tanzte mit schwermütigen Bewegungen, die
an das Hingleiten eines Körpers auf ruhigem Wasserspiegel
erinnerten. Aller Spott war aus ihrem Gesicht gewichen,
die Augen waren halbgeschlossen, beschattet durch die langen,
roten Wimpern, die Arme hatten das Kleid gefaßt. Aga=
thon schaute hin und ihm war, als müsse das Blut aus
ihrer Brust sickern bei dem schmerzlichen und düsteren Ringen
ihres Körpers. Plötzlich, der Übergang war so grell wie
der von der Dunkelheit zur Feuerhelle, reckte sie sich auf;
ihr Gesicht erhielt ein frivoles Leben und nun tanzte sie den
Goignade, einen altfranzösischen Tanz voll wollüstiger Ex=
tase. Agathon biß die Lippen zusammen, ihn schwindelte.
Als sie fertig war, lächelte sie flüchtig, nickte und sagte kühl,
Agathon solle in das Zimmer nebenan, wo er schlafen
könne. Damit ging sie. Agathon wartete, aber sie kam
nicht wieder. Er betrat das Nebenzimmer, ließ jedoch die
Türe offen, damit er das Licht sehen konnte, legte sich in
den Kleidern aufs Bett, faltete die Hände unter dem Hinter=
haupt und verblieb so mit offenen Augen, bis der Morgen
anbrach.

Dann erhob er sich und trat zum Fenster. Er war

20*

beunruhigt, und mit dem Wachsen des Tages nahm seine
Unruhe zu. Er gefiel sich nicht in den kostbar ausgestatteten Räumen; es schien ihm, als sei seine Seele zusammengeschrumpft. Als Jeanette spät am Vormittag erschien, er-
staunte er über die Veränderung an ihr. Sie war müde;
die Haut ihrer Wangen war schlaff, der Blick hart, ihre
Bewegung mühsam, ihre Worte kalt. Bisweilen brach die
Erstarrung in einer heftigen Geste, in einem circenhaften
Blick. „Hast du geschlafen?“ fragte sie.

„Wessen Blut steckt eigentlich in dir?“ fuhr sie unver-
mittelt fort. „Ich kenne keinen von den Leuten, bei denen
du aufgewachsen bist, der mit dir zu vergleichen wäre. Und
auch sonst —“. Sie stand auf, stellte sich hinter seinen
Stuhl, legte beide Hände auf seine Schultern, so daß er den
Kopf zurückbog, um sie zu sehen, und sie fragte lächelnd,
indem sie ihre Augen tief in die seinen bohrte: „Hast du
die Kirche in Brand gesteckt, Agathon?“

Agathon machte sich los und entgegnete, ebenfalls
lächelnd: „Wolltest du, daß ich es getan hätte?“

Sie schwieg finster. „Es ist wahrscheinlich, daß es der
Blitz getan hat,“ sagte sie dann mit einem seltsam boshaften Ausdruck. Sie standen sich eine Weile stumm gegenüber, endlich meinte sie spöttisch lächelnd: „Aber du mußt
andere Kleider bekommen, trotz alledem. Bist du zornig?“
fügte sie erschrocken und demütig hinzu, als sie die Röte
auf seiner Stirn gewahrte. „Oder kränkt dich der Tag so
wie mich? Dann werde ich die Türen zusperren, meine
Dienstboten fortschicken, die Rollläden schließen und Nacht

sein lassen." Alles dies sagte sie fast kühl, hinwerfend.
Agathon konnte nicht klug aus ihr werden.

„Daß wir beide Juden sein müssen!" rief sie aus, als
sie sich in einen Winkel gesetzt hatte. „Ich fühle das ganze
Alter des Judentums auf meinen Schultern und alle seine
Verbrechen, alle seine Leiden. Ich habe alle seine Fehler
in mir; ich bin der pure Verstand und die pure Schwäche.
Ich bin grüblerisch und scheu, feig und frech, ich liebe die
Nacht und das Orgelspiel und bin gern geistreich, wie du
siehst. Und du, was bist du eigentlich? Wie kommst du
zu uns mit deiner reinen Stirn?"

Plötzlich ging sie, nahm Agathons Kopf zwischen beide
Hände, zog ihn mit einem gewaltsamen Ruck herab und
küßte ihn auf die Lippen. Fast zugleich aber ließ sie ihn
wieder los und starrte ihn an, bleich, mit weiten Augen.
„Diese Lippen!" flüsterte sie bewegt. „Du hast noch nie
ein Weib geküßt?" Langsam ergriff sie seine Hand, beugte
sich und küßte auch sie. Agathon dachte an Monika, die
einst ein gleiches getan. Warum?

„Was bist du? Was willst du?" fragte sie ihn nach
einem langen Schweigen.

„Was ich will, das ist zu schwer für Worte. Was ich
will ... Den Menschen den Himmel nehmen und ihnen
die Erde geben, Jeanette, das ist es, was ich will. Freilich,
viele haben schon die Erde, aber nur die Erde ohne den
Himmel, sie wissen, daß der Himmel fehlt. Verstehst du?
Sie müssen die reine Erde haben, ohne Kreuz, ohne Ab=
fall, ohne Verzicht, ohne Abrechnung mit einem Droben.

Sie haben bloß Genüsse und Schmerzen. Aber es ist wie
mit dem Vogel im Käfig. Er hat keine Freude, auch beim
schönsten Futter nicht und wenn es der bequemste, ver=
goldetste, mildeste Käfig von der Welt ist. So ist der
Himmel ein Käfig für die Menschheit geworden. Und so
lange schon, daß sie gar nicht mehr das Gitter gewahren
und meinen, sie könnten fliegen. Aber solange ein einziges
Gebet auf der Welt ist, können sie nicht fliegen. Ich will
die Stäbe zerbrechen, Jeanette, oder nur einen, ein anderer
nach mir zerbricht vielleicht mehr. Und wenn auch dann
das Dach herunterstürzen und viele zermalmen wird, das
schadet nichts. Nur die Großen, die Unterdrücker werden
dann zermalmt, Simson der Täter und die Philister werden
zermalmt, aber die Gefangenen werden frei und werden ein
neues Geschlecht gründen. Freude wird sein."

Sein bleiches Gesicht spiegelte sich strahlend in den Be=
wegungen der Seele. Jeanette sah ihn an und vergaß seine
Jugend, wie alle, die mit ihm sprachen. Ein reiner Strom
umfloß sie, der Strom reiner Gefühle. „Und was willst
du tun für diese Idee?" fragte sie, mühsam lächelnd. „Sterben
natürlich, wie alle diese Schwärmer."

„Sterben? Nein, leben."

Ihre Augen trafen sich. Agathon wandte sich ab vor
ihrem Blick.

„Schwärmer! Schwärmer! Gütiger Himmel, wohin
träumst du? Aber ich liebe dich, Agathon, ich liebe dich
seltsam. Und was denkst du dir unter dieser ‚Freude‘ da?
Auch so ein Wort, wie viele Worte. Nicht?"

„Es müßte ein Glanz sein, der von einem zum andern strahlt. Man dürfte nichts mehr verehren, nicht mehr die Natur, weil man selbst die Natur, selbst ein Stück Wald, ein Stück Meer ist, der Lehrer müßte Freund sein und vieles andere. Alles ohne Trunkenheit, verstehst du, Jeanette, ohne Gelehrsamkeit, jedes Ding eine Welt und die Welt ein Ding. Alle Juden müßten ausgerottet werden, nicht der Körper, aber der Geist, denn aller Glaube ist Judentum. Immer werden die Juden, auch die Christen sind Juden, immer werden sie neue Götter bringen. Immer werden sie eine neue Art von Heiland bringen. Warum lächelst du? Jetzt könnte die Menschheit ihre Kinderschuhe verlassen und könnte Gott eine andere Erde großsäugen. Dann ist das Leben nicht mehr wie ein unverdientes Geschenk oder wie eine unverdiente Strafe. Dann gibt es keine Todesfurcht mehr, kein Verbrechen mehr, dann wird alles größer, unermeßlich größer. Aber ich kann nicht das Eigentliche sagen, ich kann dir nicht das Bild schenken, Jeanette.“

Ein langes Schweigen entstand.

„Du meinst vielleicht, es ist Atheismus,“ begann Agathon wieder. „Nein, das wäre borniert. Die Atheisten sind bloß ungezogene Kinder und sie wollen selber Papa spielen, wenn der Vater ausgegangen ist. Aber siehst du, Jeanette,“ fügte Agathon etwas schüchtern hinzu und leiser als bisher, „etwas quält mich und ich weiß nicht was es ist. Es macht mich unruhig in der Nacht und quält mich bei Tag und es ist mir, als stünde ich vor einer Mauer.“

Jeanette lag mit aufgestütztem Ellbogen auf dem Sofa, während ihre Füße den Boden berührten. Die Linien der Beine zeichneten sich durch den Stoff hindurch ab, und Agathon blickte wie gebannt auf diese etwas gewaltsam geschwungene Kurve, während ihn Jeanette mit einem heißen, träumerischen Blick gleichsam suchte.

Am Nachmittag wurden Kleider gebracht für Agathon, sowie ein Domino, denn Jeanette wollte, daß er abends mit ihr zu einem Karnevalsfest ginge. Er wunderte sich über ihr Wesen, das jetzt an Grellheit abgenommen hatte, über ihren Gang, der etwas Wiegendes, Zögerndes, Erwartendes hatte, über ihre Worte, die bald kühn, bald zaghaft, bald heftig, bald gedrückt waren.

Der Festsaal war groß. Die Galerien und Wandelgänge waren durch Glühlampen erleuchtet und glichen einem breiten Feuerband, das um eine milde Dämmerung geschlungen war, in der die Säulen silbern glänzten, die Guirlanden wie aus dem schwülen Duft herausgewachsen schienen, die künstlichen Rosen wie Blut schimmerten und der goldverbrämte Plafond einem glühenden Abendhimmel glich. Das bunte Treiben erweckte Agathon den Eindruck des Geräuschlosen, Zauberspielhaften; alle Farben flossen in ein Bild, alle Töne in einen Ton, alle Heiterkeit hatte ein Ziel, und dies wogende Murmeln war wie das ferne Branden eines Meeres, über dem der Tag aufgehen will.

Aber plötzlich, ganz mit einem Male und auf einen Anstoß wurde Agathon sehend. Und zwar in solchem Maß, daß er vor Grauen, Scham und Beleidigung wie verwundet

war. Er schritt durch einen etwas abseits gelegenen Wandel=
gang, als er einen alten und zismlich zerlumpten Mann an
der Tür stehen sah. Der Alte spähte lauernd und unruhig
in den Saal, legte die Hand wie einen Schirm gegen die
Augen und murmelte. Bald darauf kam ein junges Mäd=
chen, deren Bewegungen graziös und übertrieben kindlich
waren, auf den Alten zu, und ihr Mund unter der Maske
verlor sein Lächeln. Sie reichte dem Alten Geld; mit un=
beschreiblicher Gier riß er ihr die Münzen aus der Hand
und flüsterte ihr etwas zu, wobei seine Augen fast aus den
Höhlen traten. Das Mädchen nickte und der Alte humpelte
hinaus. Das Mädchen setzte sich auf eine Bank, drückte
beide Hände gegen die Brust und atmete auf, dann warf
sie beide Arme in die Luft, als wolle sie den Wirbelwind
von Gedanken beschwichtigen und sprang wieder mit dem
übertrieben=kindlichen Gebaren davon. Agathon suchte ihr
zu folgen, verlor sie aber aus den Augen. Er sah statt
ihrer einen befrackten Herrn, der zu Komplimenten verbogen
war wie ein Fragezeichen, einen andern, der übernächtig fahl,
von Säule zu Säule schlich in der Art eines Gewürms,
lichtscheu, träg, voll Verachtung, Müdigkeit, Hinfälligkeit;
einen dritten, dessen Lachen wie ein Schuß war, der abge=
feuert wird, um eine nahende, nagende Angst oder das
fletschende Gespenst der Sorgen zu verscheuchen; einen
vierten, der, künstlich und aufgeregt, geschäftig herumeilte
und dessen Züge durch eine Aufgabe von eingebildeter
Wichtigkeit bis zur wilden Erregung zerwühlt waren; einen
fünften der grinsend und nickend durch die Reihen strolchte,

der Zynismus in Person, mit einem von Lastern aufge-
pflügten, vom Unglück mit Narben gezeichneten Gesicht;
einen sechsten, der voll Anstand, Schüchternheit und Zuvor-
kommenheit sich allenthalben überflüssig schien, um dessen
Mund eine wachsende Bitterkeit lag, während in seinen
Augen fast greifbar der Entschluß zu einem Verbrechen zu
lesen war; ein Weib, das kichernd, sich drehend, mit erlogenem
Lächeln, mit erstohlener Anmut, von einem Chor befrackter
Bettler bezaubernd genannt wurde; ein zweites, das mit
allen Kräften heimisch zu werden suchte in diesem Haus zu-
sammengetragener Lustbarkeit; ein drittes, das mit geheimer
Angst die Maskengarderobe aus dem Gewölbe des Ver-
leihers einer öfteren Musterung unterzog und heftige Bewegungen zu vermeiden suchte; ein viertes, das mit erhitzten
Blicken und eisiger Seele dasaß, während die Sorge um die
Haltbarkeit der Schminke sie im Innern beschäftigte. Und
hinter der Buntheit der Gewänder, der Höflichkeit der
Worte, hinter den ziehenden Blicken, den vom Wein geröteten Stirnen und benetzten Lippen, was lag da? Agathon sah es. Hundert Schicksale öffneten sich ihm wie auf
einen Schlag; auf einen Schlag wurde der Vorhang von
hundert Bühnen, von hundert Augenpaaren gezogen, daß
es vor seinen Blicken dalag wie ein schwärender Knäuel
Jammer, ein ungesichtet zusammengeworfener Haufen Schmerzen, ein Mischmasch von Betrübnissen, Verbrechen, Betrug
und Lügen. Jener dicke Herr mit dem gütigen, ehrenhaften
Gesicht hält das Glück von Hunderten wie an einer Schnur,
und er wird all dies Glück, das ihm anvertraut ist, morgen

getrost an der Börse verspielen; den ungünstigen Fall er=
wägend, hat er bereits eine Schiffskarte bei sich. Dieser
unwiderstehliche Stutzer, der so diskret lächelt, ist ein Arzt,
der durch schmutzige Geschäfte in seiner eigenen Meinung
längst der Schatten eines anständigen Menschen ist. Jene
bleiche Dame mit dem schwermütigen Blick lebt nur, sich zu
amüsieren, und es amüsiert sie, die Schwermütige zu sein;
ihr Haus ist ein finsteres Bild der Verkommenheit, der Ver=
nachlässigung, der Sittenlosigkeit, des geraubten, erborgten
Prunkes, des versteckten Hungers; jener wohlwollende Grau=
bart ist ein unentdeckter Bankdieb; jene pastorenhafte Ge=
stalt schachert mit jungen Mädchen; jener imposante Schwarz=
bärtige ist ein nichtswürdiger Wucherer; jener behäbige und
joviale Greis ist ein gefürchteter Verläumder . . . Und
hinter ihnen, welch ein Chaos: verödete Stuben, tränen=
nasse Betten, von Lastern befleckte Hände, das wahnsinnige
Geheul Unterliegender und Gefesselter, das verschwiegene
Lächeln der Sieger, die erheuchelte Trauer, der verstellte
Hochmut, der Hunger, die Schande, die Raserei der Liebe,
Krankheit und Tod, eine Armee bis zur Tollheit verzerrter
Gesichter, die im Geschwindmarsch dem Abgrund zueilten,
eine ganze fallende, stürzende, vermorschte Gesellschaft und
darüber, darunter — nichts.

Es war Agathon, als ob sein Körper durch die zer=
malmende Wucht der Visionen zusammengepreßt würde.
Es war ihm, als dränge sich die gärende Masse des Un=
glücks, ein schreiender Haufen Verfolgter an ihn, erflehe
Hilfe, Rettung, und gepeinigt floh er, erreichte die Straße,

eilte weiter, ohne sich umzublicken und wußte kaum, wie er in Jeanettens Wohnung kam. Er hatte sie selbst, seit beide den Saal betreten hatten, nicht wieder gesehen. Das Dienstmädchen öffnete ihm, wollte Licht machen, aber er bat sie, ihn im Finstern zu lassen, fiel wie vernichtet aufs Sofa und krampfte sich zusammen wie ein Sterbender.

Lange mochte er so gelegen sein, als er einen Hauch an seiner Stirn verspürte. Er schlug die Augen auf; die Nacht kam ihm doppelt finster vor. Hierauf bemerkte er einen schwarzen Schatten, der sich nah an seinem Körper gegen das unsicher verfließende Licht des Fensters abhob. Erschrocken tastete er mit den Händen vor sich und tastete in knisterndes Haar. „Jeanette," flüsterte er dumpf. Sie kniete bei ihm. Er glaubte, ihre Augen flammen zu sehen; es entstand eine Hitze um ihn, die aus diesen Augen zu kommen schien. Er wurde starr am Körper und seine Sinne badeten sich in einer Erregung, die seine Brust zusammenschnürte gleich einem Strick. „Jeanette," flüsterte er, „sie brauchen doch einen Heiland."

Jeanette zündete eine Kerze an und legte eine blutrote Orange neben den Leuchter. Ihr Gesicht war um vieles bleicher als sonst, aber von zitterndem Leben erfüllt. Sie stand an der mit purpurfarbenem Tuch verhangenen Wand und das meergrüne Kleid, das sie trug, warf Strahlen gegen diese dunkle Farbe. Ihr Hals, entblößt, leuchtete im Rahmen der Haare, und ihre Brust hob sich schwer. Einer warmen Welle gleich lief es von ihr zu Agathon. Er saß und blickte sie unverwandt an und glaubte, eine

Stimme zu hören, welche ihn rief: wo bist du, Agathon?

Jeanette lächelte und trat an den Tisch. Er setzte sich
zu ihr, so nahe, daß ihre Körper sich streiften, und Agathon
wurde völlig ausgefüllt von dem Bewußtsein dieser großen,
und wie ihm vorkam, unverdienten Nähe; die Welt rückte
dadurch in eine maßlose Ferne, versank in einen Abgrund.
Jeanette schälte und zerlegte die Orange und Agathon er-
lebte jede ihrer Bewegungen mit, ja, es war ihm, als ob
er selbst die Frucht zerteilte. Dann reichte sie ihm ein Stück
und er aß. Er fühlte nicht die Süßigkeit der Frucht, es
wurde ihm kaum bewußt, daß er aß. Sie beschäftigten sich
damit, das Öl der saftreichen Schale in die Flamme zu
spritzen; es knallte und zischte, beide lächelten. Agathon
lächelte aber wie über etwas in einem andern Leben Er-
lebtes, er lächelte Jeanettens Lächeln mit, vielleicht aus
Furcht, daß sie aufhören könne zu lächeln. Plötzlich machte
Jeanette eine halbe Drehung gegen ihn; ihr Gesicht wurde
beinahe steinern, ihr Blick verschlingend groß, unbarmherzig
wild, und er sah ihre Zähne schimmern. Sie stand auf.

Die Kerze war erloschen. Agathon fühlte zwei Arme
um sich geschlungen und an seinem Halse die feuchte Berührung eines Mundes. Seine Sinne schmerzten, daß er
glaubte, es müsse mit ihm zu Ende gehen, daß er die Nacht
verwünschte. Was er dann empfand, war eine sich aus-
breitende Angst, das Gefühl, als ob das Zimmer luftleer
sei, und endlich eine verzweifelte, brennende Begierde.

„Was zitterst du so?“ fragte Jeanette leise. Dann

nisterten wieder ihre Kleider; es fielen ihre Haare herab
und hüllten seine Hände ein. Er lag mit offenen Augen,
die wie erblindet waren und fühlte die warme Haut ihres
Körpers, und ihn schauerte bis ins innerste Mark seiner
Knochen. Sie küßte ihn; er dachte, daß sie ihn besser hätte
nicht küssen sollen, denn er glaubte zu ertrinken in einer
heißen Gischt, sein ganzer Leib war ein zuckender Schmerz,
der alles in einen übermäßigen Rausch versetzte, dann kam
ein bewußtloses Versinken; das anfänglich blendende Licht
verlor sich, und plötzlich fiel er wie zerschmettert nieder auf
Steine und blieb liegen, voll von einem grenzenlosen, vorher nie erfaßten, noch geahnten Jammer.

Er wußte nicht mehr, wie er sich erhob, in die Kleider
kam, wie er das Zimmer verließ, auf der Straße stand,
die sich breit hindehnte in einen mühsam aufquellenden
Morgennebel. Er sah einen Garten vor sich und sah das Tor
offen; er streckte sich hin auf den Sockel eines Brunnens, der
noch mit Stroh umwunden war; er streckte sich hin und legte
den Kopf auf die Arme und begann bitterlich zu weinen.

Als er aufsah, war die Sonne emporgegangen aus der
Umarmung riesenhafter Wolken. Ein Hahn krähte. Kräf-
tige Frische lag in der Luft.

Jeanette schlief noch, als er zurückkehrte. Ihr Gesicht hatte
etwas so Eisiges und Totes, als ob das Leben nie wieder die
Züge bewegen könne. Auf den geschlossenen Lidern lag eine
Müdigkeit, die an den vollen Tafeln des Lebens entstanden
und genährt worden war. Durch die Spalten der Gardinen
fiel ein schmales Sonnenband auf ihre schneeweiße Brust.

Als sie zusammen frühstückten, blickte ihn Jeanette scharf an und sagte: „Nun siehst du wohl, daß die Welt aus Schmutz besteht."

Agathon schwieg.

„Du siehst, was ich bin," fuhr sie fort. „Und du kommst und verlangst, daß wir nicht mehr glauben sollen. Das ist ja ohnehin unsere Krankheit, das Nichtglauben, jetzt ist deine Mauer gefallen, Agathon, und du hast dich über= zeugt, daß sie dir nur einen Haufen Schmutz vorenthalten hatte."

„Ist es nicht vielleicht deswegen Schmutz, weil wir es so wollen? Weil du es willst?" fragte Agathon. „Weil du dich der Stunde schämst, in der du dich hergegeben hast? Liegt nicht in der Vereinigung von Mann und Weib Un= sterblichkeit und Unvergänglichkeit? Und nur darin? Wa= rum sollte das Schmutz sein, was so erhaben sein kann?"

„Wirklich? Kann es das? Kann es so erhaben sein? Köstlich. Ihr Männer seid unverbesserliche Trunkenbolde."

Dann fuhr sie mit starrem Blick fort: „Auch du, auch du, Agathon, mußtest fallen. Aber es ist mir klar, wozu es dich treibt. Du willst die Sinnlichkeit wieder auf den Thron setzen, den sie seit zweitausend Jahren verlassen hat. Das liegt in dir, spricht aus deinen Worten, strahlt aus deinen Augen. Aber eher kannst du dein Hirn verbrennen, oder du mußt neue Menschen formen. Das ist alles un= anständig, was du willst, verstehst du, unanständig; das ist das Wort, das dich erdrosselt. Wenn du es aus der Welt schaffst, dann glaube ich an dich. Ist es nicht unanständig,

wenn wir die Kleider abnehmen und uns sehen? Ist es
nicht unanständig, Kleider zu haben und an Liebe zu den=
ken? Ach, nur die Kleider sind schuld, daß wir so krank
lieben. Und dann bedenke, eine Religion, die nicht die
Sinnlichkeit erstickt, schleudert die Könige vom Thron.“

Eine Zeitlang schwieg sie, dann stand sie so heftig auf,
daß der Stuhl hinter ihr auf den Teppich zurückfiel. „Nun
sollst du alles wissen. Damit wenigstens ein Mensch weiß,
was ich leide. Nicht mich ruft der König, sondern ich habe
alles daran gesetzt, um zu ihm zu kommen. Keinen Schleich=
weg, keine Hinterlist habe ich gescheut. Er soll mein letztes
Medikament sein. Vielleicht finde ich dort Heilung. Es
geht ein Stolz und eine Hoheit von ihm aus wie ein Sturm
übers ganze Land. Denn siehst du, ich langweile mich. Ich
langweile mich, seit ich auf der Welt bin. Ich langweile
mich bei Putz und Schmuck, beim herrlichsten Sonnenauf=
gang und beim schönsten Gemälde. Versteh mich recht, es
ist mehr als die Langeweile, aus der müßige Frauen Ehe=
bruch begehen, Dummköpfe zu Verbrechern werden, aus der
die Hälfte alles Übels in der Welt geschieht. Nein, ich
habe noch keinen einzigen Menschen kennen gelernt. Ich
war in Paris am Herzen der Erde gelegen und habe gezittert
mit den Pulsschlägen der Nacht, ich habe den vornehmsten
Pöbel rasend gemacht durch den Tanz, ich habe jubelnd
sämtliche Tugend zum Teufel gehen lassen, — aber ich habe
mich gelangweilt. Ich habe mich in den Betten gewälzt, die
Kissen zernagt und jeden Tag verflucht; ich habe um Krieg
gebetet und ein grauenhaftes Kanonenmodell konstruiert,

ich bin in die Berge gegangen und einsam geblieben; ich
habe die berühmten Männer aufgesucht und fand sie so
öde, daß mir war, als müßte ich sie in den Arm zwicken,
damit sie wenigstens einmal schreien möchten, — alles war
umsonst. Und was willst du, armer Agathon, hier! Geh
fort, auch ich packe heut mein Bündel und fahre." Sie
ging zum Fenster, riß es auf und sog mit geblähten Nasen=
flügeln die Luft ein. Als Agathon ruhig blieb und sie be=
obachtete, stampfte sie mit dem Fuß auf und knirschte mit
den Zähnen wie ein bösartiger Hund.

Ein leises, aber bald anschwellendes, helles Gemurmel
wurde hörbar. Eine Prozession von Kindern zog die Straße
herab. Die zuerst Kommenden beteten, wodurch das sil=
brige monoton gleitende Murmeln entstand; die letzte Schar
sang. Alle Gesichter hatten eine so abenteuerliche Gleich=
gültigkeit, eine solch dumme und gequälte Feierlichkeit, daß
es zugleich lächerlich und schrecklich war. Den Nachtrab
bildeten sechs Ministranten in weißen Gewändern, einer
trug ein großes, schwarzes Kreuz. Jeanette sah darauf, und
ihr Blick war faßziniert. Sie schauderte.

Agathon wich zurück vor ihr und ging. Ihm war, als
ob er eine Tote verließ, deren Seele man da draußen
schon zum Grab geleitete.

Auf der Straße folgte er dem Leichenzug in der Nähe
des Sargs. Es war ein Kindersarg, ein blasses und ge=
brechliches Häuschen und der Tod hockte mit einem Kranze
darauf und sang im Chor. Agathon dachte den Tod um
die Zukunft zu fragen, da das Leben so schweigsam war.

Sechzehntes Kapitel

Nach dem unerwarteten Erfolg seines Buches hatte sich Stefan Gudstikker beeilt, eine vornehme Wohnung zu mieten. Er betrieb eine eigene Art von Leutseligkeit gegen seine Bekannten, die darin bestand, daß er seinen berühmten Namen, auf Visitenkarten gedruckt, häufig in ihre Briefkasten schob; er ließ das Haar ein wenig länger wachsen, den Bart ein wenig imposanter stutzen, ließ sich photographieren, und zwar in einem Gesellschaftsrock, mit einer Kravatte von durchbrochenem Rips, den Zylinder in der Hand, mit fest nach vorwärts gerichtetem, gleichsam unparteiischem Blick und etwas mitleidig verzogenem Mund. Nach solchen Vorbereitungen beschloß er, sich seinen Kollegen in der Hauptstadt zu zeigen und sprach gegen seine vertrauten Freunde stirnrunzelnd von den Kniffen, die er werde anwenden müssen, um gewissen Festlichkeiten zu entgehen.

Kisten und Koffer waren gepackt. Die Fenster standen offen, und ein würziger Strom Vorfrühlingsluft floß herein. Gudstikker war beschäftigt, seine Reiselektüre zu sichten, als sich die Türe öffnete und Monika Olifat hereinkam. Sie öffnete die Türe nur wenig und schob sich furchtsam durch den Spalt. Gudstikker war nicht angenehm überrascht, doch nahm er sich zusammen, ging hin und bot ihr die Hand.

Monika sah nicht, daß er ihr die Hand gab. Sie setzte sich oder sie sank vielmehr auf einen der herumstehenden Koffer, ließ den Blick unsicher umherschweifen und murmelte: „Du gehst fort, Stefan?"

„Aber natürlich, Närrchen, ich muß doch," erwiderte
Gudstiffer. „Begreifst du denn nicht, daß ich muß? Willst
du dich nicht lieber auf den Stuhl setzen?"

„Also du gehst fort," wiederholte Monika mechanisch.
„Du gehst fort." Und sie wollte die Hand an die Stirn
heben, ließ sie aber im Schoß ruhen. Beide Hände lagen
da, schwer, aneinandergepreßt.

Gudstiffer lächelte schnell unter seinem schwarzen, koketten
Bart hervor. Dann nahm er ihre Hand und sagte: „Liebes
Kind, die Pflicht ruft. Dagegen ist nichts auszurichten. Wer
aber sagt denn, daß ich nicht wieder komme, nicht wieder
zu dir komme? Angenommen auch, wir könnten uns nicht
wieder treffen, selbst diesen Fall angenommen, bliebe uns
nicht die köstliche Erinnerung übrig, dir und mir? Flammen
in der Vergangenheit wärmen selbst die Zukunft, sagt irgend=
wo ein großer Dichter. Ist es denn ein so großes Unglück,
einmal vom vollen Becher des Lebens getrunken zu haben?
Die Hauptsache ist, daß man einmal sich sättigt. Ich be=
handle ein solches Thema in meiner neuen Arbeit. Es ist
außerordentlich interessant, sie werden Gift und Galle spritzen,
die Herren Kritiker, aber das macht Spaß. Ich habe den
Plan meiner Mutter erzählt; sie meint sogar, daß es ein
ungewöhnlicher Vorwurf ist. Sie hat ihr eigenes Urteil in
derlei Sachen, weißt du. Mein Gott, was hat sie aber
auch durchgemacht! Bei solchen Leiden kommt man zur
Philosophie, ohne es zu wollen. Nach dem Tod meines
Vaters ist es ihr so schlecht gegangen, daß sie ihr Braut=
kleid, das Teuerste, was sie an Erinnerungen besitzt, ins

Pfandhaus tragen mußte. Seit einiger Zeit kränkelt sie
übrigens. Und nun, was ich dir anempfehlen will, Liebste,
das ist: Ruhe, innere und äußere Ruhe. Du mußt solche
Ruhe bewahren, daß unser Kind einst der Abglanz unserer
besten und tiefsten Stunden sein wird. Nur dadurch können
wir uns vor dem Schicksal rechtfertigen."

Monika hatte sich erhoben und starrte hinaus gegen den
Himmel, in eine lange Linie rosenroter Wölkchen. „Nun
ja," sagte sie gepreßt. Das war alles. Ihre beiden einst so
frohen, einst so frischen Augen glänzten verräterisch, und als
sie mit kurzem Nicken sich zum Gehen wandte, perlte Träne
auf Träne herab, ohne daß sie es zu hindern vermochte.
Im Treppengang lehnte sie sich an einen Pfeiler und hielt
ihre Stirn mit beiden Händen.

Es zeigt sich, daß zweihundert Jahre das Gemüt der
Menschen nicht verändern, daß dies nur eine winzige Phase
ist im Prozeß der Umwandlungen. Es scheint, als ob
Charaktere oder Seelen über Jahrhunderte hinweg in einer
neuen Kette von Erscheinungen und Ereignissen zu neuem
Dasein erwachen müssen. Es ist dann gleichgültig, ob
dieser Wiedergekehrte Thomas Peter Hummel oder Stefan
Gudstikker heißt.

Als Gudstikker das Haus verließ, stieß er so heftig mit
einem die Straße heraufeilenden Menschen zusammen, daß
ihm der Hut vom Kopfe flog. Zornig blickte er auf, da
war es Eduard Nieberding, zu dem er in letzter Zeit in
freundschaftliche Beziehung getreten war. Sie wechselten ein
paar verlegene Redensarten. Nieberding schien nicht allein

zerstreut und abwesend, sondern auf seinem Gesicht spiegelten sich auch die Bilder aufregender Sorgen und um seinen Mund lag jener leise Ekel, in den sich bei schwachen Naturen so schnell jede Mißstimmung verwandelt. „Ich muß nach Hause," sagte er und rannte davon.

Er war in fieberhafter Ungeduld, eine Nachricht, die er vernommen, der Schwester mitzuteilen. Er klopfte an ihre Türe, doch sie antwortete nicht. Er drückte auf die Klinke, doch die Türe war versperrt. Er pochte stärker und rief ihren Namen, umsonst. Er ging wieder in sein Zimmer und schritt unruhig umher. Seine matten Augen lagen tiefer als sonst; seine Hände schienen ein eigenes Leben für sich zu führen, schienen stets miteinander im Kampf zu liegen, sich gegenseitig aufzureiben, worauf sie wieder lange Zeit bewegungslos und müde herabhingen. Sie schienen begierig danach, sich im Gebet zu falten, begierig nach einem Leiden.

Nieberding hatte seltsame Gerüchte vernommen über Jeanette, die sich in einem der königlichen Schlösser aufhalten sollte. Überall im Volk gärte die Erregung über das Schicksal des Königs, eine Unruhe, die täglich zunahm, ein wachsender Haß gegen die Minister, gegen den Hof, gegen die Familie des Fürsten, denn das Volk liebte diesen Herrscher. Leute, die den König einmal gesehen, konnten ihn nie wieder vergessen. Der Eindruck seiner Person war so tief, daß, wer ihn sah, selbst ein Stück Adel in seiner Seele davontrug. Er stand so außerhalb des Gewöhnlichen und Menschlich-Alltäglichen, daß der Nimbus, der seine Handlungen umgab, ihn unantastbar machte für Kritik.

Als Cornely noch immer nicht kam, rief Nieberding die beiden Dienstboten. Sie wußten nichts. Da pochte Nieberding, von einer schmerzlichen Ahnung erfaßt, noch einmal so heftig er konnte an die Türe. Er lauschte und glaubte ein Seufzen zu vernehmen, das wie durch Tücher gedämpft herausklang.

Mit übermenschlicher Angst und Kraft stemmte er sich gegen die Türe und sie sprang auf.

Cornely lag mit nacktem Oberkörper ohnmächtig da, und Brust und Schultern waren mit Striemen bedeckt. Ihr Gesicht war entstellt, die Lippen zu einer schmalen Linie verzogen, die Brauen bogen sich angestrengt über den Lidern. Nieberding kniete nieder zu ihr, hob sie empor und legte sie aufs Bett. Bebend starrte er sie an, während sein Herz langsamer schlug.

„Cornely," flüsterte er an ihrem Ohr.

Sie schlug die Augen auf. Dann zog sie voll Schrecken die Decke bis an den Hals.

„Was hast du getan, Cornely?" sagte Nieberding, in dessen Gesicht eine zunehmende Furcht sichtbar war.

Cornely richtete sich verstört empor und griff nach der Hand des Bruders. „Ich kann nicht mehr schweigen," stammelte sie. „Ich habe dich geliebt, liebe dich, Eduard, es ist entsetzlich. Ich habe mein Blut gezüchtigt, den Leib gepeinigt, die Zunge wund gebissen, umsonst."

„Schwester!" rief Nieberding und wich zurück.

„Warum mir ein solches Geschick?" fuhr sie fort. „Warum weiß ich es und kann es denken? Es gibt keine

Rettung. Der Geist hat keine Gewalt, nur auf den Tod ist Hoffnung."

Vermehrte Furcht malte sich in Nieberdings Gesicht. Er nahm Cornelys Hand und tröstete sie, aber seine Worte waren so gewicht= und überzeugungslos wie die eines Menschen, der weder an sich selbst noch an die Zukunft, noch an das Leben überhaupt Hoffnungen zu knüpfen vermag. Deshalb atmete er erleichtert auf, als das Dienstmädchen eintrat und sagte, Herr Bojesen sei da und wünsche ihn dringend zu sprechen. Er ging rasch hinaus und stand alsbald vor Bojesen, dessen Kleidung solche Spuren geheimer und mühselig verborgener Vernachlässigung aufwies, daß, wer ihn früher gekannt, nunmehr Mitleid fühlte und noch mehr als das.

„Sie wissen nicht, wo Agathon Geyer ist?" begann Bojesen ohne weitere Einleitung als einen flüchtigen Gruß.

Nieberding antwortete verwundert, er kenne Agathon Geyer gar nicht. Er wurde immer mehr verwundert durch Bojesens ruhlos zuckendes Wesen. Zahllose Male fuhr Bojesen mit der flachen Hand über die Stirn und lächelte verstört in sich hinein.

„Ich habe ja nicht gefragt, ob Sie ihn kennen," sagte Bojesen und blickte sich mit leeren Augen um.

„Aber was gibt es denn? Was haben Sie?"

„Entschuldigen Sie, daß ich komme," murmelte Bojesen. „Entschuldigen Sie. Natürlich können Sie nichts wissen. Aber seit heute morgen renne ich bei allen möglichen Leuten herum, hier und in Nürnberg. Deshalb komme ich auch zu

Ihnen. Kennen Sie die Schrift?" Er hatte einen verschlossenen Brief aus der Brusttasche gezogen, dessen Adresse
er Nieberding hinhielt.

Nieberding erbleichte. „Es ist Jeanettens Hand."

„Jeanettens Hand, sehr richtig," erwiderte Bojesen
mit einem hämischen Zucken der Mundwinkel. „Jeanettens
Hand, die in meinem Haushalt das unterste zu oberst wirft.
Ich glaubte schon Ruhe zu haben vor Jeanettens Hand.
Aber das braucht Sie nicht zu interessieren. Es ist nur ein
Fingerzeig für meinen Biographen. Er kann meiner Lebens=
beschreibung den Titel geben: ‚Jeanettens Hand‘."

Nieberding, der feige vor den Herzensqualen seiner
Schwester zurückgewichen war, sah sich hier einer neuen
Verwicklung von Schmerzen gegenüber. Auch ihn hatte der
Gedanke an Jeanette erregt, doch Bojesen erschien ihm so
überlegen an Leidenschaft, daß er Angst hatte, ihn zu einem
gewaltsamen Ausbruch zu reizen. „Und was will sie? Wes=
halb schreibt sie an diesen Agathon?" wagte er endlich zu
forschen.

„Sie bittet mich bei allem, was mir heilig ist, als obs
dergleichen noch gäbe, ich solle Agathon suchen und ihm
den Brief geben. Sie wisse niemand, an den sie sonst
schreiben könne. Ich solle keinen Schritt scheuen, ihn zu
finden. Der Brief ist auf schwarzes Papier mit grüner Tinte
in Eile hingekritzelt. Der Poststempel ist von einem Dorf
im Hochgebirg. Gehen Sie mit mir nach Zirndorf. Ich
kann jetzt nicht allein sein. Es sind so öde Strecken. Oder
wir wollen einen Wagen nehmen. Bezahlen müssen Sie."

Wie gebannt starrte Nieberding in das Gesicht des Lehrers. Fast willenlos nahm er den Hut und ging, sich von der Schwester zu verabschieden. Er fand sie am Fenster stehend. Befangen und schuldbewußt reichte er ihr die Hand und sagte, er komme bald wieder.

Sie schien zuerst nicht verstehen zu können. Dann nickte sie. Ihr Blick wandte sich fremd auf die dunkle Land= schaft. Als Nieberding fort war, nahm sie ein Tuch, hüllte den Kopf damit ein, schlug mit einer krampfhaften Gebärde die Hände zusammen, dann legte sie einen Schlüsselbund und ihre Geldbörse auf das Bett und kurze Zeit darauf stand sie unter den noch kahlen Bäumen der abschüssigen Wasseranlagen. Sie beschleunigte ihren Schritt nicht. Sie ging immer langsamer, oft mit geschlossenen Lidern, mit einem Ausdruck im Gesicht, der ein Gemisch von Erwar= tung und Horchen war. Sie glich einer verwelkten Pflanze.

Sie hatte geglaubt, als sie von Hause ging, sie suche den Tod; aber jetzt bemerkte sie, daß es nicht der Tod war, den sie suchte. Das wurde ihr so jähe klar, daß sie fröstelnd stillstand und überlegte. Auf der Straße befand sich ein Lastwagen, und auf ihm waren trotz der Abend= stunde, noch Leute damit beschäftigt, massive Eisenschienen auf Strohbolzen herabfallen zu lassen. Es gab ein hallen= des Getöse, ein schrill=wuchtiges Klingen, das dem Ge= schrei einer fernen Volksmenge glich; in einer andern Straße spielten Kinder, als ob die Nacht gar keine Unterbrechung für ihr Spiel bringen würde; in einer andern Straße rauften zwei Dienstmänner und brachten ein Droschkenpferd zum Durchgehen. Das war gewöhnlich, aber für Cornely war es Leben. Sie kannte solches Leben nicht; jetzt jedoch sah sie das Leben über die Schürzen der Mädchen huschen, die über das Pflaster liefen; sie sah es tropfen von den Balkonen, wo man die Zimmerpalmen begoß; es kletterte in Gestalt einer Katze über die Zäune, es bellte als Hund, es läutete als Abendgeläut.

Mit jedem Schritt klammerte sie sich fester an diese neuen Vorstellungen. Sie dachte an Jeanette, an die Spiele, die sie als Kind mit ihr gespielt, und bekam plötzlich Sehnsucht, Jeanette zu sehen. Sie vergaß, daß Jahre seitdem hingegangen waren, und es kam ihr vor, als könne sie Jeanette treffen wie damals, wenn sie nur das Löwengardsche Haus betrete. Als sie aber wirklich vor dem Gebäude stand, schämte sie sich und kehrte seufzend um.

Sie kehrte um, nach Hause, setzte sich in Eduards Zimmer und dachte nach. Sie grübelte über sich selbst und durch welche Umstände und Fügungen sie zu dem geworden, was sie eben war. Es schien ihr, als ruhte die Lügenlast von Jahrhunderten auf ihr und drücke sie nieder, ersticke jede Freiheit, jeden Willen zur Freiheit. Unter all diesen Gedanken war auch einer, der sie zittern ließ. Zittern vor dem Reichtum, vor der Fülle, die sie jetzt umgaben. Ihr Vater war Sklavenhändler in Amerika gewesen. Dies war genug für sie, daß sie die Seelen Hingepeitschter in den Polstern versteckt sah, daß die Luft um sie herum erfüllt schien von aufbewahrten Rufen des Jammers und des Schreckens. Unwillkürlich erhob sie sich, als fürchte sie,

die Berührung mit dem Stoff des Sessels könne sie be=
schmutzen und ihre Bedrücktheit stieg bis zu einem kaum
erträglichen Grad. Von einem Abgrund zum andern ge=
trieben, haltlos, voll mystischer Sehnsucht und sinnlicher
Begierde, glaubte sie, das Herz springe ihr unter dem wach=
senden Druck entzwei. Fast mechanisch, wie ein Fallender
nach einem Halt greift, nahm sie ein altes Buch aus dem
Regal, schlug die Blätter um und ihr Blick fiel auf ein
Gedicht. Es lautete:

> Sag’ mir an, du trübes Gespenst,
> was du Wissen und Leiden nennst?
>
> Sag’ mir, du ruhige Finsternis,
> warum Gott seinen Sohn verließ?
>
> Sprich, du Himmel ohne Gnaden,
> weshalb hat mich der Freund verraten?
>
> O sprich, du lange Einsamkeit,
> was ist Tod und was ist Zeit?
>
> Da begann das trübe Gespenst:
> Was du Wissen und Leiden nennst,
> das ist kraft eines deutlichen Traumes;
> das ist Spiel eines bunten Saumes,
> Saum vom Kleide der Ewigkeit,
> Kraft eines langerloschenen Lichts.
> dies ist Wissen, dies ist Leid
> und sonst nichts.
>
> Sprach die ruhige Finsternis:
> Warum Gott seinen Sohn verließ,
> das ist kraft seiner Lust zur Freude;
> es ist Kampfspiel, das stets erneute

Hangen und Bangen am Lebensbaum.
Gott wünschte einen Sohn des Lichts;
seine Vaterliebe ist nur ein Traum
und sonst nichts.

Sprach der Himmel ohne Gnaden:
Mit Recht hat dich der Freund verraten.
Freundschaft ist zärtliches Betrügen,
Kopfnicken und Rückenbiegen.
Umklammert deine Faust das Schwert
dann freu dich du des Verrätergerichts;
entbehren ist, was dich der Freund gelehrt
und sonst nichts.

Sprach die lange Einsamkeit:
Frage nicht, was Tod und Zeit.
Tod bist du und Zeit bist du,
Rast und Flucht und Kampf und Ruh.
Aus dem Knäuel der Wirklichkeiten
wirst du am Tag des großen Verzichts
hin vor meine Füße gleiten,
und sonst nichts.

Als Cornely dies gelesen, schaute sie geraume Zeit mit
staunenden Augen ins Lampenlicht. Dann ging sie in ihr
Schlafgemach und begann sich mit träumerischer Ruhe zu
entkleiden. Sie entfernte auch das Hemd vom Körper und
trat vor den Spiegel, um sich mit dem gleichen verträumten,
etwas staunenden und verlorenen Blick zu betrachten. Diese
Empfindung des Losgelöstseins und der Leichtigkeit hatte sie
wünschen lassen, nackt zu sein. Doch sah sie nicht den eigenen Körper, sondern freundliche Gestalten umschwebten sie,
deren Nähe ihr beglückend dünkte.

Siebzehntes Kapitel

Der flüchtige Traum von Frühling war schon wieder vorbei, als Agathon an einem kalten Spätnachmittag nach Fürth kam. Er war ziemlich lange umhergewandert, ohne daß er sich entschließen konnte, jemand von den Menschen aufzusuchen, die er kannte. Es dunkelte schon, als er aus dem ersten Stock eines kleinen Hauses zu seinem Erstaunen den wolligen Kopf der Frau Olifat gewahrte. Im Nu hatte die lebhafte Dame auch ihn erkannt und winkte ihm zu, er solle hinaufkommen.

Monika saß in einem Lehnstuhl und schaute mit einem haßerfüllten Blick auf ihn, als er eintrat. Sie wehrte ihre Mutter von sich ab, die mit schmeichlerischer Geschwätzigkeit auf polnisch in sie hineinredete, darauf wandte sich Frau Olifat an Agathon und setzte ihm mit großer Zungengeläufigkeit, halb deutsch, halb französisch die Gründe auseinander, weshalb sie in die Stadt gezogen sei. Dann klagte sie über Monika, die den ganzen Tag dasitze, ohne zu sprechen, ohne zu essen, ohne zu lachen. Und wieder ergriff sie Monikas Hände und redete auf sie ein. Doch das Mädchen drehte mit einer bösartigen Gleichgültigkeit, als sei sie taub, das Gesicht nach einer anderen Richtung. Die gequälte Mutter wurde zornig; unerschöpflich entfloß ein Strom von Schmähungen ihren Lippen, und sie erhob den Arm wie zum Schlag. Dann richtete sie sich gravitätisch auf, schritt zur Tür und warf sie dröhnend hinter sich zu.

Agathon sah sich mit Monika allein. Wieder fühlte er
eine atemraubende Beklemmung ihr gegenüber. Er vermochte nichts zu reden. Ihre Wangen hatten sich, kaum
daß die Mutter das Zimmer verlassen, mit einem brennenden Rot bedeckt, und ihre Augen glänzten feucht, — vor
Scham und Verzweiflung. „Ich kann ja gehen, Agathon,
wenn Sie nicht mit mir allein sein wollen," sagte sie mit
einer eigentümlich brüchigen Stimme, und um ihre Lippen
spielte ein sinnloses Lächeln.

Gern hätte Agathon ihre Hand ergriffen, um sie zu
bitten, sie möge wieder du sagen. Aber er konnte nicht.
Unüberwindliche Scheu fesselte ihn an den Platz, wo er war.
„Was hast du nun eigentlich, Monika?" fragte er ruhig.

Ihre Blicke begegneten sich zum erstenmal. Agathon
hatte dabei das Gefühl, als schaue er in einen Raum mit
fahlen Wänden.

„Ich weiß es, du hast Gudstikker geliebt," sagte Agathon, „aber deshalb mußt du noch nicht am Leben ver-
zweifeln, Monika. Du hast ja den Kopf immer hoch getragen. Und jetzt? Was ist mit dir? Ist denn das Leben
für dich weniger groß und gut geworden? Viele haben geliebt und entbehren müssen, Monika. Nun kommt bald der
Frühling, und du wirst dich freuen, wenn die warme Sonne
auf dich scheint, und du wirst mit Esther in den Wald
gehen und deine Wangen werden wieder rot sein. Und
wenn der Herbst kommt, wirst du alles vergessen haben,
Monika, diesen ganzen elenden Winter wirst du vergessen
haben."

Da richtete sich Monika auf, und über ihre Züge ging
eine zuckende Bewegung. „O Agathon," rief sie aus, „nie
mehr können meine Wangen rot werden, nie mehr, nie
mehr. Nie mehr kann ich in den Wald und die Sonne sehen,
nie mehr kann ich vergessen, Agathon, nie mehr, nie mehr."

Agathon näherte sich ihr, beugte sich herab, ergriff ihre
Hand und schaute sie an. „Was hast du getan, Monika?
Warum schweigst du? Warum verschweigst du mirs?"

Monika erhob beide Arme und legte die Hände um
Agathons Nacken. So sah sie zu ihm empor mit einem
feierlichen Blick, der etwas Drohendes in der Ferne zu erblicken schien und sagte, jede Silbe betonend: „Er hat mich
betrogen. Geh hin und räche mich."

„Monika!" flüsterte Agathon und machte sich los von ihr.

„Es ist so finster," sagte Monika verstört und schauerte
zusammen. „Es wird schon Nacht. Ja, ich habe mich ihm
hingegeben, ganz und gar. Aber denke nicht schlecht von
mir, Agathon, was wußte ich denn von solchen Künsten,
wie er sie besitzt. Gehst du, Agathon? Jetzt willst du
gehen? Bleib doch —!"

Als die Türe sich hinter Agathon geschlossen hatte, warf
sie sich jammernd zu Boden. Aber bald darauf kam er wieder
und fragte sie, die hilflos vor ihm lag. „Wo wohnt er?"

Monika, das Gesicht gegen die Dielen gewandt, nannte
die Straße und das Haus.

Gudstikker war daheim, als Agathon bei ihm anklopfte.
Er hatte seine Abreise verschoben. Er zeigte ein überrasch-
tes und freudiges Gesicht bei Agathons Anblick und ging

mit ausgestreckten Händen auf ihn zu, blieb aber auf halbem
Wege wie angewurzelt stehen. „Was machen Sie denn für
ein Gesicht, Verehrungswürdiger," sagte er erblassend, halb
scherzhaft, halb trotzig.

Agathon stand ihm gegenüber, und er fühlte plötzlich
all seine Kraft wie verblasen. Voll von brennendem Zorn,
der sein Herz zusammenzog, war er noch die Treppe herauf=
gekommen, aber sobald er in dies lügnerische Gesicht ge=
blickt, war er entwaffnet. Es war die Lüge selbst, die ihm
entgegentrat. „Ich komme wegen Monika," das war alles,
was er herausbrachte und Gudstikker nickte vor sich hin, als
ob es ihn traurig mache, diesen Namen zu hören. Er ist
eine jüdische Natur, dachte Agathon plötzlich, indem er das
Wort in seinem häßlichsten Sinn faßte; Gudstikker schien
ihm der jüdischste Mensch, den er je getroffen.

„Monika! Ein schöner Name, ein herrliches Mädchen,"
begann Gudstikker, wie in Erinnerungen verloren und schritt
langsam auf und ab. „Wir haben zusammen den Lenz des
Lebens genossen. Sie hat mich über eine wüste Strecke
meines Daseins mit Flügeln hinweggetragen. Ich danke
ihr viel und meinem Herzen bleibt sie, was sie war. Sie
würde es nicht bleiben, wenn ich kleinlich sein und unsere
Schicksale auch weiterhin verketten wollte. Nach bürger=
lichen Begriffen hätte ich vielleicht die Pflicht, es zu tun,
aber meine Aufgabe ist es jetzt, mit den bürgerlichen Be=
griffen zu brechen, ja sogar sie als das zu zeigen, was sie
sind, nämlich Gespenster, die den holden Tag des Glückes
verfinstern. Der schaffende Geist muß frei sein. Was allen

andern rückſichtslos erſcheint, iſt für ihn ein Naturgeſetz und die einzige Möglichkeit der Selbſterhaltung."

Erſtaunt blickte Agathon auf dieſe redſeligen Lippen. Er ſchwieg.

„Ja, eine gewiſſe Grauſamkeit iſt nötig, das wird mir immer klarer," fuhr Gudſtikker fort; „ſie iſt nötig, um die widerwilligen Dämonen des eigenen Lebens gehorſam zu machen. Nicht um ſchlechthin tugendhaft zu ſein, ſind wir da, ſondern um aus unſeren Gaben Tugenden zu machen. Sie, Agathon, ſind ein wenig allzuſehr reiner Idealiſt. Es fehlt Ihnen an Kenntnis des Lebens. Ich mache Ihnen einen Vorſchlag: ſeien Sie einmal eine Nacht lang mein Begleiter. Laſſen Sie mich von jetzt an bis zum Morgengrauen Ihren diable boiteux ſein. Haben Sie ſchon zu Abend gegeſſen? Vortrefflich, dann kommen Sie."

Wie gebannt folgte Agathon jeder Bewegung, jeder Geſte Gudſtikkers. Zugleich empfand er ein unheimliches Grauen vor ſeiner Zunge, die bisweilen hinter dem ſchwarzen Schnurrbart hervorblitzte wie ein Flämmchen. Er ſuchte ſich all dieſem zu entziehen, aber umſonſt. Er folgte Gudſtikker, der mehrmals kurz vor ſich hinlachte, ins Freie.

Der Weg führte ſie durch dunkle Gaſſen in die Vorſtadt, wo verrufene Häuſer ſtanden, wo wenige Laternen ein dürftiges Licht ſpendeten, und wo Schutzleute zu zweien und dreien gingen, ſtreng, finſter, ſorgſam ſpähend.

Sie kamen zunächſt an ein einſtöckiges Häuschen, über deſſen Portal eine grüne Lampe brannte. Die Fenſter waren dicht verhängt.

Als Gudstikker das Tor geöffnet hatte und in einen
mit verblichener, gleichsam abgesessener Pracht ausgestatteten
Raum getreten war, kam den beiden eine Schar von ge=
schminkten Mädchen entgegen, die mit Gudstikker sehr vertraut
taten, sich an seinen Arm hingen, lachten, trällerten, scherzten,
nach Wein riefen und sich auf jede Weise geräuschvoll ge=
bärdeten. Sie waren mit nichts bekleidet als mit einem
Hemd und langen Strümpfen; ihre Augen glänzten krank=
haft, oder schienen müde, ihre Bewegungen waren geziert,
ihr Lachen übertrieben, ihre Scherze zynisch. Ihr Gang
hatte etwas Schwankendes, das Spiel ihrer Hände und
Finger etwas Gieriges und Abenteuerliches. Seltsamerweise
beachteten sie Agathon gar nicht: manche blickten scheu
nach ihm hin, aber taten dann wieder, als sähen sie ihn
nicht. Bisweilen erschien eine ältere Dame und führte Reden,
die etwas Anfeuerndes haben sollten; bisweilen auch läutete
eine Glocke, dann verschwand eines der Mädchen lächelnd
und die andern sahen teilnahmlos ins Leere, immer dieselbe
auffordernde Miene beibehaltend.

Gudstikker benahm sich wie zu Hause. Gönnerhaft ver=
abreichte er seine Worte, lehnte sich breit und behaglich auf
den verschabten Polstern zurück, klatschte leutselig auf nackte
Arme, schlug ein paar Takte auf einem schrillklingenden
Klavier an, lächelte nachsichtig, wenn ihn die Mädchen neckten
und den schwarzen Doktor nannten, doch bei alledem schwand
eine gewisse ernste Falte nicht von seinem Gesicht und ein
stechender Blick nicht aus seinen Augen. Bald ging er
weiter mit Agathon in ein daneben befindliches Gebäude,

und Agathon folgte, betäubt durch eine beengende Erwartung,
die er nicht deuten konnte. Wiederum sah er den ver=
kommenen Putz erbärmlicher Prunkstuben, halberblindete
Spiegel, von Staub zerfressene Goldrahmen; wieder sah er
die für den Gebrauch der Nacht überschminkten Frauen=
gesichter, in denen jedes Leiden, jeder Schmerz, jedes Nach=
denken, jede Erinnerung, jede Feinheit verschwunden war,
wiederum roch er die abgelagerte Luft von gestern, atmete
den Rauch der Zigaretten, den Dunst der Weine und wurde
behandelt wie einer, der nicht da ist oder den man nicht
sieht. Er sah in dunkle Nebenkammern, wie man auf einer
längstverödeten Straße Wagenspuren verfolgt; das heimische
Laster hatte seine Spuren selbst in die Finsternis gegraben.
Er sah in andern Stuben junge Männer lungern und sich
erhitzen um einen Kuß, von dem sie vergessen wollten, wie
feil er war und wie jedem er gewährt worden war. Er
sah Spielkarten fliegen und hörte rohe Scherze durch die
Wände dringen, Pfropfen knallen, Goldstücke rollen und
glaubte zu erkennen, wie mancher seine Ohren verschloß
gegen die Stimmen, die er nicht hören wollte, nie hören
durfte, ohne den Verstand zu verlieren. Er erblickte die
Kammern dieser Frauen und Mädchen, die von unsinnigem
Zierat starrten, worin sie sich bei Tag einem bleiernen
Schlaf überließen, worin ein rotes oder grünes Licht künst=
liche Schwülnis hervorbrachte und selbst den abgeschabten
Stellen der Tapete etwas Schmückendes verlieh, gleich dem
Märchen von der ersten Sünde und der poetischen Ver=
führung, das die Bewohnerin in seinem matten Schein er=

22*

sinnt und dem empfindsam gewordenen Besucher verabreicht.
Er sah die verschnörkelten, steilen Treppen, auf denen die
Mädchen hinauf= und hinabeilten und dabei berechneten,
wieviel sie noch verdienen mußten, um sich bezahlt zu
machen dafür, daß sie hier in Hemd und Strümpfen sich
mästen durften, ohne daß man mehr von ihnen verlangte,
als daß sie lachten, lachten, immer lachten. Mochten sie fett
oder mager sein, blond oder schwarz, alt oder jung, sie hatten
keine Aufgabe, als die, zu lachen. Und jedes neue Läuten
der Glocke brachte einen neuen Gast in diese Krämerei, wo
lebendiges Fleisch verhandelt wurde: Junge Menschen, die
mit zitternden Lippen und studiertem Gleichmut unter der
Schwelle standen, um zu warten, was man mit ihnen be=
ginnen würde; schiefe Greise, die einen letzten Funken ihres
vergehenden Lebens anzufachen bemüht waren; Männer,
von Langeweile und Gewohnheit hergetrieben, Knaben sogar
mit den erschreckenden Zeichen vorzeitiger Fehltritte in den
Augen, die sie wissend einem alles verschlingenden Abgrund
zueilen ließen, Bräutigame, die ein Mittel suchten, die ideale
Schwärmerei des Brautstandes. zu überdauern, geachtete
Bürger, die liebenswürdige und gute Frauen besaßen, Lehrer,
Beamte, Studenten, Handwerker . . . Wie um Erbarmen
flehend, suchten Agathons Augen diejenigen Gudstiffers und
diese antworteten: Hier gibt es kein Erbarmen. Und Aga=
thon verlor Ruhe, Kraft und Besinnung und Bild auf Bild
in stummer Reihenfolge bedrängte ihn. Oft war es auch
ein leidendes Gesicht, das er gewahrte, das mit hineingerissen
wurde in den Strudel und versank. Erschüttert wollte er

fliehen, doch schon war Gudstiffer neben ihm, der ihn führte, — durch die menschenleeren Gassen der Stadt.

Warum, warum ist das alles? fragte Agathon flüsternd. Aber nichts gab ihm Antwort, während Gudstiffers Nähe mehr und mehr beklemmend auf ihn wirkte. Und er sah durch die Mauern der Häuser, armer und reicher Häuser; er hörte Angstrufe, Hilfeschreie einer versinkenden Gesellschaft, einer Welt, die wie ein Schiff sich langsam mit Wasser füllt, um unrettbar in den Abgrund zu tauchen. Bis jetzt war es nur das offene Spiel gewesen, das lediglich zum Schein den Stempel der Heimlichkeit trägt, und um jenen Anstand zu wahren, der noch die letzte Klammer der berstenden Wände bildet. Er sah, daß jedes Haus eine Wunde hatte, die un= heilbar war; daß jede Tür eines jeden Zimmers mit un= verlöschlichen Lettern das Gedächtnis eines schweren Makels aufbewahrte; daß jedes Glas eines jeden Fensters auf Dinge geschaut, die besser in dichtem Dunkel begangen worden wären; daß kein Schläfer unter allen so ruhig schlief, daß selbst seine reinsten Träume nicht durch den Nachhauch eines begangenen Frevels getrübt wurden, daß die Bereitwilligkeit, sich zu ver= kaufen, in keinem verschlossenen Haus geringer war, als in jenen öffentlichen; daß das Glück und die Ruhe aus den Zügen des Lebens verwischt waren und daß der Weinende wie der Lachende eine Maske trägt; daß die Händler des Fleisches und die Händler des Geistes bei Tag und Nacht, jahraus, jahrein durch die Gassen gehen und harmlos scherzend Gift säen; daß die Kaserne und das Spital, der Palast und das Gefängnis, die Kirche und das Wirtshaus, das Theater

und die Schule von einem Schmerz gepeinigt, von einer
Lüge erhalten, von einer Hoffnung betrogen werden. Und
Agathon sah das Ziel in der Ferne zerstäuben zu nichts, die
Fackel, die seinen Weg erleuchtet, langsam vergehen und erkannte, daß er gegen die gigantische Masse des Elends nichts
war als ein Kind, das mit seinen Händchen Gebirge abtragen will. Und Jude oder Christ, was bedeutete ihm das
noch gegenüber diesem heimlichen und lautlosen Kampf, der
hier zwischen schlafenden Mauern geführt wurde? Jude und
Christ hatten in gleicher Weise dazu beigetragen, das Jahr-
hundert dorthin zu führen, wo es stand, und ihre Todes-
zeugen fielen einander grinsend in die Arme und schlossen
Bruderschaft.

„Gute Nacht, Bester,“ sagte Gudstikker jovial, als sie
vor seinem Haus standen. „Ich denke, meine Dienste haben
Ihnen gut getan. Die Welt ist viel größer, als Sie glauben.
Setzen Sie sich auseinander mit ihr, gute Nacht.“

Agathon nahm den Gruß verständnislos hin und blieb,
als er sich allein sah, lange Zeit an derselben Stelle stehen.
Mit dem Verschwinden Gudstikkers waren die Bilder und
Gesichte vorbei. Agathon hatte kein Bett, keinen Zufluchtsort, begehrte keinen Zufluchtsort, begehrte keine Ruhe. Be-
trunkene taumelten an ihm vorbei, grölend oder still, begeistert oder trübsinnig. Alles was noch lebendig war auf
den Straßen, wurde durch den Geist der Besoffenheit bewegt, der einen übelriechenden Dunst erzeugte. Dieser Geruch wird auch morgen das öffentliche Leben durchdringen
und die Seelen der Besseren unmutig machen; er wird jede

Frau, die schlaflos an dem Lager ihrer Kinder brütet, den Mann und die Liebe verachten lassen und wird alle Gefühle der Anmut und Frische zerstören, jede Vereinigung von Kräften unterwühlen.

Agathon war im tiefsten Herzen verzweifelt.

Vielleicht gab es noch eines, was ihn aufrichten konnte. Die Gestalt Bojesens erhob sich plötzlich aus der Vergangenheit, von einem übertriebenen Nimbus verklärt. Agathon blickte auf sie hin, wie auf eine tröstende Gestalt. Ehe er es überlegte, befand er sich schon vor dem Haus, in dem der Lehrer wohnte. Da das Tor bei der späten Stunde schon geschlossen war, ließ sich Agathon kraftlos auf die feuchten Steinfliesen nieder, umschloß die Knie mit den Armen und wartete. Er wartete ohne Empfindung für das Vorbeifließen der Zeit. Im dritten Stock, wo Bojesen wohnte, öffnete sich bisweilen ein Fenster. Die Uhren schlugen eins, zwei, schlugen drei. Die Finsternis der Gasse schien klebriger und körperlicher zu werden.

Aber war das nicht Bojesen, der vor ihm stand? Diese etwas zusammengekrümmte Figur, die den Hut schief auf dem Kopf sitzen, die Hände tief in den Taschen vergraben hatte? Waren das nicht Bojesens Züge? Agathon mußte unwillkürlich lächeln, daß dies seltsam abstoßende Bild eines Menschen, diese schwankende Nachtgestalt solche Ähnlichkeit aufwies. Aber warum starrte nun der Schein-Bojesen so? suchte in seinen Taschen nach Schlüsseln —? brummte, als er sie nicht fand —?

Es erwies sich, daß es mehr als eine bloße Ähnlichkeit

gab zwischen dem falschen Bojesen und dem Bojesen in
Agathons Erwartung. Schließlich erhob Agathon in stechen=
dem Schrecken die Hände und öffnete den Mund zu einem
Schrei, den seine Kehle ihm nicht bewilligte. Dann fuhr
Bojesen, der seine Schlüssel noch immer nicht hatte finden
können, zurück und lehnte sich stammelnd an den Laternen=
pfahl. „Ich — suchte — Sie — sch — schon — l —
lange genug — Ag — Agathon," sagte er.

Agathon stand auf und trat dicht vor ihn hin.

Bojesen zog mit einer mechanischen Bewegung den Brief
aus seiner Brusttasche. „Da lesen Sie ihn gleich," sagte
er und war plötzlich wieder im Besitz seiner Sprache.
„Sagen Sie mir, was es ist. Sagen Sie es mir. Ich
vergehe sonst. Ja, ja, ich liebe dieses Weib, kann mich
nicht losreißen, verbrenne mir das Herz dabei, verliere
mein Seelenheil, mein Geistesheil, alles, alles. Ich bin
hin, eine Null, ein hohler Stamm, ein mürbes Blatt, aus=
geblasen, bankrott. Was weichen Sie zurück vor mir?
Agathon, haben Sie Mitleid! Oder sind Sie die Tugend
selbst, daß Sie mich verachten dürfen? Was weichen Sie
zurück mit entsetzten Augen?"

Agathon wich zurück vor dem Schnapsgeruch, der aus
Bojesens Munde kam. Bojesen hatte wie ein Fiebernder
geredet, mit überstürzten Sätzen, purzelnden Worten und
theatralischen Armbewegungen.

„Nein, nein, ich bin nicht betrunken," fuhr er fort und
ballte die Fäuste; „nur ein paar Gläser Grog, das ist alles
für einen Bankrotteur. Agathon lesen Sie den Brief (seine

Stimme wurde heiser) und seien Sie aufrichtig mit Ihrem
Freund —"

Da wandte sich Agathon, nachdem er den Brief an sich
genommen und ging fort, so schnell er immer konnte. Und
hinter sich hörte er den verzweifelten, ersterbenden Ruf in
die Nacht verhallen: Agathon! Agathon! Als er die Wasser=
alleen erreicht hatte und den Fluß neben sich rauschen
hörte, vernahm er es immer noch, dies: Agathon, als ob
es aus dem Bett des Stromes käme.

Der Tag war für ihn beschlossen und das Jahr. Und
viele Bauten, die unlängst noch prächtige Pforten vor ihm
aufgetan hatten, schlossen diese Pforten von selbst wieder.
Über der schier mit Händen zu greifenden Finsternis der
Allee sah er eine brennende Stadt, ein brennendes Land.
Erst brannte es sichtbar und lichterloh, dann war das Feuer
unterirdisch und man hörte keinen Hilferuf.

Er kam an die Stelle, wo die Neubauten waren. Das
Haus, in dem damals der Trockenofen gebrannt, war schon
bewohnt. Aber daneben war noch ein anderer Neubau
und heute brannte in diesem der Trockenofen und verbrei=
tete seine düstere Röte in dem Gebäude und in dem Busch=
werk der Umgebung. Nach einiger Mühe gelang es Agathon,
sich durch das verrammelte Tor zu zwängen. Er legte sich
vor den Ofen und bemerkte, daß seine Knie vor Kälte
schlotterten. Doch er empfand es kaum. Sein bleiches
Gesicht zuckte nur bisweilen unter der ungeheuern Bewe=
gung seines Innern.

Schließlich, Stunden mochten verronnen sein, und die

Hähne begannen schon zu krähen, erinnerte er sich des
Briefes. Er sah ihn an und erkannte Jeanettens Schrift-
züge. Er riß ihn auf und eine Banknote fiel heraus. Auf
dem Papier stand mit gleichsam entsetzten und befehlenden
Lettern nichts als eine Adresse der Hauptstadt und die Worte:
Komme sogleich hierher.

Achtzehntes Kapitel

Bevor noch der Morgen graute, stand Agathon auf dem Bahnhof und erfragte die Abfahrtszeit des nächsten Zuges nach der Residenz. Um ein Viertel nach acht Uhr sah er sich durch die Ebenen Frankens rasen, über denen ein milder Nebel lag, sah Flüsse unter sich und neben sich verschwinden, tauchte den Blick in die Nacht raschverfliegender Wälder, suchte das Bild von Dörfern festzuhalten, die sich ängstlich an sanft ansteigende Höhen klammerten, von Städten, die erst aufzuwachen schienen, und er glaubte, dies alles sei vorher gar nicht dagewesen, sondern sei um dieses einen Tages willen eigens für ihn gemacht. Dann kamen Mittelgebirgsländer mit der idyllischen Ruhe dichtzusammenliegender Marktflecken, mit alten Steinbrüchen, tiefen Tälern, kahlen Hügelketten, vergoldet von der Morgensonne, die sich schlaftrunken aus umlagernden Wolken löste, dann ein Strom, breit und grün, dann wieder eine endlose, dürre Ebene, über der es zu regnen anfing, alles eine Folge von sich jagenden Bildern wie in einem Scheindasein.

In der Residenz angelangt, suchte er sogleich die Straße, die ihm Jeanette angegeben. Betäubt von Lärm und Getöse, aber ganz ohne Aufnahmefähigkeit für die Dinge um sich her, gelangte er endlich vor das Haus. Eine alte Frau öffnete ihm. Auf sein Fragen wies sie ihn ohne weiteres in ein längliches, etwas dumpfes Zimmer und bedeutete ihn, er möge warten.

So wartete er. Er hatte sich auf einen niedrigen Sessel gesetzt und blickte mit unbewegtem Gesicht vor sich hin. Er konnte kaum begreifen, wie er hierher gelangt war. Seine Wangen waren fahl, seine Augen erloschen, seine Haltung zeugte von einem sich verkriechenden Schmerz.

Plötzlich ging die Tür auf. Herein trat Jeanette. Sie warf Hut und Mantel achtlos in eine Ecke. Sie schien außer Atem, ihr Blick abgehetzt wie so oft und von trügerischem Feuer erfüllt. Sie hatte Agathon kaum begrüßt, als sie auf den nächsten Sitz sank, die Hände vor das Gesicht schlug und laut aufstöhnte.

„Warum bist du nicht früher gekommen, Agathon?" murmelte sie nach einer Weile. „Ich habe dich erwartet. Ich brauchte einen Menschen, ich brauchte dich, ein einziges Herz in dieser Wüste, ich wollte dich sehen, dein zuhörendes Auge sehen, den Rat hören, der in deinem Schweigen liegt, denn du bist klüger als du ahnst."

Agathon stand auf und trat zu ihr. Als er sie berührte, sah sie zu ihm empor. Seine Berührung schien sie zu trösten. Sie drückte ihm die Hand. „Ich glaubte, ich hätte den Verstand verloren," sagte sie und strich sich über die Stirn. „Setz dich zu mir, Agathon, ich will dir erzählen. Wie köstlich, wie gut, daß du da bist und ich zu dir reden kann!"

Und sie erzählte.

Sie war, wie schon vorher verabredet, auf eines der königlichen Schlösser gebracht worden, in dem sich der Fürst gerade aufhielt. Es war ein unerhörter Glanz, der sie

mitten im Hochwald empfing. Sie hatte den Eindruck, als
verfolge man mit ihrer Person irgend eine Absicht bei dem
Monarchen, der seit Jahren sich von allen Frauen fern=
gehalten. Sie sah also den König. Jene Leidenschaft, deren
Gefäß sie von da ab war, erfüllte sie sogleich beim ersten
Anblick. Er war von ziemlich fetter, aber zugleich riesen=
hafter Gestalt. Seine Schultern waren so breit und mäch=
tig, daß sie für jeden, über den sie sich beugten, etwas Zer=
malmendes hatten. Sein Gesicht war außergewöhnlich
bleich, sein Haar glanzlos, tiefschwarz und stand so dicht
wie das Gras vor dem Mähen. Doch all das wurde be=
langlos durch die Augen. Tiefblau wie die Gebirgsseen,
waren sie von einem hinreißenden Ausdruck, von einem
heftigen Feuer erfüllt. Es schien, daß ihnen keine Qual
erspart geblieben, daß sie keine Schönheit unwiderstrahlt
gelassen. Niemand konnte ertragen, furchtlos in sie zu
schauen. Seine Kleidung war die eines einfachen Bürgers.
In seinem Wesen war wenig von Majestät. Ruhelosigkeit,
die Angst des Verfolgten, machtloser Zorn, tiefe Bitterkeit
beherrschten ihn.

„Es schien etwas Schreckliches im Werk zu sein,“ fuhr
Jeanette fort. „Das ganze Schloß, die Dienerschaft, die
Offiziere, alles war in Bewegung, in Hast, in Erwartung.
In der Nacht fuhr der König in sechsspänniger Karosse in
die Residenz und Vorreiter mit Fackeln beleuchteten den
Weg. Er verschmäht es die Bahn zu benutzen. Am Mor=
gen, ich hatte nicht schlafen können, sondern war am Fenster
gelegen und hatte in den Wald gestiert, am Morgen kam

er wieder und die Unruhe, die ich an ihm bemerkt, hatte sich verzehnfacht. Ich beobachtete ihn vom Fenster aus und sah, wie sein gewaltiger Körper sich fröstelnd schüttelte, als er den Wagen verließ. Einen Augenblick lang kam es mir vor, als wolle er zusammenbrechen unter einer Last. Die Diener gingen hin und her, ich glaube, sie wußten nicht warum. Bald nach seiner Ankunft führte mich der Adjutant, der sein Freund und Vertrauter war, zu ihm, und ließ mich mit ihm allein."

Jeanette schwieg lange. Dann begann sie mit etwas erhobener Stimme wieder. „Ich werde mein Lebelang diese Stunde nicht vergessen, Agathon, und wenn ich so alt würde, wie die Erde selbst. Als ich hineintrat in den Saal, der von Licht und Gold strahlte, wußte ich, daß meine Seele diesem Mann unwiderruflich angehöre, und ich küßte in Gedanken die geheimnisvolle Hand des Schicksals, die mich zu ihm geführt. Ich wußte, daß ich für ihn sterben könnte und sterben würde und sterben müßte und daß Sterben nichts bedeute gegenüber dem Glück seine Sklavin zu sein. „„Wer hat dich hereingelassen?"" fragte er mich. Ich fand keine Antwort. Meine Zunge gehorchte mir nicht. Indem ich ihn anschaute, zitterte ich am ganzen Körper. „„Du bist Tänzerin?"" — ‚Ja, Majestät.' — „„Dann tanze."" Er stand auf und drückte auf einen elektrischen Knopf, und eine Musik ertönte, ebenso zauberhaft wie die Art, durch die sie hervorgebracht war. Es war, wie wenn ein ganzer Wald mit seinen Mysterien sich in die Höhe hebt und zu singen und zu jauchzen anfängt. Ich tanzte also. Anfangs kam

es mir vor, als wenn ich mein Bewußtlein verloren hätte
und leblos hinschwebte, aber dann ging eine außerordentliche
Verwandlung mit mir vor. Ich spürte den Boden nicht
mehr und nicht mehr die Luft, und obwohl es eine Musik
war, nach der vielleicht niemand in der Welt sonst zu tan=
zen vermocht hätte, fühlte ich doch, daß alles was Nerv
und Bewegung heißt, gerade in ihr lag. Der König schien
überrascht. Das Höhnische, Verächtliche und Finstere ver=
schwand von seinem Gesicht; zuletzt versank er in tiefes
Träumen und seine Augen schauten schmerzlich in die weite
Ferne. Als die Musik schwieg, stand er auf und reichte mir
die Hand, die ich küßte. „„Wer bist du?"" fragte er.
‚Alles was Majestät aus mir machen will,' erwiderte ich.
Er zuckte zusammen. „„Majestät, Majestät,"" murmelte
er. „„Bald nicht mehr Majestät. Bald nur noch Hund
vor dem Tor, bettelnder Hund. Majestät! Jedes Glied
einzeln gebunden, jeden Finger verschnürt, jedes Wort be=
schmutzt, jede Tat bekläfft, das nennst du Majestät. An=
fangs hab' ich dem Volk vertraut. Aber die Seele des
Volkes ist so tief, daß man sie auf den Knien suchen muß.
Ich habe mir den Kopf zerschunden an den Mauern dieses
Landes. Alle diese Hände, die du um mich siehst, haben
die Zeit wohl benutzt, mich zu verunreinigen. Um Land
und Volk und Freund bin ich betrogen worden und muß
schweigen und darf nicht einmal Frieden haben in der Ein=
samkeit. Ich bin um meine Würde betrogen worden und
du nennst mich Majestät. Was ist Majestät heute, daß sie
sich beugen muß vor einem Krämer, der in einer guten

Stunde unter Beihilfe seiner Schwäger und Tanten Mi-
nister wurde und zufrieden das christliche Hausbrot ißt?
Eine schöne Majestät, die sich der Kirche opfern soll und
keine Hand rühren darf ohne den Pfaffen. Wäre ich doch
jung gestorben, damals als ich noch glaubte, König zu sein,
ein Volk zu besitzen. Wäre ich doch gestorben! Geh' fort,
Weib, verlasse mich.'" Das waren seine Worte, Agathon.
Zuletzt war seine Stimme heiser geworden vor Zorn und
Scham. Seine Augen hatten sich noch vergrößert und die
Brust arbeitete so heftig wie unter anstürmendem Wind.
Ich konnte nicht mehr hören, nicht mehr sehen, ich folgte
seinem Wink und eilte hinaus.

„Ich sah im Saal, der gegen den linken Flügel führte
und als Audienzraum benutzt wurde, sechs bis acht vornehme Herren mit feierlichen Gesichtern, auch einige Offiziere. Sie betrachteten mich voll Staunen. Es war die
Deputation des Adels, die Abgesandten vom Hof. Sie
wollten den König ‚zur Vernunft' bringen, Agathon. Bald
darauf geschah etwas Schreckliches. Der Adjutant erhielt
den Befehl, niemand vorzulassen und stand mit gezogenem
Seitengewehr vor der Flügeltür. Er verweigerte der Deputation den Eintritt. Mitten in dem heftigen Hin- und
Herreden erschien der König unter der Türe. Er hatte die
Schloßwache und die Diener herbeigerufen. Ein Diener
sagte mir, daß der Ausdruck seines Gesichts so schrecklich
gewesen sei, daß niemand mehr zu atmen, geschweige denn
zu sprechen gewagt habe. Mit vernehmlichen Worten befahl der König den Soldaten, die Abgesandten zu binden

und ihnen die Augen auszustechen. „„Noch bin ich der König!"" rief er aus und erhob die Hand. Die Abgesandten wurden von unbeschreiblicher Furcht gepackt. Die Soldaten wagten sich dem Befehl nicht zu widersetzen und wagten nicht zu gehorchen. Der König war seiner nicht mehr mächtig. Er lief auf und ab wie ein wildes Tier, erhitzt und schnaufend, ballte die Fäuste, rollte die Augen, bis es seinem Adjutanten gelang, ihn in eines der Seitengemächer zu führen. Aber der König ließ die drei Saaltüren versperren und vor jeder Türe zwei Posten mit aufgepflanztem Bajonett patrouillieren. Die Deputierten schwebten in Todesangst.

„Nun verfloß der ganze Nachmittag, ohne daß irgend etwas sich ereignete. Man sagte mir, der König liege wie gebrochen auf einem Ruhebett. Am Abend kam eine berittene militärische Abteilung mit einem Oberst. Er hatte ein Dekret, das ihm Zugang zum König verschaffen mußte. Ein Arzt begleitete ihn. Die Abgesandten wurden befreit. Kurze Zeit darauf bestieg der König den Wagen, und in Begleitung der Berittenen wurde er als Gefangener nach Schloß Berg am Starnberger See gebracht. So ist es zugegangen, Agathon. Ich bin nicht mehr, was ich gewesen bin, ich habe mich verloren. Ich weiß nicht mehr, was ich denken soll, was ich tun soll, mein Hirn ist wie zerfressen. Daß dieser Mann verbluten soll, werde ich nie verwinden können. Er war zur Größe und zum Licht und zur Schönheit geboren und alle Dämonen der Finsternis haben sich geeinigt, ihn in den Schmutz zu zerren."

Agathon starrte in das dunkler werdende Zimmer. Auf
einmal trat er einen Schritt zurück, streckte die Hände aus
und lispelte verstört. So stand er und seine Gestalt schwankte.
Er sah den König mit dem düster flehenden Blick eines gehetzten Tieres vor sich stehen und erkannte ihn, obwohl er
ihn noch nie gesehen, außer auf schlechten Bildern. Agathon wollte reden, doch er kam nicht dazu. Jeanette stürzte
auf ihn los, packte seine Hände, erhaschte seinen Blick und
wie durch ein wunderbares Zeichen verstand sie alles, sah
selber hin und ihr war, als würde sie gerufen; mit fieberhafter Eile schlug sie den Mantel um und stürzte fort.

Agathon faßte sich, seufzte tief auf und ging. Auf der
Straße standen überall Gruppen und flüsterten und berat-
schlagten. Vor den Zeitungsredaktionen warteten Hunderte
auf Nachrichten und achteten nicht den Regen, der sie durch-
näßte. Viele Tausende drängten sich vor der Residenz und
keiner wich nur eine Sekunde lang von seinem mühsam er-
oberten Platz. Dabei wußten alle, daß der König nicht in
der Stadt war. Die Behörde hatte bekannt gemacht, der
König habe seines Amtes entkleidet werden müssen, da er
bedeutsame und zweifellose Symptome der Geistesstörung
gezeigt habe. Aber das Volk glaubte es nicht. Agathon
erfuhr bald alles, und ein wilder und phantastischer Entschluß erwachte in ihm. Er ließ sich von Arbeitern den
Weg erklären, der zu jenem See hinausführte und machte
sich ohne Zögern, obwohl er an diesem Tag noch keinen
Bissen Nahrung zu sich genommen hatte, auf die Wanderung. Er dachte nicht daran, die Eisenbahn zu benutzen

oder ein anderes Beförderungsmittel. Er hatte das Gefühl, als müßten ihn seine Füße viel schneller dorthin-
tragen, als jede Dampfmaschine es vermocht hätte. Außerhalb der Stadt fragte er noch Handwerksburschen oder
Bauern um die Wegrichtung und obgleich die Dunkelheit
schon angebrochen war, erschrak er nicht vor der Nachricht,
daß es mehr als fünf Stunden zu gehen seien. Das Müh-
same des Marsches kam ihm nicht zu Bewußtsein, er wurde
nicht müde. Die Glut seiner Sehnsucht war auf eine Tat
gerichtet. An der Grenze alles Denkens und der Überlegung
angelangt, beherrschten ihn nur noch Gefühle, dumpfe, doch
gewaltige Regungen. Er wollte die Bauern führen am
Morgen und den König befreien; nie zuvor hatte er zweifel-
loser die Fähigkeit empfunden, alle, die sich ihm nahten, von
einem Trieb entflammen zu lassen.

Die dunkle Nacht ringsum nährte seine Phantasien.
Nirgends war ein Licht. Die Landstraße war nur durch
einen schwachen Schein kenntlich. Der Regen plätscherte
unaufhörlich herab. Schweigend lagen Felder und Wälder.
Oft gelangte er an einen Kreuzweg, aber kühn und unbe-
sorgt schritt er weiter. Er wußte, daß er nicht fehlgehen
würde. Stundenlang wanderte er durch einen Wildpark,
wo oft ein geheimnisvolles Murren und Rascheln hörbar
wurde, aber nichts konnte ihn ablenken oder ängstigen.

Endlich tauchte in der Tiefe ein oft unterbrochener Kranz
von Lichtern auf; es waren die Seeufer. Agathons Augen
wurden naß vor Freude. In kurzer Zeit war er im Tal
angelangt. Alle Bewohner des Dorfes, das er betrat,

waren in Bewegung. In jedem Haus brannte noch Licht.
Er betrat die nächste Schenke, die voll war von leidenschaftlich
disputierenden Bauern, während Weiber und sogar Kinder
auf der Straße standen. Beim Anblick der vielen Menschen,
der sich anscheinend zwecklos drehenden und windenden
Körper, des Rauches, der aus Pfeifen quoll, der von der
Zeit gleichsam gerösteten Bilder und Wände, fühlte Aga=
thon plötzlich die Übermüdung seines Körpers in einer schreck=
lichen Weise. Es war ihm, als ob sich seine Haut löste.
Dabei glaubte er fortwährend zu sinken, durch zahllose
Wiederholungen desselben Raumes zu fallen.

Die Bauern wurden aufmerksam. Sein totenbleiches
Gesicht übte auf sie den Zauber einer Erscheinung. Sie
standen alsbald um ihn her, und einige, die höhnisch ge=
lächelt hatten, lächelten nicht mehr, als er zu sprechen be=
gann. Seine hohle und erschöpfte Stimme klang gedämpft
und füllte trotzdem den Raum, sie hatte etwas Klingendes
und Messerscharfes. Seine Rede schien von einem unsicht=
baren Wesen zu kommen, das ihn umfangen hielt, denn er
blieb so bewegungslos, als ob seine Glieder gefesselt seien.
Es war der Schmerz und der Zorn des Königs selbst, der
in geheimnisvollem Bündnis mit dem Redner zu stehen
schien, dieses Königs, der ein Märtyrer seines Amtes und
dessen Geist nicht, aber dessen Herz wahnsinnig geworden
war.

Die Wirkung von Agathons Worten, die für ihn selbst
einem Fiebertraum glichen, war auf die Bauern eine wahr=
haft beängstigende. Sie schrien, tobten, stiegen auf Tische

und Bänke, fuchtelten mit den Händen umher, zerbrachen
Gläser und Fensterscheiben, hoben Agathon auf ihre Schul=
tern, daß sein Kopf an die Decke stieß, schlugen den Wirt
nieder, der sie besänftigen wollte, und in kurzer Zeit hatte
sich die Furie eines tierischen Rausches durch das ganze
Dorf verbreitet. Ein alter Bauer, dessen eines Auge ver=
klebt war, fluchte und heulte beständig, eine Art Hausierer
oder Kärrner schwang eine Sense, versammelte die jungen
Leute um sich und wollte mit ihnen über den See nach dem
Schlosse fahren. Agathon, nicht mehr fähig, zu gehen, zu
sprechen oder zu handeln, war dem Gewühl entflohen und
saß mit leeren Augen in einem Winkel der Schenke. Er
war verwundert und hatte fast Angst wegen dieser grund=
losen Verwunderung. Er starrte hinüber ans andere Ufer,
das weit entfernt war und von dem spärliche Lichter durch
den allmählich aufdämmernden Morgen flimmerten. Er sah
auch Lichter, die in beständiger Bewegung von Punkt zu
Punkt huschten wie Fackeln, die man hin und her trägt.
Da erschallten im Innern des Dorfes durchdringende Schreie,
die sich wiederholten und fortpflanzten und an Stärke zu=
nahmen. „Der König ist tot!" gellte plötzlich eine Stimme
dicht vor dem Fenster, an dem Agathon saß. „Er ist er=
trunken!" schrie eine andere, und „im See ertrunken!" eine
dritte Stimme. Agathon erhob sich, fiel aber gleich darauf
wie ein Stock zu Boden.

Der angebrochene Morgen sah das Landvolk in hellen
Scharen gegen das königliche Schloß ziehen, und man er=
fuhr, daß die Leiche des Königs erst vor einer Stunde im

See aufgefunden worden war. In allen Dörfern der Um-
gegend läuteten die Glocken. Tausende von Bauern standen
am Ufer und vor dem Schloßpark. Viele schrien um Ein-
laß, und als niemand erschien, erbrachen sie das Tor. Eine
furchtbare Erregung hatte die Gemüter ergriffen; mit
Sensen, Knütteln, Schaufeln und Hacken organisierten sich
ganze Haufen, um nach der Hauptstadt zu ziehen und die
Residenz zu stürmen. Am Mittag rückten einige Regimenter
Infanterie aus der Stadt, um die Ordnung herzustellen.
Ein hünenhaft gebauter Kerl, der sich auf unerklärliche Weise
den Wortlaut einer Proklamation verschafft hatte, die des
Königs letzte Niederschrift war, lief damit von Dorf zu
Dorf, von Weiler zu Weiler, von einem Wirtshaus ins
andere, und wurde nicht müde, sie aus der Abschrift immer
wieder in einer rührenden und schlichten Weise vorzulesen.
Diese Proklamation war das Glänzendste und Bewegteste,
was jemals die verzweifelte Seele eines Fürsten geschaffen.
Sie ist unbekannt geblieben, und es gab Gründe, ihre Ver-
breitung nicht zu wünschen. Ihre Sprache war einfach und
klar, jedes Wort ein Bekenntnis, eine Klage, eine Anklage.
Sie war von einer bitteren Ruhe diktiert, und ein kraftvoll gebändigtes Feuer war in ihr und niemals ward dem
Thron ein besserer Dienst geleistet, als durch die Verheim-
lichung dieses gefährlichen Dokuments, das auf dem Thron
entstanden war.

In der Stadt waren alle Beziehungen der Gewerbe
und des Handels gelöst. Kaufhäuser und Schulen, Krämereien und Fabriken waren geschlossen. Trauerfahnen wehten,

vierundzwanzig Stunden lang tönten ununterbrochen die
Glocken in einem niederdrückenden Konzert. Aufgeregte
Menschenmassen füllten Plätze und Straßen und Kirchen;
an den Fenstern sah man heulende Weiber; aber auch
Männer schämten sich nicht zu weinen. Der König, der
seit fünfzehn Jahren sich nicht mehr öffentlich gezeigt, dessen
Leben für alle ein Geheimnis war, dessen Stolz bis zur
Schroffheit ging, dessen Menschenverachtung am Hof ge-
fürchtet war, er hatte die Liebe seines Volkes in unver-
gleichlichem Maße genossen.

Agathon ging durch die Straßen der Stadt, einsam
und verlassen. Er fühlte sich krank und wund. Ihm schien
es vergeblich, zu leben, zu fühlen, zu wollen wie er gelebt,
gefühlt, gewollt. Ihm war, als trage er sein Herz ausge-
brannt in der dunklen Brust und in einem andern, zer-
malmenderen Sinne nahm er an der Trauer des Volkes
teil.

Da ging er an einem Haus vorbei, in dessen Erdgeschoß
ein Fenster offen stand. Verdrossen und trotzig blieb er stehen,
und nach einer Weile blickte er hinein in ein ärmliches Zimmer.
Drei Kinder saßen darin und spielten, drei schöne Kinder.
Sie spielten ein gewöhnliches Spiel und waren allein. Aber
wie sie sich dabei benahmen, wie sie nicht etwa jauchzten,
sondern innig froh waren, wie ihre Augen glänzten, wie sie
miteinander und mit sich selbst zufrieden und befriedigt waren
von dem Gang des Spiels, das sich doch wenig unterschied
von allen Spielen aller andern Kinder, darin lag etwas so
Warmes, Gutes und Befreiendes, es stand in so leuchten=

dem Gegensatz zu der Welt da außen, daß es wie ein Stück Zukunft in der Gegenwart berührte.

Daher atmete Agathon tief und lange auf; sein Körper begann zu zittern wie unter Wellenschlägen neuen Lebens, und lächelnd setzte er seinen Weg fort

Neunzehntes Kapitel

Sommer und Sommerwinde! Blüten an allen Ecken
der Welt! Ein tiefes Grün auf den Feldern, die
schmeichlerische Stille der Wohnlichkeit unter den Bäumen
des Waldes! Flockige Wolken, die wie Schiffe über den
strahlenden Himmel ziehen, und Rosen an den Gärten und
Wicken in den Hecken!

„Ich wußte, daß Sema Hellmut dem Tod verfallen
war," sagte Agathon zu Monika, als sie vom Veſtnerwald
herab gegen Zirndorf wanderten. „Er ist mit dem frühen
Tod geboren worden."

„Mit dem Tod geboren?" fragte Monika, leise staunend.

„Ja. Er war schon zu alt, als er geboren wurde.
Seine Seele hat Jahrtausende gelebt, eine echte müde
Judenseele."

Sie schwiegen lange. An einer einsamen Stelle im Feld
blieb Monika stehen, umarmte Agathon mit leidenschaftlicher Bewegung und stammelte: „Wie dank ich dir, daß
du mich liebſt. Du hast mir das Leben wiedergeschenkt,
Agathon. Du hast es nicht geachtet, daß ich gesündigt habe,
du bist groß und mutig, Agathon."

„Es ist kein Zufall, daß alles so gekommen ist, Monika.
Nun bist du eine Kämpferin geworden. Die Zeit geht nicht
mehr über dich hinweg, sondern du gehst vor der Zeit
einher."

„Und was willſt du tun jetzt, Agathon?"

„Warten. Ich will den Acker meines Vaters beſtellen.

Für mich und dich wird es Brot geben. Und die Mutter hat ja das Vermögen des alten Enoch."

„Warten, Agathon? Worauf?"

Agathon schüttelte lächelnd den Kopf.

Als es Abend war, standen sie im Garten und bewunderten die farbigen Gluten des Himmels. Monika stand unter einem Apfelbaum und wiegte ihr Kind im Arm. Esther saß singend mit Mirjam vor dem Tor, Frau Olifat und Frau Jette unterhielten sich flüsternd auf einer morschen Gartenbank nahe der Laube.

Monika blickte hinauf in den Baum, wo die Äpfel hingen, purpurn bestrahlt von der Sonne. Sie kniff die Augen zusammen und sagte begehrlich: „Ich möchte gern einen haben, Agathon, einen Apfel von da droben."

„Du mußt warten, Monika."

„Immer warten! Worauf denn?"

„Sie sind noch nicht reif, Liebste."

„Das dauert aber noch lange . ."

„O nein, zwei gute Sommerwochen und sie sind reif. Laß sie erst reif sein, Monika."

Und Agathon küßte die junge Mutter auf die Stirn.

Ende